Nadja-Verena Paetz · Firat Ceylan · Janina Fiehn
Silke Schworm · Christian Harteis

Kompetenz in der Hochschuldidaktik

Nadja-Verena Paetz · Firat Ceylan
Janina Fiehn · Silke Schworm
Christian Harteis

Kompetenz in der Hochschuldidaktik

Ergebnisse einer Delphi-Studie über die Zukunft der Hochschullehre

Bibliografische Information der Deutschen Nationalbibliothek
Die Deutsche Nationalbibliothek verzeichnet diese Publikation in der
Deutschen Nationalbibliografie; detaillierte bibliografische Daten sind im Internet über
<http://dnb.d-nb.de> abrufbar.

Die vorliegende Arbeit entstand unter der Förderung durch das Bundesministerium für Bildung und Forschung im Rahmen des Programms Zukunftswerkstatt Hochschullehre (AZ 01PH08021).

1. Auflage 2011

Alle Rechte vorbehalten
© VS Verlag für Sozialwissenschaften | Springer Fachmedien Wiesbaden GmbH 2011

Lektorat: Stefanie Laux

VS Verlag für Sozialwissenschaften ist eine Marke von Springer Fachmedien.
Springer Fachmedien ist Teil der Fachverlagsgruppe Springer Science+Business Media.
www.vs-verlag.de

Das Werk einschließlich aller seiner Teile ist urheberrechtlich geschützt. Jede Verwertung außerhalb der engen Grenzen des Urheberrechtsgesetzes ist ohne Zustimmung des Verlags unzulässig und strafbar. Das gilt insbesondere für Vervielfältigungen, Übersetzungen, Mikroverfilmungen und die Einspeicherung und Verarbeitung in elektronischen Systemen.

Die Wiedergabe von Gebrauchsnamen, Handelsnamen, Warenbezeichnungen usw. in diesem Werk berechtigt auch ohne besondere Kennzeichnung nicht zu der Annahme, dass solche Namen im Sinne der Warenzeichen- und Markenschutz-Gesetzgebung als frei zu betrachten wären und daher von jedermann benutzt werden dürften.

Umschlaggestaltung: KünkelLopka Medienentwicklung, Heidelberg
Gedruckt auf säurefreiem und chlorfrei gebleichtem Papier
Printed in Germany

ISBN 978-3-531-17832-5

Inhalt

1	**Einleitung**	7
2	**Der Bologna-Prozess**	15
2.1	Akteure im Bologna-Prozess	15
2.2	Die Entwicklung des Bologna-Prozesses	16
2.3	Die Reformziele des Bologna-Prozesses	19
2.4	Strukturelle Reformen zur Schaffung einer vergleichbaren Studienabschlussarchitektur in Europa	24
2.5	Voraussetzungen zur Realisierung kompetenzorientierter Studiengänge	27
2.6	Hochschuldidaktische Qualifizierung als Mittel der Professionalisierung von Hochschullehrenden	3
3	**Hochschuldidaktik und hochschuldidaktische Kompetenzmodelle**	35
3.1	Begriffsbestimmung Hochschuldidaktik	35
3.2	Hochschuldidaktische Aufgabengebiete	37
3.3	Professionelle Hochschullehre	39
3.4	Bestehende Kompetenzstrukturmodelle	44
3.5	Handlungskompetenz und Expertise	50
3.6	Resümee der Diskussion bestehender Modelle hochschuldidaktischer Kompetenz	58
4	**Erhebungsmethode: Die Delphi-Technik**	61
4.1	Kurzcharakteristik des Delphi-Verfahrens	61
4.2	Entwicklung und wissenschaftliche Etablierung der Delphi-Methode	61
4.3	Funktionen der Delphi-Technik	62
4.4	Informationsgewinnung in Delphi-Befragungen	63
4.5	Charakteristika der Delphi-Technik	64
4.6	Vor- und Nachteile der Delphi-Technik	66
4.7	Eignung der Delphi-Technik für das vorliegende Forschungsziel	67

5	**Entwicklung eines Kompetenzmodells der Hochschullehre – eine Delphi-Studie** 69
5.1	Ziel der Delphi-Studie 69
5.2	Stichprobe 69
5.3	Ablauf der Studie 73
5.4	Runde 1: Identifizierung 76
5.5	Runde 2: Selektion 79
5.6	Runde 3: Gewichtung 82
5.7	Runde 4: Weiterbildungsbedarf 101
5.8	Das Modell hochschuldidaktischer Kompetenz 107

6	**Diskussion** 109
6.1	Das Kompetenzmodell 109
6.2	Der Weiterbildungsbedarf von Hochschullehrenden 118
6.3	Die Konsequenzen des Bologna-Prozesses 119
6.4	Welchen Beitrag kann die Hochschuldidaktik leisten, um negativen Konsequenzen des Bologna-Prozesses entgegenzuwirken? 124
6.5	Diskussion der Studie unter methodischen Gesichtspunkten 125

7	**Implikationen aus der Studie und Ausblick** 131
7.1	Erziehungswissenschaftliche Bewertung 132
7.2	Bildungspolitische Anregungen 136
7.3	Schlussfolgerungen für die hochschuldidaktische Praxis 138

8	**Fazit** 143

Literatur 147

Tabellenverzeichnis 167
Abbildungsverzeichnis 168

Anhang 169

1 Einleitung

Die Hochschullandschaft in Deutschland ist seit einigen Jahren in heftiger Bewegung. Die markanteste Veränderung ging mit dem Bologna-Prozess einher, einer international koordinierten Bemühung, einen Europa umfassenden Hochschulraum zu etablieren. Damit sollte eine Vergleichbarkeit europäischer Hochschulzertifikate geschaffen werden, um auch im tertiären Bildungsbereich der Europäischen Einigung Vorschub zu leisten. Diese Bemühung ist Ausdruck des starken politischen Willens, einerseits die politische Einigung Europas voranzutreiben und fortzuentwickeln, um Europa im Konzert der globalen Interessen ein stärkeres Gewicht zu verleihen als dies auf nationalstaatlicher Ebene jemals möglich wäre. Andererseits hat sich in Europa die Auffassung etabliert, dass die Europäische Gesellschaft angesichts volkswirtschaftlicher Entwicklungen einen Wandel zu einer Wissensgesellschaft vollziehen müsse, um künftigen – insbesondere wirtschaftlichen und gesellschaftlichen – Herausforderungen nachhaltig begegnen zu können. Hier spielen die Hochschulen und Universitäten eine zentrale Rolle, stehen sie doch in der Verantwortung für die hochwertige Ausbildung jüngerer Generationen. Eine der Kernideen des Bologna-Prozesses besteht in der Etablierung eines gemeinsamen europäischen Hochschulraumes, der Studierenden eine Freiheit in ihren Ausbildungsgängen eröffnen soll, die durch möglichst reibungslose und verlustfreie Anrechenbarkeit von Studienleistungen bei Wechseln von Studiengängen über nationale Grenzen hinaus gekennzeichnet ist. Eine Realisierung dieser Idee impliziert Verschiedenes: Es bedarf zunächst einmal einer gemeinsamen Struktur – man kann dies auch Standardisierung nennen – von Studienprogrammen über die verschiedenen Hochschulen und die unterschiedlichen Länder hinweg. Eine solche gemeinsame Struktur kommt darüber hinaus zum einen in einer gemeinsamen Nomenklatur von Abschlüssen, zum anderen in einer Operationalisierung von einzelnen Studienleistungen zum Ausdruck, wie dies in Deutschland mit der Modularisierung von Studiengängen schon einige Zeit realisiert ist. Schließlich bedeutet dies alles, dass in Deutschland historisch gewachsene und etablierte Studiengänge nicht mehr in der tradierten Form beibehalten werden können. Die europäische Standardisierung von Hochschulstudiengängen ist demnach die erste und offensichtlichste, politisch motivierte Bestrebung, die die deutsche Hochschullandschaft in Bewegung versetzt hat.

Historisch gesehen im Einklang mit dem eben beschriebenen Veränderungswillen, ideengeschichtlich jedoch unabhängig von in europäischen Einigungsbemühungen entstandenen Bestrebungen deutscher Bildungspolitik, ist ein zweiter Gedanke aufgekommen, dem der Bologna-Prozess Folge leisten soll: Interessensgruppen der politischen Öffentlichkeit schätzen die Ausbildungsdauer im deutschen Bildungssystem insbesondere derjenigen Absolventen, die ein Hochschulstudium absolvieren, als zu lange ein. Durch den im internationalen Vergleich verspäteten Übergang vom Bildungs- ins Beschäftigungssystem entsteht dieser Auffassung gemäß ein volkswirtschaftlicher Nachteil. Verschärft wird – den Gedanken fortsetzend – dieser Nachteil dadurch, dass eine lange, wissenschaftlich orientierte akademische Ausbildung an den Anforderungen praktischer beruflicher Tätigkeit weitgehend vorbei qualifiziert. Kurz: Die tradierte akademische Ausbildung an deutschen Hochschulen erscheint manchen Interessensgruppen als zu lange und zu wenig praxisorientiert. Den Protagonisten dieser Kritik gelang es, ihre Standpunkte im Kontext der oben beschriebenen bildungspolitischen Debatten so zu platzieren, dass die Reformbemühungen der deutschen Hochschullandschaft nicht nur europäischen Überlegungen folgten, sondern dass neben der Standardisierung von Studienprogrammen auch eine starke Fokussierung auf die Bedarfe des Beschäftigungssystems erfolgte. Die zweite Bestrebung der im Zuge des Bologna-Prozesses angestoßenen Reformen war also die Ausrichtung auf die Beschäftigungsfähigkeit der Absolventen des Hochschulsystems in Deutschland.

Eine dritte Zielsetzung speist sich aus strategischen Überlegungen, die Europa sowohl in Hinblick auf die wirtschaftliche Leistungsfähigkeit als auch in Hinblick auf das Werben um bestens ausgebildete Menschen im Wettbewerb mit anderen Einzugsräumen sehen. Hier steht in erster Linie Nordamerika im Zentrum der Beobachtungen, aber auch der asiatisch-pazifische Raum, in dem in nicht allzu ferner Zeit aufgrund der dortigen Bevölkerungsentwicklung einerseits sowie bildungspolitischen Investitionen andererseits, große Mengen qualifizierter Menschen auf allen Stufen akademischer Ausbildung in Konkurrenz zu den Menschen in Europa treten. Während in Hinblick auf Nordamerika – als Brain-Drain bezeichnet – in erster Linie der Abgang bestqualifizierter Absolventen des Hochschulsystems befürchtet wird, so kreisen die in Bezug auf den asiatisch-pazifischen Raum angestellten Überlegungen vorrangig darum, dass dem relativ dünn besiedelten Europa zum Teil vergleichsweise dicht besiedelte Gebiete in Asien gegenüberstehen. Indem dort auf breitem Level das Bildungsniveau steigt, erwächst Europa starke Konkurrenz auf exakt jenem Bereich wirtschaftlicher Tätigkeit, bei dem Europa seine Stärken wähnt: dem Bereich wissensintensiver Beschäftigung. Vor dieser Folie wird der Hochschullandschaft die

Aufgabe auferlegt, ihren Beitrag zur Wettbewerbsfähigkeit Deutschlands und Europas zu leisten.

Diese Erläuterungen umreißen nur in groben Zügen die Gemengelage an bildungspolitischen und wirtschaftlichen Interessen, Zielvorstellungen und Motiven, die die Grundlage der Veränderungen in der deutschen Hochschullandschaft bilden. Die Konsequenzen liegen auf der Hand: Es mussten die tradierten und historisch gewachsenen Ausbildungsgänge an den Hochschulen modifiziert werden. In erster Linie waren der Abschied von den im deutschsprachigen Raum typischen, international jedoch wenig verbreiteten Diplom- und Magisterabschlüssen vorgezeichnet. In zweiter Linie kam die Fokussierung auf den Output von Hochschulstudiengängen auf, die der akademischen Lehrtätigkeit neue Aufmerksamkeit zukommen ließ. Mit der Umstellung der Studienprogramme auf die neuen Studiengänge wurden Akkreditierungsverfahren etabliert, die die Organisation von Studiengängen insbesondere in Hinblick auf die Qualität der Lehre überprüfen. Seither werden Fragen der Lehrqualität von den Hochschulen in den Akkreditierungsverfahren wenigstens teilöffentlich diskutiert. Dass auch die Bildungspolitik der Lehrqualität ihre Bedeutung zuspricht, kommt nicht zuletzt in dem vom Bundesministerium für Bildung und Forschung aufgelegten Förderprogramm „Zukunftswerkstatt Hochschulforschung" zum Ausdruck, in dem Forschungsförderung im Umfang von ca. 16 Millionen EUR explizit dem Zweck der Professionalisierung der Hochschullehre gewidmet wurde. Hintergrund ist der wiederum dem Wirtschafts- und Dienstleistungsbereich entlehnte Gedanke, dass mit dem Professionalitätsanspruch an Hochschullehre auch ein entsprechender Qualitätsanspruch einhergeht. Professionelle Hochschullehre lässt sich aber nicht nur in ökonomischen Kategorien beschreiben, sondern auch unter einer erziehungswissenschaftlichen und psychologischen Perspektive.

Professionelle Hochschullehre aus erziehungswissenschaftlich-psychologischer Sicht

In einem spezifisch erziehungswissenschaftlichen und psychologischen Verständnis lässt sich Professionalität als gerichtete Bemühung zu einem bestimmten beruflichen Handeln definieren, das einen hohen Leistungsanspruch verfolgt. Professionalität umfasst in diesem Verständnis sowohl die Reflexion praktischer Erfahrungen aus dem beruflichen Handeln – in unserem Fall also der akademischen Lehrtätigkeit – als auch die formale Weiterbildung. Seit einigen Jahren haben sich an verschiedenen Hochschulen in Deutschland hochschuldidaktische Zentren etabliert, die Angebote formaler und non-formaler Weiterbildung und Qualifizierung für Hochschullehrende bereitstellen. Hochschuldidaktische Qualifizierung wird mittlerweile zumindest in offiziellen Verlautbarungen insofern als Teil der Professionalisierung von Hochschullehrenden verstanden, als in einigen Bundesländern eine hochschuldidaktische Qualifizierung eine formelle Zugangsvoraussetzung zur Hochschullehre darstellt. Da die Ursprünge dieser hochschuldidaktischen Zentren auf diverse Mittelbauinitiativen aus den 1990er Jahren zurückgehen, die in den Hochschuladministrationen bürokratische und hochschulpolitische Hindernisse zu überwinden hatten, ist es nicht verwunderlich, dass das Thema Lehrprofessionalität im Hochschulkontext ein noch eher junges Forschungsfeld beschreibt (Brendel, Eggensperger & Glathe, 2006; Webler, 2003). Um das für dieses Buch grundgelegte Verständnis von Professionalisierung von Hochschullehre beschreiben zu können, ist eine Abgrenzung vom gleichermaßen gängigen Terminus Professionalität nötig.

Häufig wird Professionalisierung in Kontexten von Berufsforschung thematisiert und die beruflichen Akteure werden unter der Perspektive von Verberuflichung, beruflicher Handlungskompetenz oder Expertise beschrieben. Personen, denen Professionalität zugeschrieben wird, gelten als Profis, Professionals, Spezialisten oder Experten (z.B. Gruber & Hansmeyer, 2008). In der Forschung zur Professionalisierung ist folgendes Verständnis verbreitet: „Professionalität und Professionalisierung stehen für Kompetenzen im individuellen Handeln und für Prozesse, welche die Ausdifferenzierung wissenschaftlich fundierter Berufe betreffen" (Gieseke, 2009, S. 385). Professionalität beschreibt somit eine individuelle Handlungsfähigkeit, Professionalisierung hingegen Prozesse der Berufsentwicklung. Der Fokus dieses Buches deckt beide Bereiche ab: Es wird die Beschreibung der individuellen Handlungsfähigkeiten von Hochschullehrenden ebenso interessieren wie die übergeordnete Frage, wie die berufliche Tätigkeit in der Hochschullehre in Zukunft über Fächergrenzen hinweg zu charakterisieren wäre.

In den Kontext von Professionalität sind Forschungsansätze zu *Professional Learning* einzuordnen, die auf die Optimierung von Lernprozessen zur Verbesserung der beruflichen Leistungsfähigkeit, der professionellen Performanz, abzielen. Diese Ansätze stehen im Kontext erziehungswissenschaftlicher Debatten um die Unterscheidung von Kompetenz und Performanz, da sich Kompetenz nur im erfolgreichen Handeln – also in Performanz – empirisch erfassen lässt, das Ausbleiben von erwarteter Performanz jedoch nicht notwendigerweise auf fehlende Kompetenz zurückgeführt werden kann. Kliemé und Hartig (2007) haben daher aus erziehungswissenschaftlicher Sicht für Professionalisierungsdebatten eine begriffliche Differenzierung vorgeschlagen, wonach Performanz eine konkret erbrachte Leistung beschreibt, wohingegen unter Kompetenz vornehmlich das Leistungspotenzial bzw. die kognitive Disposition zum Handeln verstanden werden soll (Klieme & Hartig, 2007). Gruber (1999) plädiert in Anlehnung an die Expertiseforschung für das Unterlassen der Differenzierung zwischen Kompetenz und Performanz und begreift Kompetenz als realisierte Handlungsfähigkeit.

In Abgrenzung zu Professionalität beschreibt Professionalisierung allgemein die Entstehung und Entwicklung von Berufen. Dabei werden häufig die Begriffe Beruf und Profession synonym verwendet. Allerdings bestehen auch innerhalb dieser Begriffe Abstufungen, welche zwischen Ausbildungsberufen, semiprofessionellen Berufen und akademischen Professionen unterscheiden (Dewe & Radtke, 1991). Gegenwärtig gibt es in Deutschland rund 400 Ausbildungsberufe, die nach ihrer Tätigkeitsstruktur entsprechend in 13 Berufsgruppen und 54 Berufsfelder gegliedert werden können (dtv-Lexikon, 2006; Tiemann, Schade, Helmrich, Hall, Braun & Bott, 2008). Hochschullehre fällt in den akademischen Bereich, also den der Profession. Als solche wird aber gemeinhin der Beruf verstanden, der sich durch (1) hochgradige Arbeitsteilung und Spezialisierung, (2) Institutionalisierung der Ausbildung und Zulassung, (3) Entwicklung eigenständiger Wissens- und Methodenbestände sowie (4) durch akademische Forschung auszeichnet und (5) deren Sicherung und Entwicklung der Qualität durch Fach- und Berufsverbände kontrolliert wird. Unter diesem Verständnis wäre Hochschullehre bislang nicht eindeutig den Professionen zuzuordnen, insbesondere, da sich Ausbildung und Zulassung von Hochschullehrenden in erster Linie an fachwissenschaftlichen Qualifikationsnachweisen orientieren. Es ist eines der Anliegen dieses Buches, die Reformen im Hochschulbereich im Zuge des Bologna-Prozesses auch dahingehend zu beschreiben, wie sie einen Beitrag zur Professionalisierung akademischer Lehrtätigkeit erfordern und unterstützen.

Fragestellung und Argumentationslinie des Buches

Kernanliegen dieses Buches ist es, einen Beitrag zur Professionalisierung von Hochschullehre zu leisten, indem individuelle und organisatorische Voraussetzungen guter Lehre identifiziert und analysiert werden. Dies setzt eine Klärung der Fragen voraus, welche Anforderungen sich an Hochschullehrende stellen und welche Kompetenzen diese Anforderungen den Lehrenden abverlangen. In einer der Globalisierungsrhetorik folgenden Terminologie könnte man auch fragen, wie das Profil professioneller Hochschullehrender aussieht, um einen Sollzustand hochschuldidaktischer Qualifizierung beschreiben zu können. Dieser Sollzustand beschreibt einen Referenzrahmen, an dem sich hochschuldidaktische Aus- und Weiterbildungsanstrengungen orientieren können, um zur Qualitätsentwicklung in der Lehre beizutragen. Damit dieser Anspruch eingelöst werden kann und Antworten auf die beiden oben genannten Fragen gegeben werden können, ist zunächst der Bologna-Prozess zu erläutern. Auswirkungen des Bologna-Prozesses beschreiben die Anforderungen, denen sich Hochschullehrende heute und künftig zu stellen haben. Auf dieser Basis kann eine Klärung erfolgen, welche Kompetenzen Hochschullehrende aufweisen müssen. Spannend ist hierbei die Frage, ob sich durch den Bologna-Prozess spezifische Kompetenzanforderungen ergeben, die in der traditionellen Form der akademischen Lehre keine Rolle gespielt haben. Schließlich ist für den erziehungswissenschaftlichen Diskurs innerhalb der Hochschuldidaktik wichtig zu klären, welchen Beitrag die Hochschuldidaktik wissenschaftlich und praktisch erbringen kann, um dem Professionalisierungsanspruch guter Lehre vor dem Hintergrund der Veränderungen im Hochschulbereich Vorschub zu leisten.

Dieses Buch setzt sich zum Ziel, diese Aspekte von Hochschullehre mit dem Blick auf künftige Entwicklungen zu klären. Die dadurch aufgeworfenen Fragestellungen lassen sich konkret wie folgt darstellen:

1. Welche Auswirkungen haben die Bologna-Reformen heute und künftig insbesondere in Hinblick auf die akademische Lehre?
2. Welche Kompetenzen benötigen Hochschullehrende daher künftig, um Lehre auf hohem Qualitätsniveau anbieten zu können?
3. Welchen Anspruch kann dabei die Hochschuldidaktik als erziehungswissenschaftliche Teildisziplin und als Anbieter akademischer Aus- und Weiterbildung einlösen?

Die insbesondere auf künftige Entwicklungen fokussierte Darstellung der Bologna-Reformen sowie der Kompetenzanforderungen stellt die Besonderheit der hier vorgelegten Studie dar. Es soll zum einen ein Rahmen dargestellt werden, der die künftigen Bedingungen von Hochschullehre kennzeichnet. Zum anderen soll ein Modell hochschuldidaktischer Kompetenz entwickelt werden, das gute Lehre unter den antizipierten Bedingungen ermöglicht. Dieses Modell kann zur Feststellung des Weiterbildungsbedarfs des akademischen Lehrpersonals dienen, sofern die Herausforderungen hochschuldidaktisch überhaupt gelöst werden können.

Das Buch folgt dabei folgendem Aufbau: In einem ausführlichen Kapitel (Kapitel 2) werden die Grundlagen des Bologna-Prozesses dargelegt, die gleichzeitig Wurzeln und Beziehungspunkte der Veränderungen in der deutschen Hochschullandschaft darstellen. Es wird knapp die historische Entwicklung skizziert, die ihren Ausgangspunkt 1999 in der Bologna-Erklärung der europäischen Bildungsminister genommen hat und in den Nachfolgekonferenzen bis 2010 fortgeschrieben wurde. Es wird dargelegt, welchen Zielsetzungen die europäischen Reformbestrebungen folgten, um ein Verständnis für die Hintergründe der Studienreformen zu fördern. Auf dieser Basis werden die Anforderungen beschrieben,

Einleitung

die der Lehre unter diesen gewandelten Rahmenbedingungen zukommen. Somit wird dargelegt, in welcher Weise akademische Lehre neue oder gewandelte Aufgabenbereiche beinhaltet. Da im Zuge der Reformen im Bereich akademischer Lehre Professionalisierungsbestrebungen aufkamen, konnte sich die Hochschuldidaktik als neue erziehungswissenschaftliche Teildisziplin und Element der Personal- und Organisationsentwicklung von Hochschulen etablieren. Das dritte Kapitel ist der Hochschuldidaktik als Forschungsdisziplin und angewandte Wissenschaft zur hochschuldidaktischen Professionalisierung gewidmet. Im Kernbereich dieses Kapitels stehen Kompetenzmodelle, mit denen in der Hochschuldidaktik die Anforderungen an akademische Lehrkräfte beschrieben werden. Diese Modelle werden einer kritischen Diskussion unterzogen und daraufhin überprüft, wie tragfähig sie einerseits unter den gewandelten Rahmenbedingungen erscheinen und wie gut sie andererseits als Ordnungsschema für die Erhebung eines auf die neuen Anforderungen ausgerichteten Bildungsbedarfs dienen. In Abgrenzung zu bislang in der Literatur diskutierten Modellen wird eine an der Expertiseforschung orientierte Perspektive vorgeschlagen und die Notwendigkeit einer empirischen Studie begründet, die explizit auf künftige Anforderungen an die Lehrtätigkeit an Hochschulen ausgerichtet ist. In Kapitel 4 wird die Delphi-Technik als ein in den 1940er Jahren in den USA entwickeltes Prognoseinstrument sowie das Procedere der in den Jahren 2009 und 2010 mit 30 deutschsprachigen Expertinnen und Experten durchgeführten empirischen Studie beschrieben, die den im dritten Kapitel entwickelten Erkenntnisbedarf bediente.

Im Mittelpunkt des empirischen Teils dieses Buches werden in Kapitel 5 detailliert und in der Chronologie des Delphi-Verfahrens die Ergebnisse der durchgeführten Delphi-Erhebung und ihrer vier Untersuchungsrunden dargestellt, die jeweils unterschiedlichen Fragestellungen folgten. In Einzelheiten werden die Antworten der Expertinnen und Experten dargestellt und der Meinungsbildungsprozess abgebildet, der sich über den Untersuchungszeitraum hinweg abgezeichnet hat. Am Ende des Delphi-Prozesses konnte ein Modell hochschuldidaktischer Kompetenz vorgelegt werden, das in der aggregierten Expertenmeinung den künftigen Anforderungen des Bologna-Prozesses genügt. Dieses Modell unterscheidet als Teilbereiche akademischer Lehre die Komponenten *Lehre*, *Prüfung* und *Akademische Selbstverwaltung*. Diese Differenzierung zeichnete sich in den Bearbeitungen der Expertinnen und Experten der ersten, noch offen gestalteten Delphi-Runde ab. In Kapitel 6 werden die Ergebnisse der Delphi-Studie in Hinblick auf die drei oben eingeführten Fragestellungen diskutiert. Methodische Überlegungen ergänzen die Diskussion. Das siebte Kapitel beschließt das Buch, indem die erziehungswissenschaftlichen, bildungspolitischen und hochschuldidaktischen Implikationen dargelegt werden, die sich aus der Delphi-Studie ergeben.

Die Struktur des Buches ist derart angelegt, dass die einzelnen Kapitel für sich selbst nachvollziehbar erscheinen, um einen selektiven Zugriff auf die Inhalte zu ermöglichen. Dadurch ist es möglich, einerseits eine umfassende Auseinandersetzung mit den Auswirkungen des Bologna-Prozesses auf die Anforderungen in der Hochschullehre anzubieten. Andererseits erlaubt eine solche Struktur aber auch die gezielte Rezeption von Teilaspekten der Thematik. Das Buch soll der nach wie vor anhaltenden, intensiven Diskussion der Bologna-Reformen und der Professionalisierung von Hochschullehre neue Impulse verleihen und die Basis für die künftige Erhebung von Weiterbildungsbedarfen bereitstellen.

2 Der Bologna-Prozess

Die zwischenstaatlichen Reformbemühungen des Bologna-Prozesses zielten auf die Schaffung eines einheitlichen europäischen Hochschulwesens durch Entwicklung eines allgemeinen Rahmens zur Modernisierung und Reformierung der europäischen Hochschulbildung bis zum Jahr 2010 ab. Die Hauptintention lag dabei auf der Förderung der internationalen Mobilität von Studierenden und akademischem Personal sowie internationaler Wettbewerbsfähigkeit europäischer Hochschulen und Beschäftigungsfähigkeit von Hochschulabsolventen (Eurydice, 2009). Hintergrund dieser Bestrebungen war das Ziel, das in der Lissabon-Agenda im Jahr 2000 formuliert wurde: Bis zum Jahr 2010 sollte die EU zum wettbewerbsfähigsten und dynamischsten wissensbasierten Wirtschaftsraum der Welt werden (Europäischer Rat, 2000). Die beiden tragenden Säulen dieses Vorhabens waren und sind zum einen der Bologna-Prozess zur Schaffung eines Europäischen Hochschulraumes sowie zum anderen der Kopenhagen-Prozess, der ähnliche Reformbemühungen für den Bereich der Berufsbildung abbildet.

Dieses Kapitel erläutert die wichtigsten Aspekte des Bologna-Prozesses. Bevor die angestrebten Einzelziele erläutert werden, erfolgt eine kurze Darstellung der an dieser Reform beteiligten Akteure sowie der chronologischen Entwicklungsstufen des Bologna-Prozesses.

2.1 Akteure im Bologna-Prozess

Der Bologna-Prozess ist ein wirtschaftlich, politisch und wissenschaftlich verwobenes Entwicklungsprojekt mit einer komplexen Akteurskonstellation. Die am Bologna-Prozess beteiligten Akteure sind neben den mittlerweile 47 europäischen Unterzeichnerstaaten (vgl. Tab. 1) die Europäische Kommission als Vollmitglied, der Europarat und das UNESCO European Centre for Higher Education (CEPES). Es besteht eine umfassende Partnerschaft mit beratenden Hochschuleinrichtungen, Vertretern von Hochschullehrpersonal und weiteren Interessensgemeinschaften, wie der European Asscociation for Quality Assurance in Higher Education (ENQA) und Business Europe, einer Repräsentanteninstitution von Arbeitgeberorganisationen (Eurydice, 2009). Studierendenvertretungen wie die European Students Union (ESU) haben als weitere beratende Akteure insbesondere die Qualität akademischer Lehre und die soziale Dimension von Hochschulbildung im Blick. In ihren Berichten (z.b. ESU, 2009) wird der Fortschritt der Implementierung des Bologna-Prozesses beleuchtet. In Deutschland wird der Reformprozess unter anderem durch die Hochschulrektorenkonferenz (HRK), die Kultusministerkonferenz (KMK), den Deutschen Akademischen Austauschdienst (DAAD) sowie durch Studierendenvertretungen und Arbeitgeberverbände begleitet. Für eine umfassende Übersicht der Relationen zwischen den Akteuren sei auf Brändle (2010), Walter (2006) und Wex (2005) verwiesen.

2.2 Entwicklung des Bologna-Prozesses

Den Konferenzen, die dem Bologna-Prozess zugerechnet werden, ging das von Europarat und UNESCO unterzeichnete Lissabon-Abkommen (1997) voraus, das darauf abzielte, einheitliche Regelungen für die Anerkennung von Studienzeiten, Hochschulabschlüssen und universitären Zusatzqualifikationen zu erarbeiten. Die Lissabon-Deklaration bildet somit eine wichtige Voraussetzung für die Förderung der Mobilität innerhalb des Europäischen Hochschulraumes.

In der Bundesrepublik Deutschland hatte es bereits in den 1960er Jahren erste Konzepte zur Einführung zweistufiger Studiengänge gegeben (Banscherus, 2007). Während diese Entwürfe noch darauf abzielten, die traditionellen Studiengänge zu erhalten und nur die Curricula zu verändern (Wissenschaftsrat, 1966), wurde ab den 1990er Jahren eine Orientierung am angelsächsischen Bachelor-Master-Modell angestrebt (Hödl & Zegelin, 1999), um die Kompatibilität des deutschen Studiums zum international verbreiteten zweistufigen Modell zu erhöhen (Rehburg & Teichler, 2003).

In seinen „10 Thesen zur Hochschulpolitik" skizzierte der Wissenschaftsrat 1993 eine Zweiteilung des Studiums in ein berufsbezogenes, grundständiges Studium und ein anschließendes forschungsorientiertes Graduiertenstudium zur Ausbildung des wissenschaftlichen Nachwuchses (Wissenschaftsrat, 1993). Auch Stellungnahmen des Bundesministeriums für Bildung, Wissenschaft, Forschung und Technologie (BMBF) und der Kultusministerkonferenz (KMK) brachten die Absicht zum Ausdruck, gestufte Studiengänge und -abschlüsse einzuführen. Schließlich beschloss die KMK nach Novellierung des Hochschulrahmengesetzes im Jahr 1998 die Einführung eines Akkreditierungsverfahrens für Bachelor- und Masterstudiengänge. In der Folge wurde probeweise, für einen auf drei Jahre beschränkten Zeitraum ein länderübergreifender Akkreditierungsrat eingerichtet. Die Kultusministerkonferenz formulierte „Rahmenvorgaben für die Einführung von Leistungspunktesystemen und die Modularisierung von Studiengängen" (KMK, 2000). Grundlegende Voraussetzungen für die Einführung neuer Studienstrukturen in Deutschland waren damit also schon früh geschaffen worden.

Ein weitreichender Impuls für die tatsächliche Implementierung erfolgte am 25. Mai 1998 auf internationaler Ebene, als die Bildungsminister Deutschlands, Frankreichs, Großbritanniens und Italiens in Paris die Sorbonne-Erklärung (1998) unterzeichneten. Auf diese Deklaration gehen die Grundsätze zurück, auf die sich die Bologna-Erklärung (1999) stützt. Bis Mitte der 1990er Jahre waren alle Ansätze zur Harmonisierung der europäischen Hochschulen unter Verweis auf den Wert der europäischen Vielfalt und der Bildungsstrukturen als rein nationalstaatliche Angelegenheit abgelehnt worden (Alesi, Bürger, Kehm & Teichler, 2005). Im Rahmen der Sorbonne-Konferenz verständigten sich nun erstmals die teilnehmenden Bildungsminister auf eine Harmonisierung der europäischen Hochschulsysteme mit Schaffung eines gemeinsamen Systems von Hochschulabschlüssen für das grundständige Studium (Bachelor-Abschluss) und das Postgraduiertenstudium (Master-Abschluss und Doktorgrad). Mit einem Modell, das an das im Rahmen des europäischen Studierendenaustausches existierenden Leistungspunktsystems ECTS (*European Credit Transfer and Accumulation System*) angelehnt war, sollte die Mobilität der Studierenden und Lehrenden gefördert werden, indem durch Vergleichbarkeit von Studienleistungen die internationale Transparenz von Studiengängen erhöht und die internationale Anerkennung von Studienabschlüssen gewährleistet werden sollten. Die Anstrengungen, die internationale Anerkennung und Attraktivität der europäischen Bildungssysteme zu stärken, sollten letztlich auch in eine verbesserte Vermittelbarkeit von Absolventen auf dem Arbeitsmarkt münden – sprich: deren Beschäftigungsfähigkeit erhöhen (Sorbonne-Erklärung, 1998).

2.2.1 Die Bologna-Erklärung

Am 19. Juni 1999 unterzeichneten die für die Hochschulbildung zuständigen Minister aus 29 europäischen Ländern die Bologna-Erklärung, die zum grundlegenden Dokument des Bologna-Prozesses wurde. Die beiden Grundgedanken dieser Deklaration waren erstens die internationale Wettbewerbsfähigkeit des europäischen Hochschulsystems zu fördern und zweitens dessen herausragende weltweite Attraktivität sicherzustellen.

2.2.2 Die Bologna-Nachfolgekonferenzen

Die Weiterentwicklung des Bologna-Reformprogramms erfolgte im Rahmen von Ministerkonferenzen, die seit der Bologna-Konferenz meist im zweijährigen Turnus stattfanden und in deren Rahmen neue Mitglieder in den Prozess aufgenommen wurden (vgl. Tab. 1). Die Zusammentreffen in Prag (2001), Berlin (2003), Bergen (2005), London (2007), Leuven (2009) und Wien/Budapest (2010) dienten der Bestandsaufnahme der nationalen Entwicklungen und Umsetzungen der Bologna-Ziele. Darüber hinaus wurden die ursprünglichen Teilziele, auf die man sich auf der Bologna-Konferenz verständigt hatte, um zusätzliche Absichten erweitert. Im Rahmen der Jubiläumskonferenz in Wien und Budapest 2010 wurde eine Bilanz der bis dahin erreichten Ziele gezogen und es wurden weitere Arbeitsschritte festgelegt. Die nächste ordentliche Ministerkonferenz wird 2012 in Bukarest stattfinden.

Tabelle 1: Die Entwicklung der Mitgliedsstaaten im Bologna-Prozess.

Konferenz	Anzahl	Zuwachs	Neue Mitgliedsstaaten
1998 Sorbonne	4		Deutschland, Frankreich, Großbritannien, Italien
1999 Bologna	30	+ 26	Belgien, Bulgarien, Dänemark, Estland, Finnland, Griechenland, Irland, Island, Lettland, Lichtenstein, Litauen, Luxemburg, Malta, Niederlande, Norwegen, Österreich, Polen, Portugal, Rumänien, Schweden, Schweiz, Slowakische Republik, Slowenien, Spanien, Tschechische Republik, Ungarn
2001 Prag	33	+ 3	Kroatien, Türkei, Zypern
2003 Berlin	40	+ 7	Albanien, Andorra, Bosnien-Herzegowina, der Heilige Stuhl, Mazedonien, Russische Föderation, Serbien und Montenegro
2005 Bergen	45	+ 5	Armenien, Aserbaidschan, Georgien, Moldawien, Ukraine
2007 London	46	+ 1	Republik Montenegro
2009 Leuven	46	-	-
2010 Wien/ Budapest	47	+ 1	Kasachstan

2.3 Die Reformziele des Bologna-Prozesses

Die Ziele, die im Rahmen des Bologna-Prozesses festgelegt wurden, sind lediglich politische Willensbekundungen und freiwillige Vereinbarungen zwischen den beteiligten Staaten. Aus diesem Grunde obliegt die Implementierung dieser Vereinbarungen – unter Einhaltung der hochschulpolitischen Rahmenvorgaben der Bologna-Konferenzen – den teilnehmenden Ländern.

2.3.1 Die Kernziele des Bologna-Prozesses
2.3.1.1 Förderung von Mobilität

Die Förderung der Mobilität von Studierenden, Lehrenden, Wissenschaftlern und Verwaltungspersonal ist ein zentrales Anliegen des Bologna-Prozesses. Mit dem ERASMUS-Programm war bereits 1987 ein weitreichendes bildungspolitisches Aktionsprogramm in Kraft getreten, dessen Hauptziel es war, die Mobilitätsbereitschaft europäischer Studierender zu fördern. Konkret sollen bis 2012 drei Millionen Studierende am ERASMUS-Programm teilgenommen haben. Ende 2010 sah die Situation so aus, dass seit 1987 etwa 1,86 Millionen Studierende über ERASMUS ein Auslandsstudium aufgenommen haben. Beteiligten sich 1987 knapp 3.000 Studierende am ERASMUS-Programm, so nahmen 2007/2008 schon über 182.000 Studierende dieses Angebot wahr (Europäische Kommission, 2009a). Trotz dieses beträchtlichen Zuwachses zeigt sich ein klarer Kontrast zwischen einer hohen Rate ausländischer Studierender und einer niedrigen Auslandsmobilität der eigenen Studierenden insbesondere in Großbritannien, Deutschland und Frankreich (Eurydice, 2009). Insgesamt ist jedoch zu konstatieren, dass die Mobilität europäischer Studierender sowohl in der EU-27 als auch im Bologna-Raum kontinuierlich steigt; zwischen 2000 und 2006 war ein durchschnittlicher Jahreszuwachs von 5% zu verzeichnen (Europäische Kommission, 2009b).

2.3.1.2 Förderung von Beschäftigungsfähigkeit

Das Ziel der Beschäftigungsfähigkeit (Employability) ist nicht erst seit dem Bologna-Prozess ein Thema der Hochschulentwicklung, allerdings gewann es im Rahmen der Studienreformen im vergangenen Jahrzehnt an Aktualität und besonderer Beachtung. Die Förderung von Beschäftigungsfähigkeit erfordert eine Verschränkung von Wirtschaft und Bildungssystem, einerseits um Studienangebote am Bedarf zu orientieren, andererseits zur Einbindung der Wirtschaft in die akademische Ausbildung (Teichler, 2003). Die Forderung nach Verstärkung des Berufsbezugs gründet allerdings nicht auf der Annahme, dass Hochschulbildung unmittelbar zu den im Berufsalltag benötigten Fähigkeiten führt. Vielmehr sollen Absolventen durch Hochschulbildung in die Lage versetzt werden, die zur Berufsausübung erforderlichen Fertigkeiten *im Beruf selbst auszubilden* (HRG, 2002). Aus diesem Grunde sollten Studierende neben fachlichen Kompetenzen eine Vielzahl multifunktionaler Fähigkeiten, Schlüssel- und Handlungskompetenzen erwerben, die über reproduzierbares Wissen hinausgehen. Sie sollen befähigt werden, in der Hochschule erlerntes Wissen im praktischen Wirkungsfeld umsetzen und reflektieren zu können sowie bereits erworbenes Wissen selbstgesteuert zu modifizieren und zu erweitern (für eine Übersicht über Kompetenzanforderungen an Hochschulabsolventen siehe Schaeper & Briedis, 2004). Hochschulbildung soll demnach Metafähigkeiten entwickeln, die zur Bewältigung vielfältiger konkreter Anforderungen befähigen. Die Zielsetzung der Beschäftigungsfähigkeit darf daher nicht mit der populären, da vermeintlich naheliegenden Vorstellung verwechselt werden, Hochschulbildung müsste sich möglichst eng an konkreten Anforderungen beruflicher Aufgaben orientieren.

2.3.1.3 Förderung von Wettbewerbsfähigkeit
Die Intention der Förderung von Wettbewerbsfähigkeit ist eng verbunden mit den Zielen, Mobilität und Beschäftigungsfähigkeit zu erhöhen. Der Begriff der Wettbewerbsfähigkeit bezieht sich einerseits auf Absolventen mit ihren Studienabschlüssen auf dem internationalen Arbeitsmarkt und zielt andererseits auf die Attraktivität des Europäischen Hochschulraumes für internationale Studierende ab (Eckardt, 2005). Ende der 1990er Jahre stagnierten die Zahlen ausländischer Studierender in Deutschland und Europa, während vor allem Hochschulen in Australien und den USA hohen Zulauf insbesondere asiatischer Studierender verzeichnen konnten (HRK, 1996). Die europäische Politik befürchtete, durch einen Verlust an Internationalität langfristig Einfluss auf politische Entscheidungen sowie wirtschaftliche Kontakte zu Zukunftsmärkten einzubüßen. Ein wesentliches Ziel der europäischen Hochschulpolitik war es daher, neben der innereuropäischen Studentenmobilität auch das Interesse von Studierenden außereuropäischer Länder – insbesondere aus dem US-amerikanischen Hochschulraum – an einem Studium in europäischen Ländern zu erhöhen.

2.3.2 Die Teilziele des Bologna-Prozesses

Auf den oben aufgeführten Konferenzen, die dem Bologna-Prozess zugerechnet werden, wurden zahlreiche Teilziele zur Verwirklichung der Kerngedanken des Bologna-Prozesses – Förderung der Mobilität, Steigerung der Beschäftigungsfähigkeit, Erhöhung der Wettbewerbsfähigkeit und Attraktivität des europäischen

Bildungsraumes – festgelegt. Waren die Intentionen der Bologna-Erklärung in erster Linie strukturpolitisch, wurden auf den Bologna-Nachfolgekonferenzen zunehmend auch curriculare Aspekte angesprochen und die auf der Bologna-Konferenz avisierten Ziele konkretisiert (für die einzelnen Konferenzen siehe Prager Kommuniqué, 2001; Berliner Kommuniqué, 2003; Bergen-Kommuniqué, 2005; Londoner Kommuniqué, 2007; Leuvener Kommuniqué, 2009; Erklärung von Budapest und Wien zum Europäischen Hochschulraum, 2010):

- Entwicklung leicht verständlicher, auf nationaler wie europäischer Ebene vergleichbarer Hochschulabschlüsse auf Basis eines „Qualifikationsrahmens für den Europäischen Hochschulraum" und dazu kompatibler nationaler Qualifikationsrahmen zur Definition von Qualifikationen im Hinblick auf Arbeitsbelastung, Niveau, Lernergebnisse, Kompetenzen und Profile,
- Förderung des Konzepts Lebenslangen Lernens durch Schaffung von flexiblen Lernangeboten im Hochschulbereich und Verfahren für die Anerkennung außerhalb der Hochschule erworbener Kenntnisse,
- Stärkung der sozialen Dimension der Hochschulbildung durch mehr Chancengerechtigkeit,
- Förderung der Attraktivität des europäischen Hochschulraumes,
- Qualitätsentwicklung der Hochschulausbildung durch Akkreditierung der Studiengänge,
- Förderung der europäischen Zusammenarbeit bei der Qualitätssicherung im Hinblick auf die Erarbeitung vergleichbarer Kriterien und Methoden.

2.3.2.1 Vergleichbare Hochschulabschlüsse auf Basis eines „Qualifikationsrahmens für den Europäischen Hochschulraum"

Als die zentrale Voraussetzung zur Förderung von Flexibilität und Mobilität von Studierenden und akademischem Personal wurde die Etablierung von auf nationaler wie europäischer Ebene vergleichbaren Hochschulabschlüssen identifiziert, um bürokratische Hürden bei der gegenseitigen Anerkennung von Studienleistungen auf Hochschulebene zu reduzieren. Mit dem „Tuning-Projekt" sowie im Rahmen einer gemeinsamen Qualitätsinitiative (JQI, *Joint Quality Initiative*) der Mitgliedsstaaten des Bologna-Prozesses existieren zwei Projekte auf europäischer Ebene, deren Ziel die europaweite Abstimmung von Studieninhalten ist. Während das Tuning-Projekt in einem ersten Schritt auf die Identifikation von im Studium zu erwerbenden Kompetenzen zielte, denen Kreditpunkte zugeordnet werden sollen, definierte die JQI die „Dublin-Deskriptoren" für Qualifikationen und Lernergebnisse, die einzelnen Studienzyklen zugeordnet werden (González & Wagenaar, 2003).

Die Projektergebnisse sind Grundlage des Qualifikationsrahmens für den Europäischen Hochschulraum (QF-EHEA, *Framework of Qualifications of the European Higher Education Area*). Die am Bologna-Prozess beteiligten Staaten beschlossen, an diesen übergeordneten europäischen Qualifikationsrahmen anschlussfähige nationale Qualifikationsrahmen zu entwickeln. Diese zielen darauf ab, Qualifikationen im Hinblick auf Arbeitsbelastung, Niveau, Lernergebnisse, Kompetenzen und Profile zu definieren. Klar festgelegte und transparent dargestellte Strukturen und Anforderungen von Studiengängen sind Voraussetzung dafür, die gegenseitige Anerkennung von Studien- und Prüfungsleistungen auf nationaler und internationaler Ebene zu erleichtern. Die strukturellen Reformen zur Schaffung einer vergleichbaren Studienabschlussarchitektur in Europa sind Thema des Kapitels 2.4.

2.3.2.2 Lebenslanges Lernen

Um Mobilität von Hochschulangehörigen und die Beschäftigungsfähigkeit von Absolventen fördern zu können, muss dem gesellschaftlichen Trend der Auflösung traditioneller Qualifikations- und Berufsmuster Rechnung getragen werden. Um unterschiedlichen Qualifikationswünschen zu entsprechen, bedarf es einer großen Diversität der Studienangebote (Zervakis, 2010). Im Rahmen der Bologna-Reformen sollten Möglichkeiten geschaffen werden, das Studium in die individuelle Biographie zu integrieren. Auf der Bologna-Nachfolgekonferenz in London im Jahr 2007 wurde erstmals explizit beschlossen, auf eine Anerkennung von Vorkenntnissen und Lernergebnissen hinzuarbeiten – unabhängig davon, ob diese in formellen oder informellen Lernprozessen in- oder außerhalb der Hochschule erworben wurden (Londoner Kommuniqué, 2007).

Im Bestreben der Förderung Lebenslangen Lernens ergeben sich Berührungspunkte zwischen dem Bologna-Prozess und dem Kopenhagen-Prozess, der den Bereich der beruflichen Bildung betrifft. Die Förderung des Lebenslangen Lernens erfordert Durchlässigkeit zwischen verschiedenen Ausbildungssystemen. Dementsprechend fordert die HRK (2009) von der Hochschulbildung „eine größere Durchlässigkeit zur beruflichen Bildung" (S. 5). Aus diesem Grunde wurde eine Kompatibilität des Qualifikationsrahmens für den Europäischen Hochschulraum mit dem Europäischen Qualifikationsrahmen für Lebenslanges Lernen (EQF, *European Qualifications Framework for Lifelong Learning*) – eine Initiative der Europäischen Union zur besseren Vergleichbarkeit der nationalen Bildungsabschlüsse in Europa – angestrebt.

2.3.2.3 Qualitätssicherung

Ziel des Qualifikationsrahmens für den Europäischen Hochschulraum ist es, neben einer Erhöhung der Transparenz und Vergleichbarkeit von Studiengängen Bezugspunkte für die Gestaltung, Evaluation und Akkreditierung von Studiengängen zu setzen und dadurch die Qualitätssicherung an Hochschulen zu unterstützen. Zur Schaffung europäischer Standards der Qualitätssicherung wurde das im Jahr 2000 gegründete ENQA (European Association for Quality Assurance in Higher Education) mit der Aufgabe betraut, Standards für die Zertifizierung und Bewertung von Studienangeboten, Lehr- und Lernleistungen zu erarbeiten. Besonders verbreitete Ansätze der Qualitätssicherung und -entwicklung im Hochschulsektor sind Evaluation, Ranking und Akkreditierung. Darüber hinaus finden zunehmend weitere, in privatwirtschaftlichen oder öffentlichen Wirtschaftsbereichen bereits etablierte, Qualitätsentwicklungsinstrumente Eingang in die Hochschulen. Hierzu zählen der Benchmarking-Ansatz, die Balanced Scorecard, das Konzept der Kontinuierlichen Verbesserungsprozesse (KVP) oder die Wissensbilanz (Lewin & Pasternack, 2006).

Akkreditierungsverfahren haben im Zuge des Bologna-Prozesses an Bedeutung gewonnen. Anders als Evaluationen, die zumeist systemintern durchgeführt werden, beruhen Akkreditierungen auf extern formulierten Qualitätsanforderungen. Neue Studiengänge werden in Deutschland einer Programmakkreditierung unterzogen und erst nach positiver Begutachtung und Zertifizierung durch eine externe Akkreditierungsagentur zugelassen. Somit nimmt die Akkreditierung eine Schlüsselposition in der Entwicklung und Koordinierung neuer Studiengänge ein. Erfolg oder Misserfolg des Akkreditierungsverfahrens sind zumeist unmittelbar mit gravierenden Konsequenzen – etwa finanzieller oder institutioneller Art – verbunden (Lewin & Pasternack, 2006). Akkreditierungen haben Auswirkungen auf das Selbstverständnis der Hochschulen, die Bewertung von Wissenschaft und die Bildungsentwicklung: Hochschulen, Wirtschaft, Politik und Studierende erarbeiten gemeinsam neue Studienmodelle. Die bisherigen Entscheidungsbefugnisse der Fächer und Hochschulen werden einem weiteren Kreis geöffnet.

Die im Rahmen der Bologna-Nachfolgekonferenz in Bergen im Jahr 2005 verabschiedeten *„Standards and Guidelines for Quality Assurance in the European Higher Education Area"* (ESG) sind für die Entwicklung der Qualitätssicherung auf europäischer Ebene von zentraler Bedeutung. Die dort erarbeiteten Prinzipien sind sowohl für Hochschulen als auch Akkreditierungsagenturen anwendbar (Hopbach, 2010).

2.4 Strukturelle Reformen zur Schaffung einer vergleichbaren Studienabschlussarchitektur in Europa

Auf der Bologna-Konferenz und den Nachfolgekonferenzen wurden neben den Reformzielen folgende strukturelle Reformen als Voraussetzung zur Schaffung einer vergleichbaren Studienabschlussarchitektur in Europa festgelegt (Bloch, 2006, S. 80):

- Einführung gestufter Studiengänge,
- Modularisierung von Studienstrukturen und -inhalten,
- Einführung eines einheitlichen Leistungspunktsystems (ECTS),
- Dokumentation von Studienleistungen, um die Aussagekraft von Studienabschlüssen zu erhöhen (Diploma Supplement, Transcript of Records),
- Einführung studienbegleitender Prüfungen,
- Einsatz von Learning Agreements.

Leistungspunktsysteme, Diploma Supplements, Transcript of Records, studienbegleitende Prüfungen und Learning Agreements erfüllen qualitätssichernde Funktionen, die über die oben genannten Ansätze der Qualitätssicherung hinausgehen. Die Vereinbarungen der Einführung gestufter Studiengänge und der Modularisierung werden im Folgenden genauer dargestellt, da sie mit weiteren Reformen in Zusammenhang stehen und curriculare Konsequenzen nach sich ziehen, die für die Hochschullehre von Bedeutung sind.

2.4.1 Gestufte Studiengänge

Was die Einführung gestufter Studiengänge anbelangt, so dynamisierte der Bologna-Prozess in Deutschland letztlich eine Entwicklung, die bereits Mitte der 1990er Jahre in Gang kam (Banscherus, 2007). Deutschland war eines jener Länder, die sich zunächst stark für eine Respektierung der europäischen Vielfalt aussprachen und das im Vertrag von Maastricht aus dem Jahre 1992 verankerte Subsidiaritätsprinzip insbesondere für den Bildungsbereich betonten (Blanke, 1994), in der zweiten Hälfte der 1990er Jahre allerdings nachdrücklich für die Einführung vergleichbarer Studiengangs- und Abschlussstrukturen in Europa plädierten (Rehburg & Teichler, 2003).

Die Einführung der gestuften Studienstruktur wurde aus vielfältigen Gründen angestrebt. Neben einer Erhöhung der Transparenz und internationalen Vergleichbarkeit von Hochschulabschlüssen auf europäischer Ebene sollten die neu geschaffenen Strukturen dazu beitragen, die Wettbewerbsfähigkeit und Attraktivität des deutschen wie des europäischen Hochschulsystems im Allgemeinen zu erhöhen. Darüber hinaus sollten gestufte Studiengänge zu einer Verkürzung von Studienzeiten, einer Verringerung der Studienabbruchquoten sowie einer Erhöhung der Interdisziplinarität und einer stärkeren Ausrichtung der Studieninhalte an den Erfordernissen der Arbeitswelt führen (KMK, 2003a; Witte, 2006).

Seit der Novellierung des Hochschulrahmengesetzes im Jahre 1998 war es den Hochschulen in Deutschland möglich, gestufte Studiengänge anzubieten. In den Jahren danach folgten weitere Rahmenbeschlüsse für gestufte Studiengänge an deutschen Hochschulen. So wurde ein Leistungspunktsystem für die neuen Studiengänge an deutschen Hochschulen verbindlich (KMK, 2000), die gestuften Abschlüsse den traditionellen Abschlüssen gleichgestellt und die Regelstudienzeiten von Bachelor- und Masterstudiengängen festgelegt. Demzufolge muss ein Bachelorstudium auf drei bis maximal vier Jahre ausgelegt sein, ein Masterstudium auf ein bis zwei Jahre. Die Regelstudienzeit konsekutiver Studiengänge darf fünf Jahre nicht überschreiten (HRG, 2002). Darüber hinaus wurden Rahmenvorgaben für die Akkreditierung von Bachelor- und Masterstudiengängen erlassen (KMK, 2003b).

Strukturvorgaben der KMK zufolge müssen Bachelorstudiengänge über ein „eigenständiges berufsqualifizierendes Profil" (KMK, 2003b, S. 22) verfügen. Auch die Bologna-Erklärung (1999) erhebt diese Forderung an den Bachelorabschluss: „Der nach dem ersten Zyklus erworbene Abschluss attestiert eine für den europäischen Arbeitsmarkt relevante Qualifikationsebene" (S. 287). Ein Bachelorstudium muss zwei Funktionen erfüllen – eine „abschließende" Funktion, also die Vorbereitung auf den Beruf, und eine „transitorische" Funktion, d.h. die Vorbereitung auf eine weitere Stufe systematischen Lernens, wie sie das Masterstudium darstellt (Teichler, 2005).

2.4.2 Modularisierung

Das Modell gestufter Studiengänge mit Bachelor- und Masterabschluss ist eine mögliche Operationalisierung der modularen Struktur (Welbers, 2007). Der Modul-Begriff ist in der beruflichen Bildung schon lange gebräuchlich, wohingegen die Modularisierung von Erstausbildungen in Deutschland einen tiefgreifenden Wandel bedeutet. Hierzulande gilt traditionell eine Standarisierung von normierten Ausbildungswegen, die zu präzise definierten Berufen führen. Veränderungen der Berufszuschnitte, Karrieremuster und vorgelagerten Bildungslaufbahnen führen zur Auflösung dieser standardisierten Formierung zugunsten einer individu-

alisierten und flexiblen Verknüpfung von Ausbildungserfahrungen, Berufschancen und tatsächlicher beruflicher Tätigkeit (Terhart, 2005).
Grundlegende Überlegung der Modularisierung eines Studiengangs ist, diesen als Prozess der schrittweisen Entwicklung vorab definierter Kompetenzen zu betrachten. Der Ausgangspunkt ist eine Liste von Kompetenzen, über die Absolventen verfügen sollten. Jedes Modul muss zu einer klar umrissenen Kompetenz führen, „wobei der Wert dieser Kompetenz sich an ihrem Beitrag zur Herausbildung des schlussendlich angestrebten Fähigkeitenbündels bemisst" (Terhart, 2005, S. 90). Aus dieser Kompetenzliste werden jene Studienerfahrungen abgeleitet, die Voraussetzung dafür sind, dass die Studierenden die gewünschten Kompetenzen tatsächlich erwerben können. Die Lernerfahrungen müssen wiederum inhaltlich und methodisch benannt und in eine zielführende Sequenz gebracht werden. Für jedes Modul müssen die Lehr- und Lernformen präzisiert werden. Die abschließende Gesamtkompetenz ergibt sich schließlich aus der Erarbeitung aller Teilelemente und Einzelkompetenzen in zum Teil vorgeschriebener Reihenfolge (Terhart, 2005).

2.4.2.1 Integration des Studiums in das Konzept des Lebenslangen Lernens
Modularisierte Studienangebote sollen Lernen als einen permanenten Prozess im institutionellen Rahmen auch über das Erststudium hinaus ermöglichen. Ziel ist es, Studienbausteine nach persönlichem Interesse kombinieren und im Rahmen eines Studiengangs, als Weiterqualifizierung oder als spezifische Kompetenz erwerben zu können (Bloch, 2006). Im Rahmen der Modularisierung werden die Anforderungen des Studiums in Leistungspunkte umgesetzt. In Deutschland lehnten sich die Vorgaben für die Einführung von Leistungspunktsystemen an das ECTS an. Ein solcher leistungspunktbasierter Qualifikationsrahmen dient der engeren Verknüpfung der Hochschulbildung mit der Berufs- und Weiterbildung (Lischka, Pasternack & Schildberg, 2006). Auf diese Weise trägt die Modularisierung von Studiengängen dem Bedeutungszuwachs des Konzepts Lebenslangen Lernens Rechnung.

2.4.2.2 Berücksichtigung des studentischen Workloads
Der Vergabe von Leistungspunkten liegt die Idee zugrunde, Studienleistungen nicht mehr ausschließlich nach dem Umfang an Semesterwochenstunden zu bemessen, sondern den studentischen Workload, d.h. den gesamten studentischen Arbeitsaufwand, einzubeziehen. Somit werden im Rahmen der Leistungspunktvergabe auch Zeiten der Veranstaltungsvor- und -nachbereitung, der Prüfungsvorbereitung einschließlich Abschluss- und Studienarbeiten, der Prüfungszeit, des Selbststudiums und gegebenenfalls von Praktika berücksichtigt (KMK, 2000).

Der Bologna-Prozess 27

2.4.2.3 Orientierung an „Learning Outcomes"
Modularisierung bedeutet, „Studienangebote konsequent von den Qualifizierungszielen („Learning Outcomes") her zu konzipieren und den Stellenwert und Beitrag jeder einzelnen Lehrveranstaltung im Hinblick darauf zu definieren" (Witte, Schreiterer, Hüning, Otto & Müller-Böling, 2003, S. 8). Der Fokussierung auf den Outcome liegt die Intention zugrunde, Lernwege zu individualisieren und flexibilisieren. Dies ersetzt die in den Fachkulturen an Hochschulen verbreitete „Content-Orientierung" von Didaktik, also der Darstellung und Vermittlung von Lehrinhalten orientiert am Fachkanon, die zusehends an Einfluss verliert (Wildt, 2004a). Im Zuge des Bologna-Prozesses ist das zentrale Qualifizierungsziel der grundständigen Bachelorausbildung die Entwicklung der Beschäftigungsfähigkeit von Hochschulabsolventen (Gerholz & Sloane, 2008).

Versucht man nun, die Entwicklung und Reformintentionen des Bologna-Prozesses zusammenzufassen, so lässt sich resümieren, dass er der Schaffung eines gemeinsamen Europäischen Hochschulraums dient. Der konstitutiven Sitzung der Bildungsminister der europäischen Mitgliedsländer in Bologna im Jahre 1999 folgten bis 2010 weitere Konferenzen, auf denen die Umsetzung der Reformziele überprüft sowie weitere Ziele formuliert wurden. Um eine vergleichbare Studienabschlussarchitektur in Europa zu entwickeln, wurden im Rahmen des Bologna-Prozesses die Strukturen und Inhalte der Studiengänge verändert. Von zentraler Bedeutung sind dabei die Einführung gestufter Studiengänge und ihre Modularisierung, im Rahmen derer ein Wandel von einer „Content"- zu einer „Outcome"-Orientierung von Hochschullehre erfolgte. Die Entwicklung von Beschäftigungsfähigkeit, insbesondere in der grundständigen Bachelor-Studienphase, ist explizit erklärtes Ziel des Bologna-Prozesses. Der Fokus der universitären Ausbildung richtet sich damit auf den Erwerb klar definierter (Handlungs-) Kompetenzen.

2.5 Voraussetzungen zur Realisierung kompetenzorientierter Studiengänge

Standen in den ersten Jahren des Bologna-Prozesses Fragen struktureller Natur im Vordergrund, setzte sich in der Folgezeit zunehmend die Erkenntnis durch, dass es zur erfolgreichen Realisierung der strukturellen Reform tiefgreifender Veränderungen der inhaltlichen und didaktischen Organisation von Lehr-, Lern- und Prüfungsprozessen bedarf (Wildt, 2007a). Wie in den folgenden Abschnitten dargelegt wird, ist zur praktischen Umsetzung einer kompetenzorientierten

Konzeption von Studiengängen Voraussetzung, dass die universitäre Lehre und das Prüfungswesen auf Kompetenzen hin ausgerichtet sind.

2.5.1 Anforderungen an die Gestaltung universitärer Lehre zur Realisierung kompetenzorientierter Studiengänge

„Kompetenzorientierung bedeutet (…), Wissen und Können so zu vermitteln, dass keine „trägen" und isolierten Kenntnisse und Fähigkeiten entstehen, sondern anwendungsfähiges Wissen und ganzheitliches Können, das z.b. reflektive und selbstregulative Prozesse einschließt" (Klieme & Hartig, 2007, S.13).

Studien aus der Lehr-Lern-Forschung offenbaren Schwierigkeiten von Lernenden bei der Umsetzung von Theoriewissen in die Praxis. Es gibt Anhaltspunkte dafür, dass auch in der Hochschule „träges Wissen" erzeugt wird (Gruber, Mandl & Renkl, 2000) – Wissen also, bei dem der Transfer von der Lern- zur Anwendungssituation nicht gelingt. Ramsden (2003) weist auf diese Problematik hin: „(…) research indicates that, at least for a short period, students retain vast quantities of information. On the other hand, many of them soon seem to forget much of it (…), and they appear not to make good use of what they do remember. They experience many superficial changes (…) but they still tend to operate with naive and erroneous conceptions" (S. 32). Hier wird also das traditionelle Lehr-Lern-Verständnis kritisiert, das an der Vermittlung und Reproduktion von Information orientiert ist. Allerdings führt dieses kaum zur eigentlich beabsichtigten Entwicklung selbstregulativer und flexibler Kompetenzen, sondern fördert vielmehr die Beibehaltung naiver Handlungskonzepte.

Träges Wissen beruht auf der Kontextgebundenheit fachlicher Wissensbestände. Es kann entstehen, wenn sich die situativen Handlungsangebote und Handlungseinschränkungen der Lern- und Anwendungssituation stark voneinander unterscheiden (Renkl, 1996). Wenn beispielsweise in Vorlesungen die Darstellung von Inhalten in möglichst abstrakter Gestalt im Vordergrund steht, entsteht eine Lücke zwischen Lehrsituation und Anwendungssituation. Gruber et al. (2000) betonen jedoch, „dass es gelingen kann, durch instruktional unterstützte Anregung von Konstruktionsprozessen beim Lernen in komplexen Situationen die Transferfähigkeit zu erhöhen und das Auftreten trägen Wissens unwahrscheinlicher zu machen". Es gelte, „eine Balance zwischen notwendigen Konstruktionsprozessen auf der Lernerseite und wohlorganisierten Instruktionsprozessen zu finden" (S. 152).

Zwar ist der Erwerb umfangreichen deklarativen Wissens notwendige Voraussetzung für die Entwicklung von Kompetenz, der Kompetenzerwerb vollzieht sich jedoch überwiegend durch Prozeduralisierungsprozesse – durch Prozesse der problem- und situationsgebundenen Anwendung von Wissen (Boshuizen & Schmidt, 1992; Gruber, 1999). Um neben dem Erwerb deklarativen Faktenwissens auch die Entwicklung prozeduralen Wissens zu ermöglichen, müssen dem Lernenden Gelegenheiten zur aktiven, verstehensorientierten Auseinandersetzung mit Lerninhalten gegeben werden, die an sein Vorwissen anknüpfen und persönliche Bedeutungsrelevanz aufweisen. Hierfür bedarf es authentischer und kognitiv herausfordernder Problemstellungen, wie sie im Konzept des „situierten Lernens" vorgesehen sind (Gerstenmaier & Mandl, 1995; Gruber, 2004; Law & Wong, 1996). Für den Hochschulunterricht besonders geeignet erscheinen die Ansätze des problemorientierten (Renkl & Nückles, 2006; Tippelt, 2007) sowie des entdeckenden und des forschenden Lernens (Schmidt & Tippelt, 2005). Zentral bedeutsam für diese Ansätze sind individualisierte, reflexive und soziale Lehr-Lern-Konzepte (Tynjälä, 1999).

2.5.2 Der „Shift from Teaching to Learning"

Eine derartige Gestaltung von Lehr-Lern-Situationen zur Förderung des Kompetenzerwerbs und der Fähigkeit zur Anwendung erworbenen Wissens ist in Hochschulen – insbesondere in Universitäten – selten gegeben. Das traditionelle Verständnis von Lehren und Lernen an der Hochschule basiert auf einem kognitivistisch-instruktional ausgerichteten Paradigma, in dem der Studierende eher passiver Rezipient des vom Lehrenden vermittelten Unterrichtsstoffs ist. Dem Lehrenden als „didactic leader" (Leinhardt, 1993, S. 1) kommt hierbei die Aufgabe der Präsentation und Vermittlung von Wissensinhalten und der Überwachung des Lernfortschritts zu. Ziel einer solchen Lernumgebung ist eine Übertragung von Lehrinhalten dergestalt, dass der Lernende schließlich über den Lerngegenstand in ähnlicher Weise verfügt wie der Lehrende.

Das im Bologna-Prozess zum Ausdruck gebrachte Ziel einer kompetenzorientierten Ausbildung erfordert hingegen eine Lehrauffassung, die nicht das *Lehren*, sondern das aktive *Lernen* in den Mittelpunkt stellt. Diese in der hochschuldidaktischen Diskussion häufig als „Shift from Teaching to Learning" bezeichnete paradigmatische Veränderung der Sichtweise auf Lehr-Lern-Prozesse gründet auf einem konstruktivistischen Lehrkonzept unter Einbezug soziokultureller und motivationspsychologischer Theorien (Barr & Tagg, 1995). Basierend auf der konstruktivistischen Annahme, dass Wissen in objektiver, transportabler Form nicht existiert, sondern stets eine kognitive Einzelleistung erfordert, ist hierbei die aktive Wissenskonstruktion durch den Lernenden das Ziel des Lehr-Lern-Prozesses.

Während in einer nach konstruktivistischen Prinzipien gestalteten Lernumgebung dem Lernenden eine aktive Rolle zukommt, nimmt sich der Lehrende bei der Instruktion zurück. Als Lernbegleiter und beratender Coach arrangiert er Lernsituationen, in denen den Lernenden eigene Konstruktionsleistungen möglich sind und kontextgebunden gelernt werden kann (z.B. Blom, 2000).

Dieser konstruktivistischen Grundlage entsprechend impliziert der „Shift from Teaching to Learning" eine Lernendenzentrierung. Der Studierende als selbstverantwortlicher Akteur seines Lernprozesses steht im Mittelpunkt der Lehr-Lern-Situation. Selbstorganisiertes und aktives Lernen sowie der Erwerb von Lernstrategien werden hierbei unter Beachtung motivationaler, volitionaler und sozialer Aspekte des Lernens gefördert (Wildt, 2004a). Ein „Shift from Teaching to Learning" ist Voraussetzung für die Etablierung einer Lehre, „die weniger als Wissens- oder „Stoff"-Vermittlung angelegt ist und weniger auf rezeptives Lernen setzt, sondern die das selbst organisierte, aktive Lernen und den Erwerb von (Schlüssel-)Kompetenzen fördert" (Mürmann, 2005, S. 246). Es geht darum, „den Fokus so zu erweitern, dass Lernen und Lehren als miteinander verschränkte Prozesse in den Blick kommen" (Deneke, 2005, S. 93). Allerdings wird in diesem Paradigma Lehren und Lehrkompetenz „keineswegs funktions- oder anspruchslos", vielmehr wird Lehren „neu kontextuiert und neu durch das Lernen hindurch gedacht. Aufgabe des Lehrenden ist es, Lehren auf Lernen zu beziehen, d.h. lernförderlich zu gestalten" (Wildt, 2004a, S. 169). Der „Shift from Teaching to Learning" entspricht einer Abkehr von der traditionellen „Belehrungsdidaktik" hin zu einer „Ermöglichungsdidaktik", die mit der Förderung von Prozessen der selbständigen Wissenserschließung und -aneignung verbunden ist (Arnold, 1993). Die Förderung eigenverantwortlicher Lernprozesse erscheint zentral, um den Erwerb von Kompetenzen zu unterstützen und Wissen für Studierende anschlussfähig zu machen. Deshalb sollte Lehre „das eigenständige Lernen der Studierenden (…) ermöglichen und (…) unterstützen. In diesem Sinne ist gute Lehre heute studierendenzentriert" (HRK, 2008, S. 3).

Die Präferenz von Lernstrategien ist keine psychisch intrapersonal stabile Eigenschaft, sondern die Lernenden passen ihre Lernstrategien jeweils situativen und inhaltlichen Anforderungen an (Marton & Saljö, 1984). Studierendenzentrierte Lehre fördert eine Tiefenverarbeitung von Lerninhalten („deep approach": Gow & Kember, 1993; Sheppard & Gilbert, 1991; Trigwell, Prosser & Waterhouse, 1999). Anders als der „surface approach", der auf Faktenreproduktion abzielt und der „achieving approach", der auf Prüfungserfolg unabhängig von persönlichem Interesse am Lerngegenstand ausgerichtet ist, kennzeichnet der „deep approach" einen Lernstil, der von intrinsischer Motivation geleitet die Entwicklung von Kompetenzen ermöglicht (Biggs, 1979; Entwistle & Ramsden, 1983). Der für diese Tiefenverarbeitungsstrategie charakteristische Einsatz elaborierter Methoden (z.b. Herstellen von Zusammenhängen, kritisches Hinterfragen, Suche nach Anwendungsbezügen) ist Voraussetzung für die Entwicklung handlungsrelevanter Kompetenz. Empirische Studien belegen, dass studierendenzentrierte Lehre den Kompetenzerwerb bei Studierenden fördern kann (z.b. Braun & Hannover, 2008).

Auch im studierendenzentrierten Paradigma kommt den klassischen Funktionen einer instruktionalen Lehre ein wichtiger Stellenwert im Studium zu. Das Ziel ist letztlich eine Erweiterung des didaktischen Handlungsrepertoires von Lehrenden, das sie befähigt, über Instruktion hinaus verstärkt Beratungs- und Betreuungsaufgaben zu übernehmen (Szczyrba, 2006).

2.5.2 Anforderungen an die Gestaltung von Prüfungen zur Realisierung kompetenzorientierter Studiengänge

Infolge der Studienreform sind Prüfungen gegenwärtig enger als bislang mit dem Lernprozess verknüpft. Die Vergabe von Leistungspunkten erfordert in jeder Lerneinheit, für die es Leistungspunkte gibt, eine nachweisbare studentische Leistung. Neben der Konzeption der Lehre hängt es auch von der Ausgestaltung von Prüfungen ab, ob die Modularisierung zu der gewünschten Kompetenzorientierung führt (Bülow-Schramm, 2008; Reis & Ruschin, 2008). In seinem Konzept des Constructive Alignment legt Biggs (1996) dar, dass zur Erreichung definierter Lernresultate nicht nur Lehren und Lernen, sondern auch das Assessment auf diese Lernziele hin ausgerichtet sein müssen.

Kompetenz kann ausschließlich leistungsbezogen erfasst und gemessen werden. „Jede Illustration oder Operationalisierung von Kompetenz muss sich (…) auf konkrete Anforderungssituationen beziehen" (Klieme et al., 2007, S. 73). Steht die Vermittlung anwendbaren prozeduralen Wissens im Vordergrund, so müssen auch die Prüfungsformen auf dieses Ziel ausgerichtet sein (Müller & Schmidt, 2009). Für eine kompetenzorientierte Gestaltung von Prüfungen ergibt sich demzufolge die Forderung, Handlungsprozesse einzubeziehen und hinreichend komplexe Anforderungssituationen zu simulieren. Allerdings lassen sich Kompetenzen „nicht durch einzelne isolierte Leistungen darstellen oder erfassen. Der Bereich von Anforderungssituationen umfasst immer ein mehr oder weniger breites Leistungs*spektrum*" (Klieme et al., 2007, S. 74). Die Erfassung von Kompetenz erfordert daher vielfältige Prüfungsformen, die sich nicht auf reine Wissensabfrage beschränken.

Im Rahmen des Bologna-Prozesses kommt also der Kompetenzorientierung von Studiengängen eine zentrale Bedeutung zu. Soll der Kompetenzerwerb gefördert werden, ist aufgrund seines situativen Bezugs eine kontinuierliche Anwendung des Wissens in authentischen Problemsituationen erforderlich. Einem kompetenzorientierten Ansatz von Hochschullehre ist das Konzept situierten Lernens angemessen. Eine lernpsychologische Fundierung geben hierfür kognitionspsychologische und gemäßigt konstruktivistische Ansätze, die auf selbstorganisiertes und selbstreguliertes Lernen abzielen (Reinmann-Rothmeier & Mandl, 2001). Die traditionelle Hochschullehre orientiert sich jedoch nicht am konstruktivistischen Paradigma. Um im Rahmen der Studienreform eine tiefergreifende inhaltliche und methodische Erneuerung in den Kernbereichen von Lehre, Studium und Prüfung und nicht eine bloße Struktur- und Organisationsreform zu erzielen, bedarf es eines „tiefgreifenden Wandels der Lehrkultur an Hochschulen" (Wildt, 2004b, S. 24).

Der Bologna-Prozess impliziert nicht nur eine Strukturreform der Lehre, sondern auch eine Änderung des didaktischen Grundmodells auf Grundlage des Paradigmenwechsels vom Lehren zum Lernen. Kompetenzorientierung führt jedoch nicht nur zu einer Didaktisierung des Lehrens und Lernens, sondern auch des Prüfens. Die Orientierung an Learning Outcomes macht es erforderlich, Lehr- und Prüfungsprozesse kongruent zueinander zu konzipieren (vgl. Zervakis, 2010). Um kompetenzorientiert prüfen zu können, bedarf es einer ebenso großen Breite und Vielfalt an Prüfungs- und Leistungsformen, die sich am Anforderungskontext der zu messenden Kompetenz orientieren, wie der Lernsituationen, in denen die Kompetenz entwickelt werden kann (vgl. Bülow-Schramm, 2008; Huber, 2008).

2.6 Hochschuldidaktische Qualifizierung als Mittel der Professionalisierung von Hochschullehrenden

Aus den Ausführungen im zweiten Kapitel ergibt sich, dass Hochschullehrende durch die Studienreformen mit neuen Anforderungen in den Aufgabenbereichen der Lehre und des Prüfens konfrontiert werden. Zudem sind sie im Rahmen der Akademischen Selbstverwaltung in die Entwicklung neuer Studiengänge und Curricula involviert, die den Reformvorgaben entsprechen müssen. Somit haben sich die Tätigkeitsschwerpunkte von Hochschullehrenden infolge des Bologna-Prozesses verlagert; vielerorts ist insbesondere der Arbeitsaufwand in den Tätigkeitsbereichen der Organisation und Verwaltung von Prüfungen sowie in Lehre und Beratung gestiegen (Jaksztat & Briedis, 2009). Professionalität von

Hochschullehrenden schlägt sich neben innovativer Forschung in zunehmendem Maße auch in Anforderungen an ihre Lehrkompetenz auf hohem Qualitätsniveau und in vielfältigen Aspekten des Hochschul- und Wissenschaftsmanagements nieder (Wildt, 2007b).
Traditionell hat die Mehrzahl der Hochschullehrenden ausschließlich eine fachwissenschaftliche Ausbildung vorzuweisen und ist kaum mit fundierten pädagogischen Konzepten in Berührung gekommen. Webler (2004) bemerkt, die Universität bereite „ihren Hochschullehrernachwuchs verlässlich und systematisch nach wie vor fast ausschließlich auf individuelle Forschung vor. Alle anderen Kompetenzen werden (…) von den Individuen – wenn überhaupt – zur Zeit noch im Trial and Error-Verfahren mehr schlecht als recht erworben. (…) Der Bereich der Qualifizierung für die Lehre lässt bereits erheblich zu wünschen übrig. Die Förderung der Fähigkeiten in Selbstverwaltung und Wissensmanagement findet kaum statt" (S. 67 f.). Aus diesem Grund ist das Selbstverständnis von Hochschullehrenden nicht an Lehre, sondern in erster Linie an Wissenschaft und Forschung ausgerichtet (Braun, Ulrich & Spexard, 2008).

Die Bologna-Reformen haben der Debatte um die professionelle Kompetenz von Hochschullehrenden neue Dynamik verliehen, die Qualität der Lehre als „wettbewerbsrelevante(s) Kriterium" (Flender, 2005, S. 174) rückt zunehmend in den Fokus der öffentlichen Aufmerksamkeit. Die Studienreformen stehen im Spannungsfeld knapper werdender öffentlicher Ressourcen, was die Bemühungen der Hochschulen um Qualitätssicherung und -entwicklung sowie die Sicherung von Effizienz und Wettbewerbsfähigkeit verstärkt. Es erhöht sich die Herausforderung für die Hochschulen, mithilfe gezielter Maßnahmen den gestiegenen Qualitätsanforderungen Rechnung zu tragen. Wurde bereits in den 1990er Jahren vereinzelt die Forderung nach umfassender Professionalisierung aller Aufgaben von Hochschullehrenden geäußert (Webler, 1993), schenkt mittlerweile auch die KMK den veränderten Anforderungen an hochschulische Lehre Beachtung, indem sie die Förderung von Lehrkompetenz als eines mehrerer „Kernelemente nachhaltiger Qualitätssicherung in der Lehre" (KMK, 2005, S. 5) identifiziert. Die ENQA (2005) empfiehlt: „Institutions should have ways of satisfying themselves that staff involved with the teaching of students are qualified and competent to do so" (S. 6). Es wird davor gewarnt, dass Hochschullehrende ohne hochschuldidaktische Qualifizierung "mangels entlastender Professionalität" (Webler, 2004, S. 74) zunehmend überlastet würden.

Einen Professional in der Lehre kennzeichnet, dass er „sich über fachliche und pädagogische Inhalte und Ziele klare Gedanken [macht], über das notwendige Wissen und über didaktische Vorgehensweisen verfügt und auf entsprechende pädagogisch-psychologische Techniken zurückgreifen kann" (Mulder, Messmann

& Gruber, 2009, S. 401). Erst wenn Hochschullehrende diese Handlungskompetenzen erwerben, kann sich „das Bild vom Fachvertreter als *Repräsentanten* eines Fachgebietes (…) zu einem Förderer von Qualifikationsprozessen *mit Hilfe* eines Fachgebietes" (Webler, 2000, S. 233) verändern. Es bedarf daher einer gezielten und umfassenden Kompetenzentwicklung von Hochschullehrenden durch hochschuldidaktische Trainingsmaßnahmen (Schmidt, 2007).

3 Hochschuldidaktik und hochschuldidaktische Kompetenzmodelle

Im Folgenden wird die Hochschuldidaktik als Forschungsdisziplin und angewandte Wissenschaft zur hochschuldidaktischen Professionalisierung beschrieben. Den vorgenannten Entwicklungen entsprechend gewinnen hochschuldidaktische Aus- und Weiterbildungsangebote zunehmend an Bedeutung (Heiner & Wildt, 2009). Sie sind auf eine systematische Qualifizierung von Lehrenden für die akademische Lehrtätigkeit ausgerichtet und verfolgen somit das Ziel, Lehre und Studium an den Hochschulen zu verbessern und vor Ort die Qualitätssicherung und -entwicklung zu unterstützen (Auferkorte-Michaelis, Ladwig & Wirth, 2007; Szczyrba & Wildt, 2009). Dies impliziert, dass eine theoretische Vorstellung existiert, wie hochschuldidaktische Kompetenz beschrieben werden kann. Daher sollen zunächst Hochschuldidaktik und hochschuldidaktische Ziele aus verschiedenen Perspektiven beleuchtet werden, um im Anschluss die zentralen Aufgabenfelder der Hochschuldidaktik zusammenzufassen. Abschließend werden hochschuldidaktische Kompetenzmodelle diskutiert und die Expertiseforschung als Bezugsrahmen für den Entwurf eines eigenen Ansatzes zur Strukturierung einer hochschuldidaktischen Kompetenzbeschreibung eingeführt.

3.1 Begriffsbestimmung Hochschuldidaktik

Der Hochschuldidaktik wird sowohl in der Hochschulforschung als auch in der Praxis der Lehre eine wichtige Rolle zuteil. Als akademische Disziplin kann sie der angewandten Hochschulforschung zugerechnet werden. Im weiteren Kontext verbinden Bretschneider und Pasternack (2005) Hochschuldidaktik mit Studienreformforschung. Die Autoren beschreiben Hochschuldidaktik als eine „Bezeichnung für den Ansatz einer inhaltlich verantworteten und didaktisch orientierten Qualitätsentwicklung von Lehre und Studium, die sich am Ziel einer nachhaltigen Verbesserung von Lehren und Lernen [ausrichtet]" (S. 190). Damit wird die Qualität wissenschaftlicher Vermittlungsprozesse im Studium angesprochen. Hochschuldidaktik beschäftigt sich somit in ihrem zentralen Aufgabenfeld mit der lehr-lern-theoretischen Qualifizierung des Lehrpersonals an Hochschulen. Die Autoren spezifizieren Hochschuldidaktik als „Wissenschaft von der Hochschullehre", die sich mit Forschung und Entwicklung, Weiterbildung und Beratung zu Lehr- und Lernprozessen an der Hochschule befasst. Die Ziele von Hochschuldidaktik sind die Professionalisierung des wissenschaftlichen Lehrens und eine Steigerung der Qualität des Studierens. Diesen Aufgaben wird in allgemein-didaktischen Modellen und in fachdidaktischen Modellen nachgegangen (Bretschneider & Pasternack, 2005, S. 93).

Dieses Verständnis von Hochschuldidaktik greift bereits die Idee auf, die in neueren Diskussionen als Forderung zu einem Wandel der Lehr-Lern-Kultur an Hochschulen zum Ausdruck kommt (Huber, 2009; Kamphans & Selent, 2008; Schneider, Szczyrba, Welbers & Wildt, 2009; Tremp, 2009; Welbers & Gaus, 2005). International wird dieser Wandel als „Shift from Teaching to Learning" beschrieben (Wildt, 2004a). Gemeint ist damit ein Paradigmenwechsel von einer Lehrkultur hin zu einer Lernkultur. Es tritt ein Wandel im Lehrverständnis ein, wonach Lehren strikt aus der Perspektive des Lernens gedacht wird. Gegenstand der Lehre ist nicht mehr das *zu lehrende Wissen,* sondern die *zu erlernende Kompetenz,* die zwar das Wissen einschließt, jedoch den Schwerpunkt verlagert von der Vermittlung von Inhalten hin zum Erwerb von Kompetenzen. Es ist naheliegend, dass ein solcher Wandel neue Anforderungen an die Tätigkeit und die Rolle der Lehrenden heranträgt.

Bei Tremp (2009) wird Hochschuldidaktik als eine forschende Tätigkeit mit praktischer Absicht interpretiert. Sie stellt eine „Theorie der Bildung und Ausbildung" dar, nämlich als „die wissenschaftliche Bearbeitung der Probleme, die mit der Tätigkeit und Wirkung der Hochschule als (auch) einer Ausbildungseinrichtung zusammenhängen" (Huber 1983, zit. nach Tremp, 2009, S. 207). Nach Tremp ist es das Ziel von Hochschuldidaktik, die Hochschullehre zu optimieren, um studentisches Lernen zu fördern. Diese Aufgabe kann zum einen nur durch die „besondere Ausformung von Professionalität im Bereich der Lehre" erreicht werden, zum anderen betrifft sie aber „auch eine bestimmte Forschungspraxis und insbesondere eine angemessene Aufbereitung des Wissens, die sich auf verschiedene Bezugsgruppen bezieht: Dozierende, Hochschule und die Hochschuldidaktik selbst" (Tremp, 2009, S. 207). Somit beschreibt Tremp (2009) explizit das Ziel der Qualitätsverbesserung durch Teilnehmerorientierung, das sich durch eine Professionalisierung des Hochschullehrerberufs erreichen lässt. Mit der Professionalisierung werden die Prozesse (a) der Förderung der Professionalität von Hochschullehrenden, (b) der Hochschulentwicklung hin zu einer reformierten Lehrkultur und (c) die hochschuldidaktische Forschung selbst angesprochen. Voraussetzung hierfür ist jedoch, dass die Akteure der hochschuldidaktischen Forschung ihre Erkenntnisse so kommunizieren, dass die Rezeption bei den Adressaten wahrscheinlich wird.

Tremp (2009) und Wildt (2007a) beschreiben als Problem der Hochschuldidaktik die Dozierenden selbst. Universitätsdozierende werden als skeptisch zurückhaltend gegenüber pädagogischen und didaktischen Theorien beschrieben. Eine solche Haltung stellt natürlich keine gute Ausgangsbasis für die Entwicklung hochschuldidaktischer Kompetenz und Expertise dar. Diese Skepsis lässt sich auf basale Auffassungen und Annahmen von Lehrenden zurückführen, weswegen auch epistemologische Überzeugungen Lehrender ein relevantes Thema hochschuldidaktischer Forschung werden (Gruber & Stamouli, 2009; Harteis & Gruber, 2006). Damit werden grundlegende Einstellungen über die Natur von Wissen und dessen Entwicklung angesprochen, die sonst eher als Merkmal Lernender mit ihren Effekten für Lernleistungen Gegenstand erziehungswissenschaftlicher Forschung sind.

3.2 Hochschuldidaktische Aufgabengebiete

Nach Tremp (2009) können die Ziele und Aufgabenfelder der Hochschuldidaktik in zwei Kategorien eingeteilt werden, die denen der hochschuldidaktischen Forschung und Praxis entsprechen. Erstens ist es Aufgabe der Hochschuldidaktik, Wissen über universitäres Lehren und Lernen zur Verfügung zu stellen. Somit ist sie Teil der Hochschul- und Bildungsforschung. Zweitens hat die Hochschuldidaktik als anwendungsorientierte Disziplin spezielle Dienstleistungen und Angebotsformate, um dieses Wissen Dozierenden und Lehrverantwortlichen zur Verfügung zu stellen. Sie liefert also über den konkreten Lehr-Lern-Prozess hinaus Orientierung stiftendes Kontext- und Begründungswissen ebenso wie ein geeignetes Handlungsrepertoire zur Organisation von Hochschullehre. Dabei müssen lehr-lern-theoretische Annahmen systematisch auf das Handlungsfeld der Hochschule übertragen und analysiert werden, denn „Hochschuldidaktik hat den Anspruch, eine eigenständige Didaktik zu sein, nicht lediglich Übertragung der Schuldidaktik auf die Universitätsstufe" (Tremp, 2009, S. 214).

Das Forschungsfeld Hochschullehre umfasst nach Tremp (2009) folgende Gegenstände:
- Interaktionen verschiedener Akteure,
- die Vermittlung und Aneignung von Inhalten in Lehr-Lernprozessen,
- Unterricht als sozialen Prozess,
- universitäre Bildung in puncto Inhalte und Normen,

- den Handlungskontext Hochschule auch in seiner historischen Entwicklung,
- die hochschuldidaktische Weiterbildung.

Im vorliegenden Buch wird Hochschuldidaktik in ihrem umfassenden Aufgabenspektrum begriffen. Hierbei erhebt hochschuldidaktische Qualifizierung den Anspruch, den Arbeitsplatz in der Hochschullehre über das konkrete didaktische Geschehen in Lehrveranstaltungen hinaus in der Gesamtheit an Anforderungen abzubilden. Das bedeutet, dass hochschuldidaktische Qualifizierungsangebote sich nicht auf die Vermittlung von Lehrmethoden beschränken, sondern im Sinne von Personal- und Organisationsentwicklung an Hochschulen wirken sollen. Mit welchen faktischen Effekten dies erfolgt und wie hochschuldidaktische Weiterbildung – verstanden als Academic Staff Development – für Qualitätsentwicklung an Hochschulen wirkt, wurde in den vergangenen Jahren intensiv diskutiert (z.B. Berendt, 2009; Dany, 2006; Stahr, 2009; Wildt & Dany, 2006).

Untersuchungen zur Effektivität hochschuldidaktischer Aus- und Weiterbildungsprogramme finden sich auch im internationalen Raum. Epistemische Überzeugungen von Hochschullehrenden, ihre allgemeinen pädagogischen Zielvorstellungen, ihre motivationalen und kognitiven Einschätzungen der Studierenden sowie ihre Einstellungen in Bezug auf ihre eigene Rolle als Lehrperson können großen Einfluss auf die Qualität der Lehre haben (Lompscher & Mandl, 1996; Trigwell & Prosser, 1997). Darüber hinaus konnte schon früh nachgewiesen werden, dass hochschuldidaktische Trainingsprogramme die epistemischen Überzeugungen von Lehrenden beeinflussen können (Goldman, 1978). Gibbs und Coffey (2002) sowie Postareff, Lindblom-Ylänne und Nevgi (2007) wiesen empirisch nach, dass hochschuldidaktische Trainings die Entwicklung einer studierendenzentrierten Lehre fördern können. Darüber hinaus finden sich weitere Belege, dass hochschuldidaktische Qualifizierungsmaßnahmen Einfluss auf die Konzeption von Lehre haben können (für eine Übersicht siehe Winteler, 2002). Es existiert demnach breite empirische Evidenz dafür, dass hochschuldidaktische Weiterbildung den Zielen des Bologna-Prozesses dient.

Anders als in Deutschland ist in einigen europäischen Ländern wie dem Vereinigten Königreich, den Niederlanden, Finnland, Lettland, Norwegen, Schweden und Dänemark der Erwerb eines Trainerzertifikats für Hochschullehrende verpflichtend (Brendel, 2005; van de Ven, Koltcheva, Raaheim & Borg, 2008). Doch auch hierzulande ist eine Weiterentwicklung hochschuldidaktischer Qualifizierungsbestrebungen zu beobachten. Infolge der Hochschulreformdiskussionen Ende der 1960er Jahre wurden bereits in den 1970er Jahren die ersten hochschuldidaktischen Arbeitsstellen in der Bundesrepublik Deutschland gegründet.

Allerdings waren zunächst Einzelveranstaltungen zur individuellen Qualifizierung vorherrschend, die von interessierten Lehrenden selbst initiiert wurden. Seit den 1990er Jahren entwickelten sich verstärkt institutionell getragene und geförderte Seminare mit aufeinander bezogenen Inhalten. Hochschuldidaktische Aus- und Weiterbildung wurde zunehmend in den expandierenden hochschuldidaktischen Arbeitskreisen und Zentren curricularisiert und zertifiziert (Battaglia, 2008; Brems & Gruber, 2003). Die meisten hochschuldidaktischen Einrichtungen in Deutschland gehören mittlerweile hochschulübergreifenden Netzwerken an. Im Jahr 2008 bestanden 65 hochschuldidaktische Einzeleinrichtungen unterschiedlichen Institutionalisierungsgrads (Battaglia, 2009), deren Programme und Zertifikate sich vielfach an den Leitlinien der Arbeitsgemeinschaft für Hochschuldidaktik (AHD, 2005) – der heutigen Deutschen Gesellschaft für Hochschuldidaktik (dghd) – orientieren. Ein Vergleich mit älteren Literaturangaben belegt eine stete Zunahme der Anzahl hochschuldidaktischer Qualifizierungseinrichtungen in Deutschland (Battaglia, 2004; Wildt & Gaus, 2001).

3.3 Professionelle Hochschullehre

Eine auf hohem Abstraktionsniveau formulierte Zielvorstellung hochschuldidaktischer Angebote besteht also darin, die Professionalität von Hochschullehre zu fördern, d.h. durch Bildungsmaßnahmen die Lehrenden zu Lehre auf hohem Qualitäts- und Leistungsanspruch zu befähigen. Dabei muss eine mittel- und langfristige Planung von Hochschuldidaktik künftig absehbare Entwicklungen reflektieren, um nicht bei Reparaturbemühungen temporärer Probleme zu verharren. Um hochschuldidaktische Aus- und Weiterbildung zukunftsfähig am Bedarf orientieren zu können, stellt sich gegenwärtig die Frage, welche Folgen der Bologna-Prozess für Kompetenzanforderungen an Hochschullehrende hat. Die besondere Aktualität dieser Frage ergibt sich derzeit dadurch, dass die strukturellen Reformen in der deutschen Hochschullandschaft mittlerweile flächendeckend und über nahezu das gesamte Fächerspektrum hinweg Wirkung entfalten. Es steht die Frage im Raum, welche Kompetenzen Hochschullehrenden künftig insbesondere vor dem Hintergrund des Bologna-Prozesses abverlangt werden. Die Klärung dieser Frage setzt eine Präzisierung des Kompetenzverständnisses voraus. Daher wird im Folgenden eine kritische Auseinandersetzung mit hochschuldidaktischen Kompetenzmodellen vorgenommen, die in einen eigenen Ansatz übergeführt werden.

3.3.1 Kompetenz und Professionalität

Der Kompetenzbegriff kann auf vielfältige Weise interpretiert und definiert werden. Es ist vom wissenschaftlichen Zugang und vom funktionalen Gebrauch des Begriffs abhängig, was genau als Kompetenz verstanden wird. Unter beruflicher Handlungskompetenz werden häufig alle Fähigkeiten und Kenntnisse von Berufstätigen subsumiert (Klieme & Hartig, 2008). Aufgrund dessen soll kurz eine Darstellung verschiedener Kompetenzauffassungen dargelegt werden, um im Anschluss eine Definition von professioneller Kompetenz auf Grundlage der Expertiseforschung geben zu können. Eine systematische Aufarbeitung der vielfältigen Bedeutungen des Kompetenzbegriffs wurde von Weinert (1999, 2001) vorgenommen. In dieser wird ersichtlich, dass sich verschiedene Bedeutungszuweisungen in wissenschaftlichen Kontexten sehr unterschiedlich darstellen. Im folgenden Abschnitt werden daher einige Entwicklungslinien sozial- und erziehungswissenschaftlicher Kompetenzkonzepte skizziert (vgl. Klieme & Hartig, 2007).

3.3.1.1 Sprachwissenschaftliche, entwicklungs- und sozialisationstheoretische Ansätze

Für sprachwissenschaftliche, entwicklungs- und sozialisationstheoretische Kompetenzansätze ist Chomskys Konzept von Sprachkompetenz (1969) als Grundlage menschlicher Sprachfähigkeit maßgebend. Er postuliert ein sprecherimmanentes Regelsystem, das erlaubt, aus einer begrenzten Anzahl an Regeln eine unbegrenzt vielfältige Sprache – die Performanz – zu erzeugen und dem Sprecher ermöglicht, Sprechsituationen adäquat zu bewältigen (Chomsky, 1969). Der in diesem Ansatz zur Performanz dichotome Kompetenzbegriff bezeichnet als technischer Terminus das kreativen sprachlichen Leistungen zugrunde liegende kognitive System. Habermas (1971) verallgemeinerte später Chomskys Konzept der sprachlichen Kompetenz zu kommunikativer Kompetenz, die Individuen mittels sozial-kognitiver Regeln und Strukturen die Generierung kommunikativer Situationen ermöglicht.

3.3.1.2 Funktional-pragmatische Kompetenzkonzepte in der Psychologie

Im Gegensatz zu Chomskys Konzept der Sprachkompetenz, das ein situationsunabhängiges kognitives System annimmt, fokussieren Ansätze der funktional-pragmatischen Perspektive auf die individuelle Fähigkeit, situationsspezifische Anforderungen zu bewältigen. White (1959), der den Kompetenzbegriff erstmals in die Motivationspsychologie einführte, sieht dementsprechend Kompetenz als „effective interaction of the individual with the environment" (S. 317). Kompetenzkonzepte, die dieser psychologischen Tradition folgen, zielen also auf die

Bewährung in konkreten Situationen ab und lassen sich als erlernbare „realized abilities" (Connell, Sheridan & Gardner, 2003, S. 142) interpretieren.

3.3.1.3 Der Kompetenzbegriff bei Roth

Der Kompetenzbegriff bei Roth (1971) kann als Ausgangspunkt für erziehungswissenschaftliche Sichtweisen auf Kompetenz betrachtet werden. Er verbindet den Kompetenzbegriff mit Handlungsfähigkeit und Mündigkeit, die bei ihm zentrale Erziehungsziele sind. Roths pädagogische Persönlichkeitstheorie veranschaulicht das Zusammenspiel von personalen und situativen Aspekten eines Handlungsprozesses. Kompetenzen als individuelle Dispositionen für Handeln und Urteilen lassen sich seinem Verständnis zufolge in die drei Teilkompetenzen *Selbstkompetenz, Sachkompetenz* und *Sozialkompetenz* unterteilen. In neueren Kompetenzmodellen sind diese häufig um Methodenkompetenz, als Teil der Fachkompetenz, und Handlungskompetenz, als Integration der Teilkompetenzen und konstituierendes Element zur Professionalität, ergänzt (Klieme & Hartig, 2008; KMK, 2007). Für die Messung von Kompetenz bedeutet dies, dass gleichermaßen personale wie situative Faktoren als handlungsleitende Aspekte zu erheben sind. Diese Klassifizierung ist bis heute grundlegend in der berufspädagogischen Kompetenzdiskussion.

3.3.2 Klassische Kompetenzklassifikation

Wie bereits erwähnt, ist das Klassifikationsschema von Kompetenzen nach Roth (1971) für spätere Modelle grundlegend. Zur Beschreibung von beruflicher Handlungskompetenz wird die Trias aus Sach-, Sozial- und Selbstkompetenz oftmals um Methodenkompetenz erweitert. Die Bezeichnung der Kompetenzen variiert jedoch in Abhängigkeit vom Autor; anstelle von Sachkompetenz ist etwa häufig von Fachkompetenz die Rede. Im Gegensatz zu Fach- und Methodenkompetenz, die relativ einheitlich definiert werden, divergieren die Konzepte der Sozial- und Selbstkompetenz mitunter deutlich. Im Folgenden werden diese Kompetenzansätze nach dem Verständnis unterschiedlicher Autoren kurz dargestellt. In der Betrachtung dieser Ansätze zeigen sich Schwachpunkte. Daher wird schließlich ein Kompetenzverständnis vor dem Hintergrund der Expertiseforschung eingeführt, das für die Entwicklung des Modells hochschuldidaktischer Kompetenz in der Delphi-Studie grundlegend ist.

3.3.2.1 Fachkompetenz

Während sich in der Definition von Heil und Faust-Siehl (2000) Fachkompetenzen auf die „Reproduktion von deklarativem Wissen im jeweiligen Wissensgebiet" (S. 93) beschränken, weisen sie bei Erpenbeck und Heyse (1999) weitere Funktionen auf: Fachkompetenzen werden hier als „die Dispositionen, geistig selbstorganisiert zu handeln, d.h. mit fachlichen Kenntnissen und fachlichen Fertigkeiten kreativ Probleme zu lösen, das Wissen sinnorientiert einzuordnen und zu bewerten" (S. 157) verstanden. Kauffeld (2006) orientiert sich an dieser Definition und konkretisiert: „Unter Fachkompetenz [werden] organisations-, prozess-, aufgaben- und arbeitsplatzspezifische berufliche Fertigkeiten und Kenntnisse sowie die Fähigkeit, organisationales Wissen sinnorientiert einzuordnen und zu bewerten, Probleme zu identifizieren und Lösungen zu generieren, subsumiert" (S. 23). Im Gegensatz zu den genannten Autoren verweist Faulstich (1998) zur Charakterisierung von Fachkompetenz auf die Bedeutung wissenschaftlichen Wissens. Benz (2005) greift einige der vorgenannten Aspekte auf und bezieht sie auf den Hochschullehrenden, der seiner Definition zufolge über fachliche Kompetenz verfügt, „wenn er über den Stand der Wissenschaft im jeweiligen Unterrichtsgebiet orientiert ist und über praktische Erfahrungen (d.h. Wissensanwendungen außerhalb des Lehr-/Forschungsbetriebs) verfügt" (S. 132).

3.3.2.2 Methoden- und Organisationskompetenz

Kauffeld (2006) definiert Methodenkompetenz als die „Fähigkeit, Methoden, Verfahrensweisen oder Strategien zur Strukturierung von Tätigkeiten, Diskussionen, Prozessen und allgemein Sachverhalten flexibel einzusetzen" (S. 24). Erpenbeck und Heyse (1999) äußern ein ähnliches Verständnis dieses Begriffs, betonen jedoch darüber hinaus den Aspekt des instrumentell selbstorganisierten Handelns. Die Definition von Benz (2005) zielt auf Methoden- und Organisationskompetenz in der Hochschullehre ab. Demnach ist ein Hochschullehrer methodisch-organisatorisch kompetent, „wenn er seine Lehr-/Lernveranstaltung den grundsätzlichen Erkenntnissen der didaktischen Wissenschaft gemäß konzipiert und umsetzt" (S. 137).

3.3.2.3 Sozialkompetenz

Das Konstrukt der Sozialkompetenz erscheint – ähnlich wie das Konzept der Selbstkompetenz – weniger scharf umrissen als Fach- und Methodenkompetenz. In einigen Definitionen umschreibt soziale Kompetenz erfolgreiches Handeln eines Individuums im sozialen Kontext. So äußert etwa Faulstich (1998): „Soziale Kompetenz kann verstanden werden als Fähigkeit, in sozialen Situationen spezifischer Kontexte individuell motivierte Handlungspläne zu realisieren" (S.

100). Im Verständnis anderer Autoren liegt die Betonung stärker auf dem sozialen Gefüge: „Es handelt sich (…) um Fähigkeiten, die den Austausch von Informationen, Verständigung und den Aufbau, die Gestaltung sowie die Aufrechterhaltung von sozialen Beziehungen ermöglichen" (Schaeper & Briedis, 2004, S. 5). Die Auffassung von Erpenbeck und Heyse (1999) vereinigt beide Aspekte. Ihr zufolge handelt es sich bei „Sozialkompetenz" um „Dispositionen, kommunikativ und kooperativ selbstorganisiert zu handeln, d.h. sich mit anderen kreativ auseinander- und zusammenzusetzen, sich gruppen- und beziehungsorientiert zu verhalten, um neue Pläne und Ziele zu entwickeln" (S. 157). Ein Hochschullehrer ist Benz (2005) zufolge im Besitz sozialer Kompetenz, „wenn er verständlich und – methodisch wie inhaltlich – umfassend kommuniziert, auf Anregungen und Kritik aus seinem Umfeld angemessen reagiert und im Konfliktfall Eigeninteressen hinter Interessen des Gemeinwohls zurückstellen kann" (S. 144).

3.3.2.4 Selbstkompetenz
In der Literatur teilweise alternativ als „Personal-" bzw. „Individualkompetenz" bezeichnet, bestehen auch für das Konstrukt der Selbstkompetenz sehr unterschiedliche Zugänge. Im Verständnis von Achtenhagen und Baethge (2007) umfasst dieser Kompetenzbereich „jeden Aspekt der Persönlichkeitsentwicklung: Kognition, Emotion, Motivation und Moral" (S. 58). Reetz (1999) betont die Bedeutung von Moral für das Konstrukt der Selbstkompetenz noch stärker. Selbstkompetenz meint hier „die Fähigkeit zu moralisch selbstbestimmtem, humanem Handeln. Dazu gehört neben der Behauptung eines positiven Selbstkonzepts (Selbstbildes) vor allem die Entwicklung zu moralischer Urteilsfähigkeit" (S. 42). Weniger stark normativ geprägt ist die Definition von Kauffeld (2006): „Bei der Selbstkompetenz geht es um zwei Komponenten: Einerseits die Selbstwahrnehmung, das bewusste Reflektieren der eigenen Fähigkeiten, die Bewertung der eigenen Handlungen sowie andererseits die Offenheit für Veränderungen, das Interesse aktiv und eigeninitiativ mitzuwirken und zu gestalten. Es verfügt derjenige über Selbstkompetenz, der bereit ist, seinen Arbeitsplatz und seine Arbeitsumgebung konstruktiv mitzugestalten, dispositiv zu organisieren und Verantwortung zu übernehmen" (S. 26). Benz' (2005) Bezugnahme auf Hochschullehrende ist deutlich weniger differenziert, umfasst allerdings auch zusätzliche Aspekte, die in den oben genannten Definitionen keine Berücksichtigung finden: „Personale Kompetenz besitzt ein Hochschullehrer, wenn er über ein zutreffendes Selbstbild verfügt, eigene Werte authentisch vertritt und auf andere tatkräftig und (in positivem Sinne) charismatisch wirkt" (S. 150).

3.3.2.5 Berufliche Handlungskompetenz

Die Kultusministerkonferenz (KMK, 2007) schreibt fest, dass die Ziele der Berufsausbildung auf die Entwicklung von Handlungskompetenz ausgerichtet werden sollten. Darunter wird auch „die Bereitschaft und Befähigung des Einzelnen, sich in beruflichen, gesellschaftlichen und privaten Situationen sachgerecht durchdacht sowie individuell und sozial verantwortlich zu verhalten" (S. 10f.) verstanden. Dabei werden die bei Roth beschriebenen Teilkompetenzen erweitert um Handlungskompetenz, die sich in den Dimensionen von Fach-, Human- und Sozialkompetenz entfaltet, deren Unterdimensionen Methodenkompetenz, kommunikative Kompetenz und Lernkompetenz darstellen.

Straka und Macke (2008) kritisieren diese Definition als unpräzise und wenig angepasst an ein internationales Verständnis von Kompetenz. Die Autoren definieren Kompetenz als die auf Handeln abzielenden überdauernden internen Bedingungen. Lernen wird dabei als Aufbau und/oder Veränderung überdauernder Dispositionen des Individuums beschrieben. Straka und Macke (2008) geben Handeln eine zentrale Bedeutung für Lernen und Kompetenzentwicklung. Dabei wird Handeln als beiderseits abhängig von internen Bedingungen einer Person und externen Bedingungen der Handlungssituation beschrieben. Das Verhalten eines Individuums ist abhängig von seinem Wissen, seinen Fertigkeiten und Fähigkeiten, Motiven, Emotionen und Wertvorstellungen, die Handeln erst ermöglichen. Externe Bedingungen sind z.B. im Unterricht das Lehrverhalten von Dozenten und Lernverhalten von Kommilitonen, benutzte Medien oder eingesetzte Lehrformen. Handeln wirkt sich dabei sowohl auf die internen als auch die externen Bedingungen aus, wenn z.B. Dozenten Sachverhalte umformulieren müssen oder wenn sich durch die Lösung einer Aufgabe das Wissen des Individuums verändert. Die Autoren betonen jedoch, dass „nicht Handeln und Information (...) Ziel von Ausbildung und Unterricht [sind], sondern Aufbau von Kompetenz als dauerhafte interne Bedingung für Handeln und Information mittels Gestaltung externer Bedingungen" (Straka & Macke, 2008, S. 590).

3.4 Bestehende Kompetenzstrukturmodelle

Eine Voraussetzung zur Entwicklung bedarfsorientierter Weiterbildung ist die Identifikation von Kompetenzen, über die Weiterbildungsteilnehmer verfügen sollten, um hohe Performanz in ihrem beruflichen Tätigkeitsbereich erbringen zu können. Diese Kompetenzen lassen sich in einem Kompetenzstrukturmodell abbilden – einem Konglomerat von Kompetenzdimensionen, in die sich der ursprünglich abstrakte Kompetenzbegriff differenzieren lässt.

3.4.1 Allgemeine Modelle beruflicher Handlungskompetenz

In der Literatur finden sich sowohl Kompetenzmodelle, die sich auf berufliches Handeln im Allgemeinen beziehen, als auch solche, die an einem bestimmten Tätigkeitsbereich orientiert sind. Spezifische Kompetenzprofile wurden auch für Lehrende und Dozenten in unterschiedlichen Institutionen entwickelt. Von semantischen Unterschieden abgesehen, weisen die bestehenden Modelle inhaltlich große Übereinstimmung auf. Die Mehrzahl der Kompetenzmodelle basiert auf der oben dargestellten Kategorisierung in die vier Teilkompetenzen Fach-, Methoden-, Sozial- und Selbstkompetenz (z.B. Arnold & Krämer-Stürzl, 1999, für allgemeine Kompetenzmodelle oder Faulstich, 1998, für spezifische Kompetenzmodelle für Dozenten).

3.4.2 Modelle professioneller Handlungskompetenz von Hochschuldozenten

Zusammenhängende, systematische Untersuchungen zu Kompetenzen von Hochschullehrenden sind bislang rar. Es existiert bisher kein allgemeingültiges und weithin akzeptiertes Modell hochschuldidaktischer Kompetenz. Vereinzelt finden sich allerdings Versuche, wesentliche hochschuldidaktische Kompetenzen zu identifizieren und sie in einem Profil abzubilden. Im Folgenden werden die vier prominentesten Kompetenzmodelle in der Hochschuldidaktik exemplarisch dargestellt.

3.4.2.1 Das Kompetenzmodell von Webler

Weblers normativer Beschreibungsansatz hochschuldidaktischer Kompetenz leitet sich aus den Ausführungen in § 7 des Hochschulrahmengesetzes zum Auftrag der Hochschule und ihrer wissenschaftlichen Beschäftigten ab (HRG, 1998). Weblers Kompetenzverständnis zufolge müssen Hochschullehrende befähigt werden, „in einem Brückenschlag die Wissensbestände, Methoden und wissenschaftlichen Verhaltensweisen mit den Lernbedürfnissen und -möglichkeiten der Studierenden zu verbinden" (Webler, 2003, S. 69). Um diesen Anforderungen gerecht werden zu können, müssen sie über Fähigkeiten verfügen, die Webler ähnlich dem oben vorgestellten Klassifizierungsansatz von Handlungskompetenz den Bereichen Selbstkompetenz, Sozialkompetenz und Didaktische Fachkompetenz zuordnet (vgl. Abb. 1).

Selbstkompetenz	Sozialkompetenz	Didaktische Fachkompetenz
Definition der eigenen Rolle	Kommunikationsfähigkeit	Planungskompetenz
Distanzfähigkeit	Fähigkeit, zu beobachten und zuzuhören	Methodenkompetenz
Fähigkeit, aus Erfahrungen zu lernen (Reflexionsfähigkeit)	Fähigkeit, in Lehrveranstaltungen „geistige Räume" zu öffnen	Medienkompetenz
Fähigkeit, positiv zu denken und Positives zu sehen	Fähigkeit, über Lehr-Lernprozesse zu kommunizieren	Beratungskompetenz
Fähigkeit, zu ermutigen ohne zu schönen	Fähigkeit, sich auf verschiedene Adressatengruppen einzustellen	Qualifizierungskompetenz
Fähigkeit, für eigene Integrität zu sorgen	Fähigkeit, sich auf „schwierige" Einzelpersonen einzustellen	Vermittlungskompetenz für wissenschaftliches Verhalten
Selbstpflege, um leistungsfähig zu bleiben		Fähigkeit und Bereitschaft, als personales Modell für die Orientierung von Studierenden zu dienen
		Fähigkeit zur Verbindung von Forschung und Lehre
		Fähigkeit zur Praxisentwicklung
		Prüfungskompetenz
		Evaluationskompetenz
		Kontextkompetenz/ Feldkenntnis

Abbildung 1: Lehrkompetenzmodell nach Webler (2003, S. 74ff.).

3.4.2.2 Das Kompetenzmodell von Stahr

Das Modell professioneller Lehrkompetenz von Stahr (2009) umfasst die fünf Teilkompetenzen Fach-, Methoden-, Selbst-, Sozial- und systemische Kompetenz. Diese Klassifizierung basiert auf einem Vorschlag der Weiterbildungskommission der dghd, der praxeologischen Überlegungen folgt. Abbildung 2 umreißt das fünfstufige Kompetenzmodell nach Stahr (2009).

Methodenkompetenz z.B. Wissen präsentieren, Veranstaltungen moderieren und aktivierende Lernumgebungen schaffen, prüfen können	Sozialkompetenz z.B. verständlich und sachgerecht kommunizieren, Perspektiven wechseln, Gruppen leiten, Konflikte lösen, Projekte leiten können
Selbstkompetenz Persönlichkeitsentwicklung, Selbstreflexion über eigene Rolle als Lehrperson, individuelle Karriere- und Lebensplanung, Professionelle Identitätsfindung, Selbstorganisation	
Systemische Kompetenz z.B. Prozesse der Lernorganisation strukturieren, Studiengangssequenzen und Module fachübergreifend konzipieren und organisieren, Netzwerke bilden und interdisziplinär arbeiten können	Hochschuldidaktische Fachkompetenz z.B. Kommunikations- und Lehr-/Lerntheorien kennen, Studiengänge, Fachkulturen, Hochschulsozialisation und -organistation, Fachdidaktik kennen, anwenden

Abbildung 2: Lehrkompetenzmodell nach Stahr (2009, S. 80).

3.4.2.3 Das Kompetenzmodell von Benz

Ebenso wie Webler (2003) und Stahr (2009) orientiert sich auch Benz (2005) bei der Entwicklung seines Kompetenzmodells an der gängigen Klassifizierung beruflicher Handlungskompetenzen in vier Kompetenzdimensionen. Diesen Bereichen sind jeweils Kompetenzmerkmale zugeordnet (vgl. S. 170):

- Fachkompetenz: *Theoretisches Wissen* und *Anwendungswissen.*
- Methoden- und Organisationskompetenz: *Strukturierung des Unterrichts* und *Vielfalt der Unterrichtsmethoden.*
- Sozialkompetenz: *Sprachverhalten* und *Teilnehmerorientierung.*
- Selbstkompetenz: *Ausstrahlung.*

Benz erfasst diese Kompetenzmerkmale empirisch, indem er den Ablauf einer Lehrveranstaltung mittels Service-Blueprinting darstellt und von Studierenden wahrgenommene Qualitätseigenschaften von Hochschullehrenden erhebt. Auf Basis der sieben Kompetenzmerkmale mit jeweils zwei bis drei Merkmalsausprägungen führt Benz eine Conjoint-Analyse mit Studierenden und Hochschullehrenden durch und vergleicht die Gesamtnutzenwerte jeder Kompetenz aus beiden Stichprobengruppen. Tabelle 2 zeigt die Einstufung der sieben Kompetenzmerkmale durch die Studierenden und Lehrenden. Die jeweiligen Ausprägungen der auf Rang 1 positionierten Kompetenzmerkmale realisieren dabei den höchsten Teilnutzen am Gesamtnutzen sowohl in der Studierenden- als auch in der Lehrendenbefragung.

Tabelle 2: Merkmalsgewichtung der Studierenden und Lehrenden (nach Benz, 2005, S. 182 und 192).

Rang	Merkmalsgewichtung der Studierenden	Merkmalsgewichtung der Hochschullehrenden
1	Teilnehmerorientierung	Strukturierung des Unterrichts
2	Strukturierung des Unterrichts	Vielfalt der Unterrichtsmethoden
3	Vielfalt der Unterrichtsmethoden	Anwendungswissen
4	Anwendungswissen	Teilnehmerorientierung
5	Sprachverhalten	Sprachverhalten
6	Ausstrahlung	Theoretisches Wissen
7	Theoretisches Wissen	Ausstrahlung

3.4.2.4 Das Kompetenzmodell von Reichmann

Das Kompetenzmodell von Reichmann (2008) basiert auf einer empirischen Erhebung von Kompetenzen, die von Studierenden als relevant für die Tätigkeit von Hochschullehrenden eingeschätzt wurden. Ähnlich dem Ansatz von Benz (2005) unterzieht Reichmann die eruierten Kompetenzen einer Conjoint-Analyse mit dem Ziel, einen Zahlenwert für die Gesamtkompetenz eines Universitätslehrers in Bezug auf die Lehre berechnen zu können. Tabelle 3 stellt die sechs in die Conjoint-Analyse aufgenommenen Kompetenzen dar. Die Rangfolge ergibt sich aus den Teilnutzenwerten für die jeweils betrachteten Ausprägungen (schwach ausgeprägt/stark ausgeprägt).

Tabelle 3: Kompetenzen guter Hochschullehrer nach Reichmann (2008, S. 9).

Rang	Kompetenz
1	Professioneller Umgang mit Studierenden
2	Fähigkeit zur Wissensvermittlung
3	Fachwissen
4	Kommunikationsfähigkeit
5	Praxisbezug bzw. Praxiserfahrung
6	Rhetorik

3.4.3 Anschlussfähigkeit bestehender Kompetenzmodelle für eine bedarfsorientierte hochschuldidaktische Ausbildung

Die Mehrzahl der bereits bestehenden Kompetenzmodelle für Hochschullehrer sind nicht empirisch fundiert (eine Ausnahme bilden Benz, 2005 und Reichmann, 2008), sondern theoriegeleitet, basieren auf normativen Desiderata oder sind praxeologisch begründet. Neben den oben dargestellten Kompetenzmodellen finden sich weitere Ansätze beispielsweise bei Schulmeister (2005), Chur (2005), Brendel, Eggensperger und Glathe (2006) oder Reiber (2006).

Darüber hinaus weist jedes Kompetenzmodell eine Kombination folgender Charakteristika auf:

- **Beschreibung bestehender Kompetenzen.** Die meisten Modelle hochschuldidaktischer Handlungskompetenz zielen auf eine Beschreibung des Ist-Zustands vorhandener Kompetenzen ab. Die Erfassung des Soll-Zustands von Kompetenzen, also von Kompetenzanforderungen, ist bislang unterrepräsentiert.
- **Keine Gewichtung von Kompetenzen.** Eine Gewichtung nach der Bedeutung der einzelnen Kompetenzen für kompetentes Handeln in der Hochschullehre wurde mit Ausnahme der Kompetenzmodelle von Benz (2005) und Reichmann (2008) nicht vorgenommen.
- **Beliebigkeit der Ausdifferenzierung in Subkategorien.** Die Aufspaltung von Kompetenz in typischerweise drei bis vier Teilkompetenzen birgt die Gefahr definitorischer Beliebigkeit und ausfernder Kompetenzkataloge, da sich die Kompetenzkategorien beim Versuch einer Konkretisierung fortlaufend in Subkategorien ausdifferenzieren lassen.
- **Mangelnde Trennschärfe kategorialer Unterteilungen.** Viele Modelle hochschuldidaktischer Kompetenz enthalten Subkategorien, die nicht ausreichend trennscharf sind, um unterschiedliche Wissensbereiche eindeutig voneinander abzugrenzen.

Zur Entwicklung eines am künftigen Bedarf orientierten hochschuldidaktischen Trainings ist es erforderlich, Kompetenzen zu identifizieren, über die Hochschullehrende in Zukunft verfügen sollten, um dauerhaft hohe berufliche Performanz zu erbringen. Bislang existieren kaum gesicherte empirische Erkenntnisse über Folgen des Bologna-Prozesses für Kompetenzanforderungen an Hochschullehrende.

Zudem erscheint eine Gewichtung nach der Bedeutung der einzelnen Kompetenzen für die Lehrperformanz eines professionellen Hochschullehrers sinnvoll. Die Voraussetzung dafür ist die Identifikation trennscharfer, klar operationalisierbarer Kompetenzen, wobei eine ausufernde Differenzierung in Teilkompetenzen vermieden werden sollte. Eine empirisch fundierte Entwicklung beispielsweise eines geeigneten Diagnostikinstrumentes hochschuldidaktischer Kompetenz oder auch die Entwicklung bedarfsorientierter Trainingsmaßnahmen für Hochschullehrende fällt auf Basis bislang bestehender Modelle hochschuldidaktischer Kompetenz schwer. Ein Ziel dieses Buches ist es daher, ein Kompetenzmodell zu entwickeln, das den hochschuldidaktischen Veränderungen durch den Bologna-Prozess Rechnung trägt und somit gegenwärtige und zukünftige Kompetenzanforderungen an Hochschullehrende abdeckt. In seiner Differenzierung in operationalisierbare, trainierbare Kompetenzdimensionen soll es als Grundlage der Entwicklung einer bedarfsorientierten Aus- und Weiterbildung zum professionellen Hochschullehrer dienen. Grundlage hierfür kann die Expertiseforschung bieten.

3.5 Handlungskompetenz und Expertise

Im vorliegenden Kapitel wird das Kompetenzverständnis erarbeitet, auf dem diese Untersuchung basiert. Abgeleitet von der kognitiven und soziokulturellen Lehr-Lern-Forschung sowie der Expertiseforschung wird im Folgenden ein Kompetenzmodell entwickelt, das die Grundlage der in späteren Kapiteln des Buches ausführlich dargestellten Delphi-Studie bildet.

3.5.1 Kompetenz aus Sicht der Expertiseforschung

Der Kompetenzbegriff wurde in der pädagogisch-psychologischen Diagnostik als Gegenbegriff zu kontextunabhängigen, kognitiven Leistungskonstrukten eingeführt, wie sie typisch für die Intelligenzforschung und -diagnostik sind (Klieme, Maag-Merki & Hartig, 2007). Kompetenzen als „Verbindung zwischen Wissen und Können" (Klieme et al., 2007, S. 73) werden erst in Handlungszusammenhängen und sozialen Kontexten fassbar. Kompetenzen können jedoch nicht selbst beobachtet werden, sondern werden aufgrund eines Beobachterurteils attribuiert. Im Arbeitsalltag zeigen sie sich im Tätigkeitsvollzug in beobachtbaren, situationsgebundenen Verhaltensweisen (Kauffeld, 2006). Die Situationsspezifität impliziert, dass Kompetenz immer im Hinblick auf eine konkrete Tätigkeit und Problemstellung und die Realisierung der gestellten Anforderungen zu betrachten ist. Das Konstrukt Kompetenz ist inhaltsleer, solange die Anforderungen einer Tätigkeit nicht kontextspezifisch geklärt sind und nicht beschrieben wurde, welcher Kompetenzen es zu ihrer erfolgreichen Bewältigung bedarf (Kaufhold, 2006). Weinert (1999, 2001) plädiert für ein Verständnis von Kompetenz als kontextspezifische, kognitive Leistungsdisposition. Spezifische Leistungsdispositionen sind auch als Kenntnisse, Fertigkeiten oder Routinen charakterisierbar. Weinert (1999) sowie Klieme und Hartig (2007) empfehlen, bei empirischen Untersuchungen von Kompetenzen kognitive und motivationale Voraussetzungen getrennt zu erfassen, um präzise Hypothesen formulieren und Wechselwirkungen analytisch darstellen zu können.

Die Annahme von Situations- und Anforderungsspezifität von Kompetenz legt nahe, dass Erfahrung mit konkreten Situationen und Anforderungen die Voraussetzung für den Kompetenzerwerb ist. „Kompetenzen können durch Erfahrung in relevanten Anforderungssituationen erworben, durch Training oder andere äußere Interventionen beeinflusst und durch langjährige Praxis möglicherweise zur Expertise in der jeweiligen Domäne ausgebaut werden" (Klieme & Hartig, 2007, S. 17). Gruber (1999) betont, dass intensive Auseinandersetzung mit einem Gegenstandsbereich alleine nicht hinreichend ist, um Kompetenz zu entwickeln. Es bedarf auch motivationaler und volitionaler Voraussetzungen, um den Lernenden in die Lage zu versetzen, konsequent zu üben und die Relevanz des Lernens für sich zu erkennen.

3.5.2 *Expertise*

Auch in der Expertiseforschung werden Kompetenzen abhängig von spezifischen Kontexten betrachtet. Jedoch wird die Unterscheidung der klassischen Kompetenzforschung zwischen Kompetenz als Leistungsdisposition und Performanz als faktische Leistungserbringung vereinfacht, indem Kompetenz mit Anwendungsfähigkeit (Können) gleichgesetzt wird: Expertise, als herausragende Leistung, zeigt sich im Können und der Handlungsorientierung von Experten. Expertise wird als Fähigkeit von Experten verstanden, dauerhaft Leistung auf hohem

Niveau zu erbringen. Experten werden als Individuen beschrieben, die in einer bestimmten Domäne Performanz auf konstant hohem Niveau zeigen. Erfahrung wird als Grundlage kompetenten Handelns verstanden, folglich wird die Verbindung zwischen Erfahrungslernen und Expertiseentwicklung hergestellt (Gruber, 1999). In vielen Domänen – und insbesondere in der Lehrtätigkeit – erweist sich die konkrete Operationalisierung von Expertentum als schwierig, so dass sich als pragmatische Daumenregel für die Bestimmung von Expertise die Bezugnahme auf eine umfangreiche Berufserfahrung (Zehn-Jahres-Regel der Expertiseforschung) etabliert hat.

Die Entwicklung von Expertise lässt sich in charakteristischen Phasen abbilden. Das Kompetenzentwicklungsmodell von Dreyfus und Dreyfus (1986) etwa beschreibt den Verlauf des Kompetenzerwerbs vom Novizen zum Experten in einer bestimmten Domäne über fünf Entwicklungsstufen hinweg (vgl. Abb. 3).

Hochschuldidaktik und hochschuldidaktische Kompetenzmodelle 53

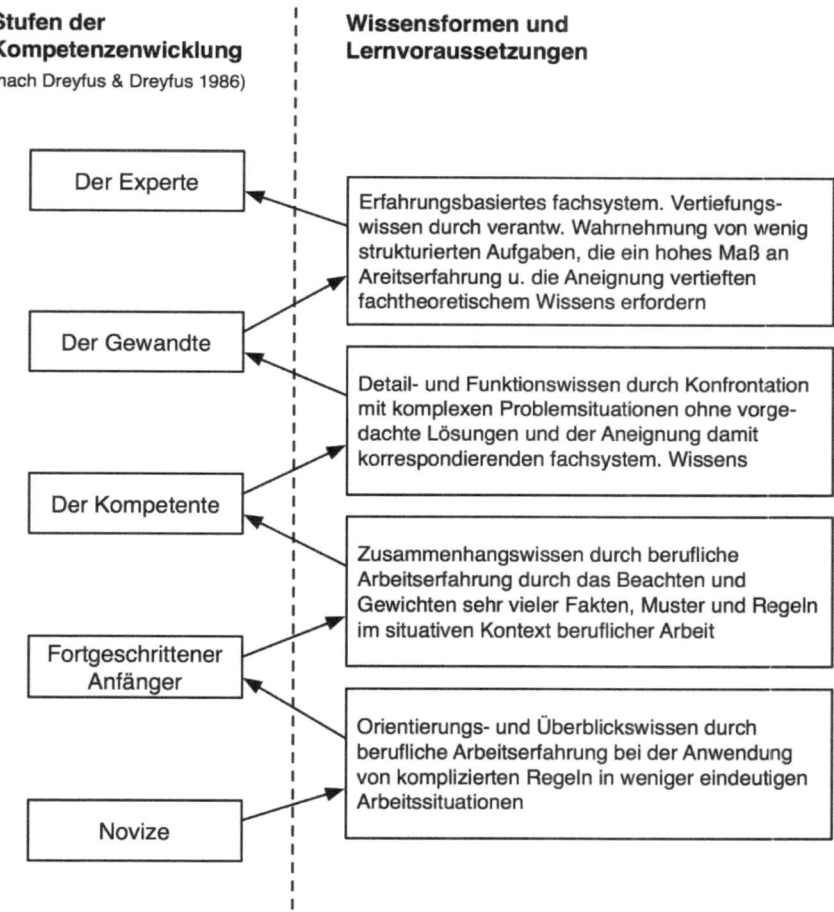

Abbildung 3: Das Kompetenzentwicklungsmodell von Dreyfus und Dreyfus (1986) nach Rauner (2002, S. 6).

Expertise wird in Feldern (Domänen) erhoben, in denen Leistung in spezifischen Handlungskontexten messbar gemacht werden kann. Zur Differenzierung der Handlungskontexte unterscheidet man zwischen gut strukturierten und schwach strukturierten Domänen: Gut strukturierte Domänen zeichnen sich unter anderem durch die Existenz einer klar umrissenen Wissensgrundlage, Regeln für Handlungen und Leistungskriterien für die Beurteilung der Performanz aus. Beispiele sind Informatik, Sport, Musik und Schach (de Groot & Gobet, 1996; Gruber & Lehmann, 2007). Als schwach strukturierte Domänen werden Handlungsfelder beschrieben, die sich durch divergierende, schnell verändernde Wissensbestände, situative Faktoren der Handlungsregulierung und fehlende exakte Beurteilungskriterien für die Performanz auszeichnen. Beispiele hierfür sind Medizin, Beratung und Lehre (Strasser & Gruber, 2008).

Über verschiedene Domänen hinweg konnte nachgewiesen werden, dass für die Expertiseentwicklung extensives, gut strukturiertes Wissen Voraussetzung ist. Dies wurde anhand außerordentlicher Gedächtnisleistungen offenbar: Ein Schachexperte kann, nachdem er die Aufstellung eines Spiels nur wenige Sekunden betrachtet hat, diese exakt wiedergeben, auf Nachfrage mehrere Zugmöglichkeiten aus verschiedenen Spielen beschreiben; ein Lehrexperte kann sich im Unterricht noch an Situationen erinnern und entsprechend agieren, die Jahre zurückliegen. Studien belegen, dass Experten über verschiedene, gut strukturierte Wissensarten verfügen: inhaltliches Faktenwissen, prozedurales Anwendungswissen und reflektiertes Erfahrungswissen (Anderson, 1983). Die Expertiseentwicklung geht also mit einer Veränderung des Wissens einher.

Zur Erklärung werden mehrere Wissens- und Gedächtnistheorien herangezogen. Ericsson (1985) erklärt die Gedächtnisleistung von Experten anhand der skilled memory-Theorie von Chase und Simon (1973): Wissen wird semantisch und assoziativ geordnet und kann mit spezifischen (domänen- und fallbasierten) Assoziationen schnell abgerufen werden. Nach der ACT-Theorie von Anderson (1983) verwandelt sich das deklarative Faktenwissen mit professioneller Erfahrung zu prozeduralem Anwendungswissen. Die Enkapsulierungstheorie von Boshuizen und Schmidt (1992) beschreibt die Komprimierung von Fachwissen und Lösungsstrategien in episodisches, erfahrungsbasiertes Fallwissen und erklärt damit die Entwicklung von Routinen. Die Theorie der kognitiven Flexibilität von Spiro, Coulson, Feltovich und Anderson (1988) beschreibt die Fähigkeit von Experten, sehr unterschiedliche Probleme flexibel zu lösen und auf gleichbleibend hohen Leistungsniveaus zu bearbeiten. Expertenleistung zeichnet sich durch hohe Effizienz (sehr schnelle Lösung), hohe Effektivität (sehr passende Problemlösung) und hohe Flexibilität in der jeweiligen Domäne aus. Intuition wird als wichtige Komponente von Expertise beschrieben und kann als die nicht mehr verbalisierbare Fähigkeit von Experten, Probleme scheinbar ohne hinreichende Informationen durch Erfahrung und Flexibilität zu lösen, verstanden werden (Harteis & Gruber, 2008).

Gruber (1999) beschreibt die Expertiseentwicklung als Lernen aus reflektierten Erfahrungen. Es ist hinreichend nachgewiesen, dass sich Expertise aus der Aktualisierung fallgebundener episodischer Erfahrungen entwickelt. Experten verfügen über Handlungsroutinen, um wiederkehrende Aufgaben schnell zu lösen. Routinen entstehen durch generalisierte professionelle Erfahrung: In Handlungsroutinen wird fallbasiertes, professionelles Wissen generalisiert und komprimiert mit spezifischen Anforderungen, Lösungsmöglichkeiten und der Bewertung des Handelns in konkreten Anwendungsfällen. Dies wurde erstmals in Form von illness scripts in der medizinischen Diagnostik nachgewiesen (Boshuizen & Schmidt, 1992). In den Domänen Musik und Sport ist nachgewiesen, dass für die Expertiseentwicklung zielgerichtetes Üben (deliberate practice) bedeutend ist. Experten investieren über Jahre hinweg zur Entwicklung ihrer Fertigkeiten massiv Zeit in die Einübung (standardisierter) Handlungen, z.B. in der Musik: Gehör, motorische Fähigkeiten, Rhythmik und im Sport: Ausdauer, perzeptive Koordination der Handlungsregulierung. Für Domänen wie Erziehungsberatung sind dahingehend zielgerichtete Reflexionsphasen für die Aufarbeitung professioneller Fallerfahrungen indikativ (Gruber & Strasser, 2006; Strasser, 2006; Strasser & Gruber, 2008).

Zusammenfassend können folgende Faktoren von Expertiseentwicklung identifiziert werden: Aus einer Synthese von kognitiven Leistungsdispositionen, Situationsspezifität und Lernen aus Erfahrung ergibt sich das Kompetenzverständnis, das diesem Buch zugrunde liegt. Demnach wird Kompetenz dem funktional-pragmatischen Ansatz aus der Psychologie folgend als kontextspezifische, kognitive Leistungsdisposition verstanden, die sich funktional auf Situationen und Anforderungen in bestimmten Domänen – im vorliegenden Fall die Hochschuldidaktik – bezieht. Kompetenz umschließt Fähigkeiten und Fertigkeiten, die grundsätzlich entwickelbar sind und daher beispielsweise im Rahmen von Aus- und Weiterbildung trainiert werden können. Hochschuldidaktische Kompetenz kann als spezifische Form beruflicher Handlungskompetenz verstanden werden (Wildt, 2005). Der Besitz von Handlungskompetenz bedeutet, die in einer Domäne gestellten Anforderungen durch theoretisches Wissen zu erfassen und wiederkehrende Problemsituationen durch entwickelte Handlungsroutinen bewältigen, aber auch neu auftretende Probleme lösen zu können (Gruber & Rehrl, 2005). Erfahrung als die „episodische Kenntnis über den Umgang mit Wissen" (Gruber, Harteis & Rehrl, 2006, S. 197) und zielgerichtetes, reflexives Üben (*deliberate practice*) sind Voraussetzungen für die Entwicklung von Handlungskompetenz, die sich nicht auf die Akkumulation von Wissen oder Berufspraxis beschränkt, sondern ein stetiges situationsabhängiges Reorganisieren und Integrieren von erfahrenen Wissensstrukturen erfordert (Gruber et al., 2006). Diesem Verständnis folgend lassen sich folgende Merkmale von Handlungskompetenz benennen (Gruber & Rehrl, 2003; Gruber et al., 2006):

1. *Umfangreiches Wissen und gutes Gedächtnis.* Experten verfügen über überdurchschnittlich viel gut strukturiertes domänenspezifisches Wissen, das in ihrem Gedächtnis verfügbar ist.
2. *Problemlösefähigkeit und Entscheidungsstärke.* Experten zeichnen sich durch genaue Analysefähigkeit, adäquate, häufig elaborierte Problemrepräsentationen und hohe Flexibilität in Lösungsansätzen aus.
3. *Verfügbarkeit von Routinen.* Experten verfügen über die Kompetenz, umfangreiches domänenspezifisches Wissen rasch zur Problemlösung einsetzen zu können.
4. *Einbettung in eine Expertengemeinschaft.* Experten sind in einen sozialen Kontext mit anderen Experten ihrer Domäne eingebettet und erfahren von diesen Anerkennung.

Was diesen Ansatz von anderen Expertiseansätzen unterscheidet, ist die zentrale Verortung sozialer Einbettung in eine Expertengemeinschaft. Sie ist zur Weiterentwicklung und Aufrechterhaltung von Expertise unverzichtbar. Somit rücken soziale Relationen in die Betrachtung einer ursprünglich stark auf das Individuum fokussierten Thematik.

3.5.3 Expertiseentwicklung aus sozio-kultureller Perspektive

Tynjälä (1999) gibt eine Übersicht über konstruktivistische Theorien und eine mögliche Annäherung von Expertiseforschung und Bildungskulturen. Die Autorin beschreibt den Konstruktivismus als keine einheitliche Theorie, wie es häufig dargestellt wird (z.B. bei Stelzer-Rothe, 2008), sondern eine Ansammlung mehrerer Theorien: radikaler und kognitiver Konstruktivismus, sozialer Konstruktivismus, die soziokulturelle Perspektive, symbolischer Interaktionismus und der Sozial-Konstruktionismus. Konstruktivistische Lehr-Lern-Theorien beschäftigen sich mit der Relevanz der individuellen Konstruktion von Bedeutung und Wissen (Glasersfeld, 1996; Reich, 2005). Lernen als Entstehung und Veränderung von Wissen wird als individueller Konstruktionsprozess beschrieben: Informationen werden vom Individuum auf eine subjektive Weise aufgenommen und mit individuellen Sinnzuweisungen zu Wissen konstruiert. Dabei haben im Konstruktionsprozess das existierende Vorwissen, der situative Handlungszusammenhang sowie die Intentionen des Handelnden eine zentrale Bedeutung. Nach radikalkonstruktivistischen Theorien kann eine Person nur aus sich selbst heraus handeln und lernen – damit erscheint Lehren als unmöglich. Demgegenüber beschreiben sozial-konstruktivistische Theorien Wissenskonstruktion als sozialen Aushandlungsprozess. Parallelen finden sich zu sozial-kognitiven Lehr-Lern-Theorien. Resnick (1991) beschreibt Wissensentwicklung und -anwendung als sozialen Prozess. Ein bekanntes Modell sind die Communities of Practice, die Lernen als sozio-kulturell beeinflussten Vorgang beschreiben. Weitere Ansätze, die Lernen als Wissensentwicklung in sozialen Settings beschreiben, sind die Theorien um die Situated Cognition-Bewegung. Demnach vollzieht sich Lernen fast immer sozial und in situierten Kontexten, d.h. Inhalte und Sinnzusammenhänge werden intersubjektiv in Kommunikationsprozessen aufgebaut (Brown, Collins & Duguid, 1989; Lave & Wenger, 1991).

In ihrer Studie beschreibt Tynjälä (1999), wie komplexes Anwendungswissen aufgebaut wird: Individuell und sozial ausgehandeltes, sinngebundenes und überdauerndes Wissen entsteht in komplexen Anforderungssituationen mit multikontextuellen, episodischen und relativierten Charakteristika. Dabei wird durch Tiefenlernen die Entstehung vernetzten Wissens und von Verständnis gefördert.

Eine konstruktivistische Herangehensweise an Lehr-Lern-Prozesse legt nahe, dass individuelle und sozial geteilte Überzeugungen über die Natur von Wissen und Lernen (epistemologische Überzeugungen) bedacht werden müssen: (1) die Rolle des Lehrenden, (2) die Auffassungen von Wissen und Lernen sowie (3) die Rolle des Lernenden (Gruber, Harteis, Hasanbegovic & Lehner, 2007; Harteis, Hertramph & Gruber, 2010).

Für den Einsatz konstruktivistischer Lehr-Lern-Methoden können unterschiedliche Komplexitäts- und Anforderungsgrade unterschieden werden, z.B. verfolgen situierte Lehrmethoden möglichst authentische Lernbedingungen, in denen reale Problemstellungen bearbeitet werden. Problemorientierte Lernumgebungen fördern den aktiven Aufbau von Wissen und Kompetenzen, indem möglichst authentische Anforderungen gestellt werden: Was wissen die Lernenden bereits über das zu bearbeitende Problem? Welche Themen werden angesprochen? Was sind relevante Faktoren zur Lösung des Problems? Welche Lösungsmöglichkeiten gibt es? Wie kann der Erfolg gemessen werden? Das Resultat ist aufgaben- und kontextgebundenes Lernen, welches nicht in träges Wissen, sondern in transferierbares Wissen mündet (Gruber & Renkl, 2000; Gruber & Sand, 2007). Darüber hinaus fördern traditionelle Lehr-Lern-Methoden oberflächliche Lern- und Studierstrategien, was eher dazu führt, sich Inhalte zu merken, statt zu versuchen, sie zu verstehen (Biggs, 1996; Entwistle & Entwistle, 1991, 1992; Entwistle, Entwistle & Tait, 1993): Im klassischen Frontalunterricht wird abstraktes Wissen weitgehend losgelöst von seinem Bedeutungszusammenhang präsentiert und auf Reproduzierbarkeit hin getestet. Daher können traditionelle Lernzielkontrollen nicht die tatsächliche Wissensveränderung erfassen, wohingegen konstruktivistische Methoden, die den Lernprozess an sich beurteilen, Studierende dazu ermutigen, metakognitive und reflexive Aktivitäten anzuwenden. Authentische bzw. Performanz-Beurteilung sind der Kern dieser alternativen Lehr- und Beurteilungsmethoden (Tynjälä, 1999). Auf diese Weise kann die Entstehung trägen Wissens verhindert und die Entwicklung kompetenzorientierter Lern- und Prüfungsumgebungen gefördert werden (Mandl, Gruber & Renkl, 1996).

Von einer konstruktivistischen Annäherung an Lehren und Lernen profitieren vor allem fortgeschrittene Lerner, wie sie an Hochschulen in der Regel vorzufinden sind (Jonassen, Mayes & McAleese, 1993). Sie stellt hohe Anforderungen an Lehrende und Lernende. Die Rolle des Lehrenden als Lernbegleiter und Coach widerspricht der traditionellen Auffassung des Lehrers als Referenz für Wahrheit: Nicht das Wissen des Dozenten steht im Vordergrund, sondern die Lernenden und deren Verarbeitung von Informationen und die Diskussion relevanten Wissens im Anforderungskontext. Der Student tritt als aktiver Lernender in Erscheinung, der selbstgesteuert und selbstorganisiert seine individuellen Lernziele formuliert, sein Wissen relativiert und seinen Lernerfolg bemisst.

3.6 Resümee der Diskussion bestehender Modelle hochschuldidaktischer Kompetenz

Allgemeine sowie spezifisch auf (hochschulische) Lehrtätigkeit ausgerichtete Kompetenzstrukturmodelle orientieren sich häufig am Vier-Komponenten-Modell aus Fach-, Methoden-, Sozial- und Selbstkompetenz, das im berufspädagogischen Diskurs zur Beschreibung von Handlungskompetenz weit verbreitet ist. Bestehende Modelle hochschuldidaktischer Kompetenz können aus den oben dargelegten Gründen nicht als Grundlage für die Entwicklung bedarfsorientierter, zukunftsfähiger hochschuldidaktischer Qualifizierungsmaßnahmen herangezogen werden. Daher wurde ein an der Expertiseforschung orientiertes Verständnis von Handlungskompetenz eingeführt, das als Strukturvorstellung für die Entwicklung des Modells hochschuldidaktischer Kompetenz in diesem Buch dienen soll. Zur weiteren Präzisierung eines solchen Modells, das später auch als Basis für Trainingsprogramme in der hochschuldidaktischen Aus- und Weiterbildung dienen kann, bedarf es aber noch der Identifizierung und inhaltlichen Beschreibung künftiger Kompetenzanforderungen an Hochschullehrende. Gegenwärtig herrscht jedoch Unsicherheit darüber, welche Konsequenzen sich aus der Studienreform für die Anforderungen an das Kompetenzprofil von Hochschullehrenden ergeben.

Daher soll in einer Delphi-Studie ein erfahrungsgeleitetes und theoretisch begründbares Kompetenzmodell entwickelt werden, um hochschuldidaktische Kompetenzen an handlungsrelevanten Tätigkeitsfeldern sowie erfassbaren Leistungsdispositionen zu modellieren und somit den aktuellen Diskussionsstand zum Thema Kompetenzdiagnostik zu berücksichtigen (Klieme & Hartig, 2008). Im Schwerpunktprogramm zur Kompetenzforschung der Deutschen Forschungsgemeinschaft wird explizit die Bedeutung „*kontextspezifische[r] Leistungsdispositionen*, die sich funktional auf Situationen und Anforderungen in bestimmten *Domänen* beziehen" (Klieme & Leutner, 2006, S. 4) zur Kompetenzdefinition beschrieben. Daher soll im vorliegenden Buch die Hochschuldidaktik als Domäne und vornehmlich kognitive Leistungsdispositionen als zu erfassende Kompetenzen festgelegt werden.

Der Vorteil dieser Herangehensweise ist die Identifikation praktisch und empirisch begründbarer und evaluierbarer Leistungsfaktoren. Die oben beschriebenen Kompetenzmodelle sind beliebig differenzierbar und bieten daher eine wenig an die spezifischen Anforderungen der Hochschullehre angepasste Definitions- und Messgrundlage hochschuldidaktischer Performanz. Durch eine Beschreibung von Kompetenzen entlang reflektierter und empirisch erfassbarer Faktoren, die aus realen Anforderungen abgeleitet sind, wird eine authentische Modellierung relevanter Kompetenzen ermöglicht. Dabei werden Kompetenzen an relevanten Anforderungsbeziehungen kontextualisiert: (1) Es werden praktisch relevante Zusammenhänge beschrieben, (2) es kann eine situierte sach- und anwendungsrelevante Differenzierung von Kompetenzen stattfinden. Auf diese Weise kann (3) relevantes Wissen beschrieben und spezifiziert werden, das wiederum für die didaktische Praxis relevant ist und das strukturiert vermittelt werden kann.

4 Erhebungsmethode: Die Delphi-Technik

Der empirische Beitrag zur Klärung der in diesem Buch aufgeworfenen Fragen wird mit Hilfe einer Delphi-Studie geleistet, einem Verfahren, das zwar in den letzten zwanzig Jahren in diversen Forschungsansätzen Verwendung fand, jedoch noch keineswegs zu den Standardverfahren empirischer Sozialforschung zählt. Deshalb werden in diesem Kapitel zunächst die grundlegenden Merkmale der Delphi-Technik beschrieben und die Wahl dieses Erhebungsverfahrens als Grundlage für die Generierung eines hochschuldidaktischen Kompetenzmodells und der entsprechenden Entwicklung eines Instrumentariums zur Kompetenzdiagnostik begründet.

4.1 Kurzcharakteristik des Delphi-Verfahrens

Die Delphi-Technik, benannt nach dem griechischen Orakel, ist ein iteratives, schriftliches Verfahren zur Befragung von Personen, die als Experten des Fachgebiets gelten, in dem der Forschungsgegenstand angesiedelt ist. Als vergleichsweise stark strukturierter Gruppenkommunikationsprozess, im Rahmen dessen Sachverhalte von Experten beurteilt werden, über die lediglich unvollständiges oder unsicheres Wissen existiert, hat sich das Delphi-Verfahren in einer Vielzahl an Forschungsfeldern als variable „Ideenfindungs-, Meinungsbildungs- und Prognosemethode" (Breiner et al., 1993, S. 12) etabliert.

4.2 Entwicklung und wissenschaftliche Etablierung der Delphi-Methode

Die Delphi-Methode wurde in den 1940er Jahren in den USA entwickelt. Auf wissenschaftlicher Ebene wurde sie erstmals von der RAND Corporation in 14 Experimenten für militärische Zwecke eingesetzt, beispielsweise, um mögliche Ziele sowjetischer Angriffe auf die USA einzuschätzen (Häder, Häder & Ziegler, 1995). Nachdem wissenschaftliche Ergebnisse dieser Studien nicht veröffentlicht worden waren (Linstone & Turoff, 1975), wurde die Delphi-Technik erst 1964 durch den von der RAND Corporation publizierten „Report on a Long Range Forecasting Study" (Gordon & Helmer, 1964) der Öffentlichkeit bekannt. Diese Untersuchung verfolgte das Ziel einer langfristigen Vorhersage wissenschaftlicher und technologischer Entwicklungen in den folgenden zehn bis fünfzig Jahren. Seit den 1970er Jahren fand die Delphi-Methode in Westeuropa Anwendung (Schöllhammer, 1970) und diente zunächst maßgeblich der Zukunftsprognose auf dem technologischen und wirtschaftlichen Sektor. Gerade in den letzten Jahrzehnten hat sie sich allerdings auch in sozialwissenschaftlichen Fragestellungen bewährt.

Seit ihrer Entstehung wurde die Delphi-Technik vielfach in modifizierter Form zum Einsatz gebracht. Eine Übersicht über bisherige Klassifizierungsansätze von Delphi-Befragungen und einen eigenen Typisierungsversuch stellt Häder (2002) vor. Der Ansatz in der vorliegenden Untersuchung basiert auf dem klassischen Delphi-Verfahren nach Linstone und Turoff (1975), die als „Pioniere in Anwendung und Evaluation von Delphi" (Kaletka, 2003, S. 148) diese Erhebungsmethode erstmals umfassend beschrieben.

4.3 Funktionen der Delphi-Technik

Als „heuristisch-intuitives Verfahren" (Lamnek, 1980, S. 535) wird die Delphi-Methode vorwiegend für die Schätzung von Sachverhalten eingesetzt, die nicht aktuell präsent bzw. real existent sind und daher nicht direkt abgebildet werden können (Häder & Häder, 1994). Becker (1974) sieht die Delphi-Technik „wegen ihrer Betonung der individuellen Intuition überwiegend geeignet für die Lösung schwieriger, mehrdeutiger und unstrukturierter – also nicht operationaler – Probleme" (S. 40). Der Zeithorizont der zu schätzenden Sachverhalte liegt zumeist in der Zukunft, das Erkenntnisinteresse bei der Anwendung des Delphi-Verfahrens ist also zumeist prognostischer Natur.

Die Delphi-Methode eignet sich sowohl, um Entwicklungs- und Handlungsprognosen zur Vorhersage von Handlungskonsequenzen zu erstellen als auch zur Prognose konkreter Eintrittszeitpunkte und -wahrscheinlichkeiten ungewisser Ereignisse. Eine „kreative Prognosefunktion" (Wechsler, 1978, S. 29) übt die Delphi-Methode aus, wenn die teilnehmenden Experten zu prognostizierende Ereignisse selbst generieren oder innovative Handlungsalternativen für das jeweilige Entscheidungsfeld ableiten sollen.

Das Ziel des klassischen Delphi-Ansatzes ist es, über mehrere Befragungsrunden hinweg Einschätzungen von Experten zu erheben, diese in anonymisierter Form an die Gruppe zurückzuspiegeln und weiterbearbeiten zu lassen, um schließlich eine konsensbasierte Gruppenmeinung zu eruieren.

4.4 Informationsgewinnung in Delphi-Befragungen

Das Delphi-Verfahren zur Erhebung einer konsistenten Gruppenmeinung hat einen klar strukturierten Ablauf (vgl. Abb. 4):

Abbildung 4: Ablaufmodell von Delphi-Befragungen.

Die teilnehmenden Experten erhalten in der ersten Befragungsrunde einen Fragebogen, der dem explorativen Charakter der Delphi-Technik entsprechend schwach strukturiert ist und offene Fragestellungen zum betreffenden Themenbereich aufweist. Dies ermöglicht zunächst, eine Vielzahl an Ideen zu erfassen und somit ohne Vorgabe von Items zu Beginn der Befragung die Untersuchungsergebnisse aus der Teilnehmergruppe heraus zu entwickeln (Harteis, 2002).

Aufgabe der Studienleitung ist es anschließend, die Antworten der Teilnehmer zu einer Gruppenmeinung zusammenzufassen, die im Folgenden an die Experten zurückgemeldet wird und die Basis für die nächste Befragungsrunde bildet. Somit urteilen die Teilnehmer trotz der anonymen Erhebungssituation ab der zweiten Befragungsrunde unter Einfluss der Meinung ihrer Fachkollegen. Auf Grundlage der Informationen zur Gruppenmeinung werden die Teilnehmer gebeten, ihre eigene Position noch einmal zu überdenken und gegebenenfalls zu modifizieren. Im Laufe dieses Prozesses sollen sich die Antworten einander annähern und zu einem Konsens verdichten.

Durch zunehmend strukturierte Fragestellungen über die einzelnen Runden hinweg kann die Studienleitung den Erhebungsprozess kontrollieren und sicherstellen, dass der Fokus der Befragung auf das Untersuchungsziel gerichtet bleibt.

4.5 Charakteristika der Delphi-Technik

In diesem Abschnitt werden die Merkmale der Delphi-Methode dargestellt, auf die in der Literatur häufig verwiesen wird (z.B. bei Becker, 1974; Dalkey, 1967; Häder, 2002; Linstone & Turoff, 1975; Rowe & Wright, 1999).

4.5.1 Die Teilnehmergruppe

Der Erfolg einer Delphi-Untersuchung hängt entscheidend von der Auswahl der Teilnehmer ab, da sie potentiell die Ergebnisse beeinflussen (Häußler, Frey, Hoffmann, Rost & Spada, 1980). Um die Validität einer Delphi-Untersuchung zu gewährleisten, ist deshalb eine sorgfältige Zusammensetzung der Teilnehmergruppe notwendig (Spencer-Cooke, 1989).

Die grundlegende Strategie der Delphi-Technik ist, dass ausschließlich Experten um Prognosen aus ihrem Fachgebiet gebeten werden sollen (Becker, 1974), um eine hohe Prognosequalität zu erzielen. Diese Überlegung ergibt sich aus dem Umstand, dass andere Methoden, wie Korrelationsanalysen oder Trendberechnungen, aufgrund historischer Daten „häufig zu ungenauen und ganz unterschiedlichen Ergebnissen [führen], und zwar nicht nur wegen der differierenden, subjektiven Einschätzungen künftiger Entwicklungen, sondern mehr noch, weil es dem Vorausschauenden nur selten gelingt, eine größere Zahl von Variablen sowie nicht quantifizierbare Informationen systematisch in die Prognosen einzubeziehen. (…) Die Entscheidung über die Relevanz gegebener Informationen kann nur einem „Experten" zukommen, d.h. jemandem, der über fundierte Kenntnisse auf einem bestimmten Wissensgebiet und den dazu in Bezug stehenden Randgebieten verfügt" (Schöllhammer, 1970, S. 129 f.).

Busch (2000) zufolge kann es im Rahmen einer Delphi-Studie keine statistischen Anforderungen an die Anzahl der befragten Experten geben, da keine Repräsentativität der Gruppenzusammensetzung angestrebt wird. „Auch wenn es nicht um eine Repräsentativstudie im klassischen Sinn gehen kann", argumentieren hingegen Beck, Glotz und Vogelsang (2000), „so sollen doch systematische Verzerrungen durch ungleiche Verteilungen oder sehr kleine Samplegrößen ausgeschlossen werden" (S. 28). Grundsätzlich erfordern Delphi-Befragungen eine vergleichsweise geringe Anzahl an Versuchspersonen. Konkrete Empfehlungen zum optimalen Stichprobenumfang sind abhängig von der Thematik und Fragestellung der Untersuchung und variieren in der Literatur zwischen zehn und 30 Experten (Brooks, 1979; Delbecq, Van de Ven & Gustafson, 1975; Duffield, 1993; Heinzl & Srikanth, 1995; Parenté & Anderson-Parenté, 1987; Vogel

& Verhallen, 1983), wobei sich die Delphi-Technik in modifizierter Form auch bei umfassenden Befragungen mit mehreren tausend Teilnehmern bewährt hat (z.B. Cuhls, Blind & Grupp, 1998).

4.5.2 Die statistische Gruppenantwort

Häder (2002) gibt zu bedenken, dass auch ausgewiesene Experten irren können und nicht immer korrekte Aussagen über zukünftige Ereignisse in ihrem Fachgebiet treffen. Albach (1970) argumentiert, dass in *n* Köpfen zumindest so viele richtige wie falsche Informationen bestünden wie in einem, „im Allgemeinen jedoch mehr" (S. 17). Cuhls, Breiner und Grupp (1995) weisen darauf hin, dass individuelle Schätzfehler bei einer großen Anzahl von Antworten ausgemittelt werden können und somit die Wahrscheinlichkeit einer ‚treffsicheren' Prognose steigt. Dalkey (1969) wies experimentell nach, dass der durchschnittliche Gruppenirrtum mit steigender Gruppengröße abnimmt, während die Zuverlässigkeit der Gruppenurteile zunimmt.

4.5.3 Iterative Vorgehensweise und Feedback

Kognitionspsychologische Untersuchungen zeigen, dass Experten über mehr Wissen verfügen, als sie in der ersten Delphi-Runde für die Beantwortung einer Frage nutzen. Die iterative Befragungstechnik bewirkt, dass in der ersten Runde nicht berücksichtigtes Wissen in Verbindung mit den aus dem Feedback gewonnenen Informationen in den Folgerunden genutzt wird (Häder et al., 1995). Indem jeder Experte über die Antworten der anderen Teilnehmer in Kenntnis gesetzt wird, wird er dazu angeregt, sich mit unterschiedlichen Standpunkten auseinanderzusetzen und auf Basis dessen sein ursprüngliches Urteil noch einmal zu überdenken. „Basically, the controlled feedback process (…) allows each participant an opportunity to generate additional insights and more thoroughly clarify the information developed by previous iterations" (Hsu & Sandford, 2007, S. 2). Somit kann davon ausgegangen werden, dass die Expertenurteile von Runde zu Runde valider werden (Häder et al., 1995).

Die Delphi-Technik gewährleistet, dass jedes Expertenurteil Berücksichtigung findet. So kann etwa ein Standpunkt, der in der ersten Befragungsrunde nur vereinzelt geäußert wurde, nach der Rückmeldung an alle Teilnehmer breite Zustimmung finden. Die Delphi-Methode zielt jedoch nicht auf eine fundierte Analyse gegensätzlicher Positionen ab, sondern strebt zur Ungewissheitsreduktion einen Gruppenkonsens auf der Basis von Urteilen an, die von einem Großteil der Experten getragen werden.

Die Anzahl der erforderlichen Befragungsrunden variiert. In der Literatur werden häufig drei bis vier Fragedurchgänge für eine Konsensfindung als ausreichend bezeichnet (Gewald, 1972; Worthen & Sanders, 1987).

4.5.4 Anonymität

Während des gesamten Gruppenkommunikationsprozesses bleibt die Anonymität unter den teilnehmenden Experten gewahrt. Das Delphi-Verfahren wird von der Forschungsstelle aus gesteuert, die Kommunikation zwischen den Teilnehmern erfolgt indirekt über den von der Studienleitung gelenkten Feedbackprozess. Diese Verfahrensweise führt aus diversen Gründen zu einer präziseren Gruppenmeinung als dies in direkten Gruppendiskussionen der Fall ist (Dalkey, 1968): (1) Die anonyme Erhebungssituation verringert die Gefahr einer Verzerrung durch Gruppendynamiken. So wird eine Beeinflussung des Kommunikationsprozesses durch besonders dominante Teilnehmer verhindert und die Tendenz zum Gruppenzwang vermindert (vgl. etwa Becker, 1974; Häder & Häder, 1994; Hsu & Sandford, 2007; Landeta, 2006). (2) Es wird sichergestellt, dass die Meinung eines jeden Teilnehmers gleichermaßen und gleichberechtigt berücksichtigt wird, anders als dies mitunter in Face-to-Face-Diskussionen zu beobachten ist: „Often, the group opinion is essentially determined by the opinion of the individual who talks the most" (Dalkey, 1968, S. 7). (3) Das Delphi-Verfahren verringert außerdem die Wahrscheinlichkeit eines Mitläufereffekts (Linstone & Turoff, 1975) sowie (4) die Tendenz zur Orientierung der eigenen Antwort an der sozialen Erwünschtheit (Häder, 2002). (5) Die Delphi-Technik ermöglicht es dem Experten, seine persönliche Überzeugung offenzulegen, gegebenenfalls unpopuläre Standpunkte zu vertreten, anderen Teilnehmern zu widersprechen und sein Urteil über die einzelnen Runden hinweg zu modifizieren, ohne um seine Reputation fürchten zu müssen (Häder, 2002; Isaac & Michael, 1995).

4.6 Vor- und Nachteile der Delphi-Technik

Neben den bereits dargestellten methodischen Vorteilen weist das Delphi-Verfahren eine Reihe weiterer Vorzüge auf. Da die Bearbeitung der Fragestellungen ausschließlich schriftlich erfolgt, ist es nicht erforderlich, gemeinsame Arbeitstreffen der Teilnehmer zu koordinieren. Durch die Versendung der Arbeitsunterlagen per Post oder E-Mail können Experten unabhängig von ihrem Aufenthaltsort an der Erhebung teilnehmen. Weitere Flexibilität ist den Teilnehmern dadurch gegeben, dass sie bei der Bearbeitung der Fragen – innerhalb eines von der Forschungsstelle festgelegten Rahmens – einer individuellen Zeiteinteilung folgen können. Ein ökonomischer Vorteil der Delphi-Technik gegenüber Gruppendiskussionen ist ihr vergleichsweise geringer finanzieller Aufwand (Gordon & Helmer, 1964).

Rieger (1986) erwähnt, die Delphi-Technik werde oft als „an oracle with all the answers" (S. 201) porträtiert. Die Delphi-Methode als „prognostisches Allheilmittel" (Brockhoff, 2005, S. 776) zu betrachten, ist jedoch trotz ihrer erwähnten Stärken unangebracht.

Landeta (2006) weist beispielsweise darauf hin, dass sich im Laufe einer Delphi-Erhebung mitunter Enttäuschung einstellt – sowohl bei der Studienleitung als auch unter den Experten, die an der Untersuchung teilnehmen. Seiner Beobachtung zufolge kann sich Enttäuschung durch den Widerspruch zwischen der scheinbar simplen Anwendbarkeit der Technik einerseits und dem hohen Arbeitsaufwand sowie häufigen Schwierigkeiten bei der Durchführung andererseits ergeben. Auch Vogel und Verhallen (1983) führen den beträchtlichen zeitlichen Aufwand als Negativaspekt der Delphi-Methode an. Gerade durch die Mehrstufigkeit des Verfahrens wird den Teilnehmern ein hohes Maß an Motivation abverlangt, um sich über den gesamten Erhebungsprozess hinweg einzubringen (Köhler, 1992). Vogel und Verhallen (1983) weisen darauf hin, dass insbesondere offene, unstrukturierte Fragestellungen als entmutigend erlebt werden können.

Die anonyme Erhebungssituation kann schließlich zu mangelndem Verantwortungsgefühl für das Gesamtergebnis unter den befragten Experten führen. Im Vergleich zur Methode der direkten Gruppendiskussion wird zudem kritisiert, dass möglicherweise relevante Effekte einer Face-to-Face-Kommunikation – etwa die Reichhaltigkeit nonverbaler Kommunikation – im Rahmen einer Delphi-Befragung nicht nutzbar gemacht würden (Milkovich, Annoni & Mahoney, 1972).

4.7 Eignung der Delphi-Technik für das vorliegende Forschungsziel

Ziel dieser Arbeit ist es, Kompetenzen zu identifizieren, die für professionelles Handeln von Hochschullehrern künftig vor dem Hintergrund der veränderten Hochschullandschaft durch den Bologna-Prozess von Bedeutung sein werden. Wie bereits dargestellt, besteht derzeit Unsicherheit über die Auswirkungen der Studienreform auf die Kompetenzanforderungen an Hochschullehrende.

Aus diesem Grunde wurde für dieses Vorhaben mit der Delphi-Methode ein Erhebungsinstrument gewählt, das eine explorative Annäherung an den Forschungsgegenstand ermöglicht. Das Delphi-Verfahren erfordert weniger Informationen und gesichertes Wissen über die Zukunft als andere Prognosetechniken (Sweigert & Schabacker, 1974). Schüll (2006) bescheinigt der Methode eine „gute Prognosefähigkeit" (S. 82) in Abhängigkeit von der Art der Fragestellung, der behandelten Thematik und der konkreten Durchführung.

Neben dem häufigen Einsatz der Delphi-Technik in Untersuchungen unterschiedlicher Bildungskontexte (Brosi, Krekel & Ulrich, 2004; Diesner, Euler & Seufert, 2006; Häußler et al., 1980; Harteis, 2002; Jäger & Jäger-Flor, 2004; Kuwan & Waschbüsch, 1998; Leirman, 1996; Reichert, 2007; für Untersuchungen im Hochschulkontext: Garavalia & Gredler, 2004; Gregersen, 2008; Hörmann & Henninger, 2007; Huisman, Boezerooy, Dima, Hoppe-Jeliazkova, Luijten-Lub, de Weert & van der Wende, 2005) belegen Evaluationen von Vorhersagestudien die Eignung der Delphi-Methode für erziehungswissenschaftliche Fragestellungen (Brockhaus & Mickelsen, 1977; Sweigert & Schabacker, 1974). Auch zur Bestimmung von Kompetenz- und Qualifikationsanforderungen hat sich das Delphi-Verfahren in der Vergangenheit bereits bewährt (vgl. etwa Bronner, Matiaske & Stein, 1991; Harteis & Prenzel, 1998; für Kompetenzanforderungen an Hochschullehrende: Tigelaar, Dolmans, Wolfhagen & van der Vleuten, 2004). Rieger (1986) macht die Bedeutung des Verfahrens für erziehungswissenschaftliche Fragestellungen deutlich: „... it seems reasonable to claim that Delphi is continuing to be a much used tool in the search for answers to normative questions, especially in education areas..." (S. 198). Die erwiesene Eignung der Methode für Fragestellungen der vorliegenden Art lässt eine Befragung von Experten auf dem Gebiet der Hochschuldidaktik nach der Delphi-Methode sinnvoll erscheinen.

5 Entwicklung eines Kompetenzmodells der Hochschullehre – eine Delphi-Studie

5.1 Ziel der Delphi-Studie

Das Ziel dieser Delphi-Studie bestand darin, ein erfahrungsgeleitetes, empirisch zu validierendes Kompetenzmodell zu entwickeln, das die künftigen Anforderungen an Hochschullehrende abdecken soll. Die Untersuchung soll zudem klären, inwieweit durch die Entwicklungen im Zuge des Bologna-Prozesses Veränderungen in den Anforderungen an Hochschuldozierende hervorgerufen wurden. Die Erhebung zielt auf das gesamte Spektrum möglicher Anforderungen der Lehrtätigkeit ab, die an Hochschullehrende gestellt werden können. Mit der Delphi-Studie sollen folgende Fragestellungen beantwortet werden:
- Was sind in Zukunft die relevanten Kompetenzen, über die Lehrende an Hochschulen verfügen müssen, um in der Lehre dauerhaft berufliche Performanz auf hohem Niveau erbringen zu können?
- Wie werden die Auswirkungen des Bologna-Prozesses auf die Kompetenzanforderungen von Hochschullehrenden beurteilt?
- Wie konkretisieren Experten die Prognose eines zukünftigen Anforderungsprofils für Hochschullehrende in der Hochschuldidaktik?
- Wie kann die Hochschuldidaktik den aktuellen und zukünftigen Anforderungen begegnen?

5.2 Stichprobe

Für die Zusammenstellung der Expertengruppe wurden zwei Strategien eingeschlagen. Zum einen wurden mögliche Experten fachlich recherchiert, zum anderen erfolgte eine Peer-Nominierung. Bei der fachlichen Recherche wurden über den deutschen Bildungsserver Autoren von Publikationen im Bereich Hochschuldidaktik ermittelt und eine Liste mit den Verfassern der meisten Veröffentlichungen erstellt. Für die Peer-Nominierung wurden zunächst die Geschäftsführer bzw. die Leiter der hochschuldidaktischen Zentren und vergleichbarer universitärer Einrichtungen in Deutschland, Österreich und der Schweiz angeschrieben. Diese wurden gebeten, jeweils drei Kollegen aus Deutschland oder dem deutschsprachigen Ausland zu benennen, die sie als Experten im Bereich der Hochschuldidaktik einschätzen. Es wurden sowohl Hochschullehrende als auch Personen genannt, die als freie Trainer tätig sind. Ursprünglich war eine Gruppengröße von 30 Experten angedacht. Somit wurde der Entschluss gefasst, von beiden Listen die 25 am höchsten platzierten Personen in die Auswahl zu nehmen. Aufgrund hoher Überschneidungen in beiden Listen wurden schließlich 34 Experten aus Deutschland und der Schweiz ausgewählt. Nicht alle 34 Experten wirkten in der ersten Runde mit, und die Expertenanzahl nahm bis zum Ende der Befragungen ab. Tabelle 4 führt zum Überblick die Rückläufe der einzelnen vier Delphi-Runden auf.

Tabelle 4: Die Rücklaufquote der Experten in den vier Delphi-Runden.

Runde	Anzahl angeschriebener Experten	Rückläufe
1	34	30 (88%)
2	31	26 (84%)
3	31	28 (90%)
4	31	20 (65%)

Von den 34 angeschriebenen Experten nahmen schließlich 30 an der ersten Erhebungsrunde teil. Für die weiteren Runden wurden nur noch diese 30 und ein weiterer Experte angeschrieben. Dieser hatte an der ersten Runde nicht teilnehmen können, hatte jedoch Interesse an der Teilnahme an den übrigen Erhebungsrunden signalisiert.

5.2.1 *Demografische Daten der Experten*

In Runde 1 wurden die Experten um die Angabe demografischer Daten gebeten. Diese werden im Folgenden aggregiert dargestellt.

5.2.1.1 Alter und Geschlecht
Alle 30 Experten, die die Arbeitsunterlagen nach der ersten Erhebungsrunde zurücksendeten, hatten ihr Alter angegeben. Das Durchschnittsalter der Teilnehmergruppe betrug zum Zeitpunkt der Erhebung 50,3 Jahre (SD = 10,0). Von den 31 Teilnehmern ab der zweiten Delphi-Runde waren 16 weiblich und 15 männlich.

5.2.1.2 Absolviertes Studium

29 Experten gaben an, welche Studiengänge sie absolviert haben. Wie in Abbildung 5 ersichtlich, hat die Mehrzahl der Teilnehmer ein sozial- oder gesellschaftswissenschaftliches Studium vorzuweisen. Der Stichprobe gehören jedoch auch sechs Personen mit ingenieur-, natur- oder wirtschaftswissenschaftlichem Ausbildungshintergrund an.

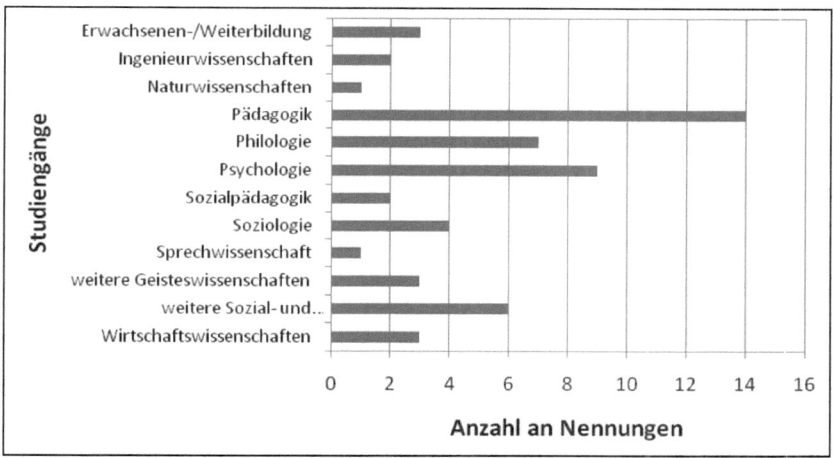

Abbildung 5: Von den Experten absolvierte Studiengänge.

5.2.1.3 Dauer der hochschuldidaktischen Tätigkeit

Die 29 Experten, die über die bisherige Dauer ihrer hochschuldidaktischen Tätigkeit Auskunft gaben, hatten zum Erhebungszeitpunkt im Durchschnitt 16,9 Jahre (SD = 11,4) im Bereich der Hochschuldidaktik gearbeitet.

5.2.1.4 Beschäftigung mit Hochschuldidaktik

Auf die Frage, im Rahmen welcher Tätigkeitsform sich die Experten mit dem Gebiet der Hochschuldidaktik auseinandersetzten, antworteten wiederum 29 Teilnehmer. Die Experten arbeiteten überwiegend in mehreren Arbeitsschwerpunkten: 28 Experten gaben an, hochschuldidaktische Lehrveranstaltungen durchzuführen, 27 arbeiteten in der hochschuldidaktischen Forschung und 22 waren zum Erhebungszeitpunkt als freiberufliche Trainer im Bereich der Weiterbildung tätig. Abbildung 6 gibt einen Überblick über die genannten Tätigkeitskombinationen der Experten.

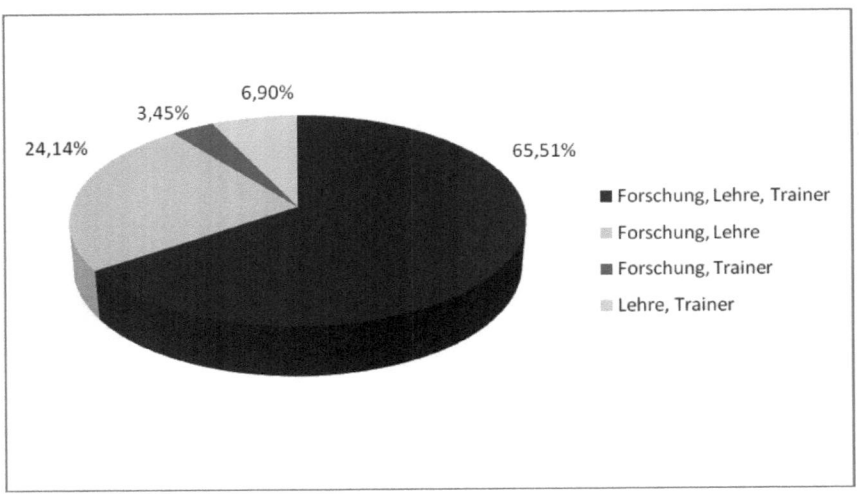

Abbildung 6: Tätigkeitskombinationen der Experten.

5.2.1.5 Anzahl an Publikationen

25 Teilnehmer gaben die Anzahl ihrer bisherigen Publikationen an. Zum Zeitpunkt der Erhebung hatten sie im Durchschnitt 48,0 Publikationen verfasst, wobei dieser Wert einer hohen Streuung unterliegt (SD = 59,2). Der Median, der weniger stark anfällig auf Extremwerte reagiert, liegt bei 30, das untere Quartil bei 15, das obere Quartil bei 50. Auch die Frage nach der bisherigen Anzahl an Publikationen in der Hochschuldidaktik ergibt Extremwerte. Der Durchschnitt lag bei den 24 Experten, die auf diese Frage antworteten, zum Zeitpunkt der Erhebung bei 33,6 (SD = 47,9). Hier beträgt der Median 20,5, das untere Quartil liegt bei 9,5, das obere Quartil bei 40.

5.2.1.6 Lehr- und Trainertätigkeit mit hochschuldidaktischer Ausrichtung

Die meisten Experten gaben an, hochschuldidaktische Kurse fakultätsübergreifend anzubieten. Nur fünf führten fachspezifische Trainings durch, darunter drei im Fachbereich Erziehungswissenschaften und jeweils ein Experte in den Ingenieur- und Wirtschaftswissenschaften. Abbildung 7 zeigt die von den Experten unterrichteten hochschuldidaktischen Thematiken.

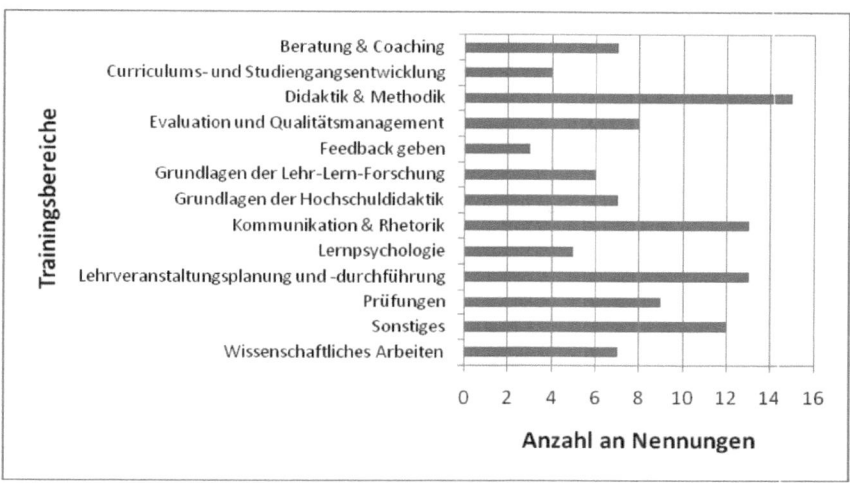

Abbildung 7: Trainingsbereiche der Experten.

5.2.1.7 Teilnahme an hochschuldidaktischer Weiterbildung

Durchschnittlich hatten die 26 Experten, die auf die Frage nach hochschuldidaktischer Weiterbildung antworteten, innerhalb der vorangegangenen fünf Jahren an 15,9 Weiterbildungen im Bereich der Hochschuldidaktik teilgenommen (SD = 27,0). Der Median von 6,5, das untere Quartil mit 3 sowie das obere Quartil bei 12,75 zeigen, dass auch in diesem Fall hohe Extremwerte vorliegen.

5.3 Ablauf der Studie

Die folgende Darstellung gibt einen Überblick über den zeitlichen und inhaltlichen Verlauf der vier durchgeführten Befragungsrunden (Abb. 8).

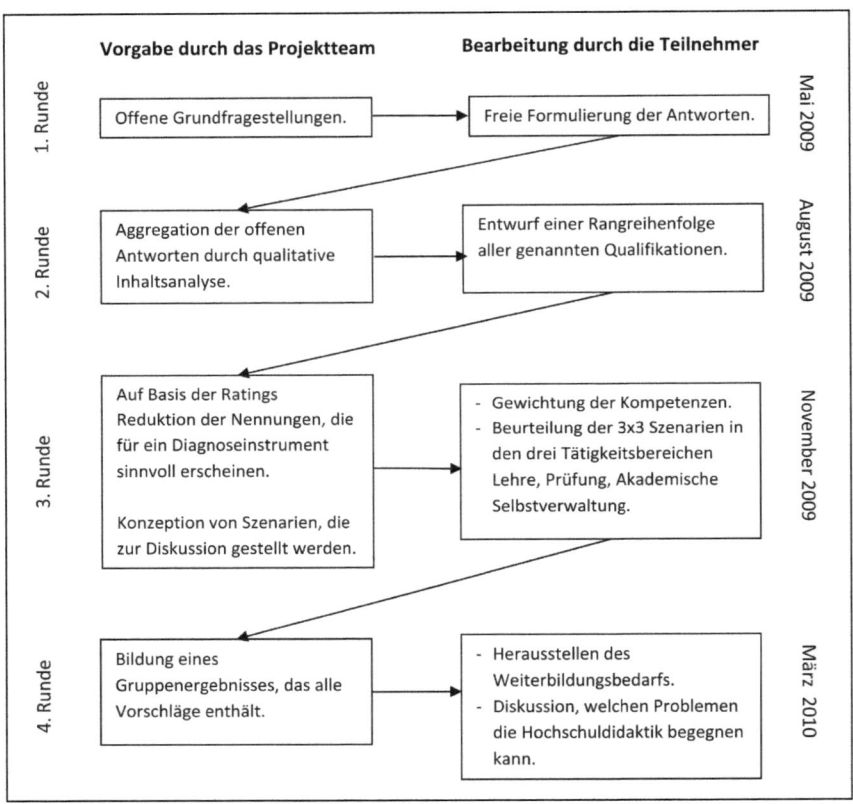

Abbildung 8: Ablaufplan der vier Erhebungsrunden der Delphi-Studie.

Viele Experten äußerten in der ersten Befragungsrunde der Delphi-Studie die Einschätzung, im Zuge des Bologna-Prozesses seien keine neuen Kompetenzen gefordert. Vielmehr hätten sich die Anforderungen und die Bedeutsamkeit einzelner Kompetenzen für die Tätigkeit von Hochschullehrenden infolge der Studienreformen verändert. Der weitere Verlauf der Delphi-Studie sollte zeigen, ob sich diese aus einer offenen Frage resultierende Einschätzung über den systematischen Untersuchungsverlauf hinweg bestätigt.

Für die erste Runde wurde ein offenes Antwortformat gewählt, um von den Experten ihre Definition des Kompetenzbegriffs zu erhalten und die Basis für einen Gruppenkonsens herzustellen. Außerdem sollten die Experten Stellung zu

Entwicklung eines Kompetenzmodells der Hochschullehre

den veränderten Anforderungen nehmen. Es wurden daraufhin vielfach Kompetenzen genannt, die sich auf wissenschaftliche Forschung beziehen. In der vorliegenden Untersuchung lag der Fokus auf der Lehrtätigkeit an der Hochschule, daher wurden diese Nennungen nicht im weiteren Verlauf berücksichtigt. Die Frage nach den Anforderungen sollten die Experten in der Form bearbeiten, dass sie sowohl eine Kompetenz benennen sollten als auch deren konkrete Form des Auftretens in Lehrsituationen. Aus diesen Beschreibungen ging hervor, dass die Experten bei ihren Überlegungen Tätigkeiten mit direktem Bezug auf Lehre, solche mit Bezug auf Prüfungssituationen sowie solche, die dem Bereich Akademischer Selbstverwaltung zuzurechnen sind, berücksichtigten. Daher wurde für den weiteren Untersuchungsverlauf eine Aufteilung in die Tätigkeitsbereiche Lehre, Prüfung und Akademische Selbstverwaltung eingeführt, um die Gruppendiskussion zu strukturieren.

Das Interesse in der zweiten Runde galt zum einen der Frage, welche Kompetenzbegriffe die Experten für die unterschiedlichen Bereiche der Hochschuldidaktik als besonders wichtig erachten, und zum anderen, inwieweit diese für künftige Hochschullehrende eine wesentliche Kompetenzanforderung darstellen (Forschungsfrage 1). Das Ziel der zweiten Erhebungsrunde war folglich die Selektion und Reduktion der genannten Kompetenzbegriffe sowie deren Zuordnung nach Relevanz in den drei Tätigkeitsbereichen. Es wurde angestrebt, das Datenvolumen zu reduzieren und eine differenzierte Bewertung der zusammengefassten Angaben aus der ersten Erhebungsrunde zu erhalten.

Aus den Ergebnissen der zweiten Runde ließ sich auf Basis der Auswahl eine Reduktion der Nennungen erzielen, um den Fokus auf die wichtigsten Kompetenzen legen zu können. Das Ziel der dritten Runde bestand in der weiteren Reduktion und Gewichtung der Kompetenzen (Forschungsfrage 1). Da sich das Kompetenzmodell auf aktuelle und zukünftige Anforderungen richtet, war es notwendig, den Bologna-Prozess nach der ersten und zweiten Erhebungsrunde erneut aufzugreifen. Aufgrund dessen wurden die kontextuellen Bedingungen des Bologna-Prozesses anhand positiver und negativer Szenarien diskutiert (Forschungsfrage 2).

Für die vierte Runde wurde der Gruppenkonsens aus Runde 3 hinsichtlich der Kompetenzen und der negativen Konsequenzen des Bologna-Prozesses zurückgespiegelt. Anhand dessen sollten aus der Rangfolge der von den Experten als bedeutend eingeschätzten Kompetenzen diejenigen mit dem größten Trainingsbedarf ermittelt werden (Forschungsfrage 3). Ebenfalls sollte diskutiert werden, welchen Beitrag die Hochschuldidaktik leisten könnte, um den von den Experten aufgeführten negativen Folgen des Bologna-Prozesses begegnen zu können (Forschungsfrage 4).

Für die Bearbeitung der Fragestellungen waren jeweils vier Wochen vorgesehen. Pro Fragerunde wurde für die Bearbeitungszeit der Unterlagen zwischen 30 und 60 Minuten angesetzt. Es wurden sowohl offene als auch standardisierte Fragen zur Begründung und Kommentierung der Expertenbewertungen verwendet. Die jeweiligen Fragestellungen wurden den Teilnehmern im Mai, August und November 2009 sowie März 2010 postalisch zugesandt.

5.4 Runde 1: Identifizierung

5.4.1 Ziel der ersten Delphi-Runde

Das Ziel der ersten Erhebungsrunde war, das Kompetenzverständnis der Experten sowie generelle Überlegungen zu Kompetenzanforderungen an Hochschullehrende zu erfassen. Die Erhebung des Kompetenzverständnisses erfolgte anhand dreier Fragen:
1. Was verstehen Sie allgemein unter dem Begriff „Kompetenz"?
2. Welche Kompetenzen benötigen Lehrende in der Hochschuldidaktik?
3. Welcher neuen Kompetenzen für Hochschullehrende bedarf es Ihrer Meinung nach infolge des Bologna-Prozesses?

5.4.2 Methodik

In der ersten Erhebungsrunde wurde eine offene Fragestellung und ein freies Antwortformat gewählt, um die Experten zum Einstieg in die Untersuchung nicht in ihren Gedankengängen zu beeinflussen. Dabei sollten die Experten ihren eigenen Standpunkt und ihre individuellen Berufserfahrungen in die Beantwortung der Fragen mit einfließen lassen.

Die Experten wurden dazu aufgefordert, ihre Antworten vor dem Hintergrund der Veränderungen durch den Bologna-Prozess zu betrachten. Ebenfalls galt es zu bedenken, welche Entwicklungen in der Hochschullehre Einfluss auf die Fachbereiche ausüben. Dazu sollten die Experten nach Fähigkeiten suchen, die zukünftig nicht nur unmittelbar in ihrem Aufgabenbereich, sondern auch in anderen Feldern der Hochschuldidaktik gefordert sein werden. Daraufhin wurde eine beliebig große Anzahl an Kompetenzen genannt und die abstrakten Kompetenzdarstellungen anhand konkreter Beispiele veranschaulicht. Analog zur zweiten Frage sollten auch für die dritte Aufgabe Kompetenzen benannt werden, die vor dem Hintergrund des Bologna-Prozesses an Relevanz gewonnen haben. Die

Auswahl der genannten Kompetenzen sollte ebenfalls begründet und wiederum anhand eines Beispiels expliziert werden.

Das gesamte Datenmaterial wurde sinngemäß nach den Regeln der qualitativen Inhaltsanalyse nach Mayring (2003) zusammengefasst. Insgesamt ergaben sich 1382 Einzelnennungen unterschiedlicher Kompetenzbeschreibungen, aus denen zunächst redundante Antworten eliminiert wurden. Das Ausgangsmaterial wurde durch Paraphrasieren und Bündeln soweit reduziert, dass die Datenmenge überschaubar wurde: Nach der Sortierung blieben 975 genannte Kompetenzbeschreibungen übrig, die wiederum induktiv in 57 endgültige Kompetenzbegriffe kategorisiert wurden. Das Ziel dieser Runde war nicht, bekannte Kompetenzbegriffe zu reproduzieren, sondern neue Kompetenzbegriffe zu formulieren. Diese sollten sich auf die gesamte Lehrtätigkeit beziehen, d. h. es sollte nicht nur die reine Lehre, sondern auch die Prüfung und die Akademische Selbstverwaltung umfasst werden.

5.4.3 Ergebnisse: Kompetenzen
5.4.3.1 Ergebnisse der Aufgabe 1

Fünf Teilnehmer nahmen eine Strukturierung des Begriffs „Kompetenz" vor und orientierten sich an dem in Kapitel 3.3.2 vorgestellten Klassifikationsschema (beruflicher) Handlungskompetenz. Dieses umfasst typischerweise die Bereiche Fach-, Methoden-, Sozial- und Selbstkompetenz. Inhaltlich wurde „Kompetenz" von 21 Teilnehmern als die (Handlungs-)Fähigkeit beschrieben, unter Rückgriff auf eine individuelle Kombination von Wissen, Kenntnissen, Fähigkeiten, Fertigkeiten und Einstellungen Probleme zu lösen und Aufgaben erfolgreich zu bewältigen. Drei weitere Experten definierten ähnlich und erweiterten den Kompetenzbegriff darüber hinaus um das Vorhandensein von Motivation, die vorhandenen Kenntnisse, Fähigkeiten und Fertigkeiten anzuwenden. Acht Experten assoziierten den Begriff „Kompetenz" mit der Fähigkeit zu selbstorganisiertem, selbstverantwortlichem und selbstreflexivem Handeln. Eine Vielzahl der vorgenannten Aspekte findet sich in der Definition von Weinert (2001), die fünf Teilnehmer explizit anführten. Ihr zufolge bedeutet „Kompetenz" „die bei Individuen verfügbaren oder durch sie erlernbare kognitive Fähigkeiten und Fertigkeiten, um bestimmte Probleme zu lösen sowie die damit verbundenen motivationalen, volitionalen und sozialen Bereitschaften und Fähigkeiten, um die Problemlösungen in variablen Situationen erfolgreich und verantwortungsvoll nutzen zu können" (S. 27f.). Unabhängig von dieser Definition wurde in zwei weiteren Teilnehmerantworten „Kompetenz" mit der Anwendbarkeit von Wissen auf vielfältige Situationen verbunden, zehnmal hingegen wurde auf die Kontextgebundenheit von

Kompetenz verwiesen. Jeweils sechs Definitionsansätze nahmen Bezug auf den Begriff der Performanz als die beobachtbare und messbare Form von Kompetenz bzw. auf den Begriff der Disposition zur Bewältigung von Anforderungen. Zwei Experten verwiesen zudem auf die Entwicklungsfähigkeit von Kompetenz, ein Teilnehmer betonte die Bedeutung von Kompetenz als Voraussetzung für professionelles Handeln.

5.4.3.2 Ergebnisse der Aufgaben 2 und 3

Wie Tabelle 5 zeigt, variiert die Anzahl der Expertenaussagen, die den 57 Kompetenzen zugrunde liegen, erheblich: Während die Nennung *Prüfungskompetenz* insgesamt 48-mal vorgebracht wurde, gehen die Nennungen *Persönlichkeitsentwicklung unterstützen*, *Projektmanagement* und *Verantwortungsbewusstsein* auf lediglich drei Nennungen zurück.

Tabelle 5: Die 57 Kompetenzen und die Anzahl der jeweils zugrundeliegenden Teilnehmernennungen.

Kompetenzbegriff	Anzahl der zugrunde liegenden Nennungen	Kompetenzbegriff	Anzahl der zugrunde liegenden Nennungen
Prüfungskompetenz	48	Kompetenzorientierung	13
Methodeneinsatz	45	Teamentwicklungsprozesse gestalten	13
Rahmenbedingungen	36	Diversity-Management	12
Zielorientierung	35	Wissenschaftliches Arbeiten	12
Evaluationskompetenz	33	Empathie	11
Gestaltungskompetenz	32	Fachdisziplinen	11
Kommunikationsfähigkeit	31	Interkulturelle Kompetenz	11
Weiterentwicklung	31	Konflikt- und Problemlösekompetenz	11
Lerncoaching	30	Kontextualisierung	11
Selbstreflexion	30	Moderationskompetenz	11
Beratungskompetenz	29	Ethische Grundhaltung	10
Medienkompetenz	28	Führungskompetenz	10
(Didaktische) Methodenkenntnis	26	Kritikfähigkeit	10

Kompetenzbegriff	Anzahl der zugrunde liegenden Nennungen	Kompetenzbegriff	Anzahl der zugrunde liegenden Nennungen
Kooperationsfähigkeit	26	Motivierung der Lernenden	10
Lernpsychologische Kenntnisse	26	Durchhaltevermögen	9
Planungskompetenz	23	Authentizität	7
Rollenbewusstsein	23	Kreativität	7
Strukturentwicklung	23	Metakompetenz	7
Teilnehmerorientierung	23	Selbstmanagement	7
Networking	20	Begeisterungsfähigkeit	6
Präsentationskompetenz	20	Distanzfähigkeit	6
Innovationskompetenz	19	Zielgruppenanalyse	6
Eigenständigkeit fördern	17	Handlungstransparenz	5
Praxisrelevanz	17	Lerninhalte auswählen können	5
Fachwissen	16	Eigenmotivation	4
Vermittlungskompetenz	15	Persönlichkeitsentwicklung unterstützen	3
Perspektivenwechsel	14	Projektmanagement	3
Aufgeschlossenheit	13	Verantwortungsbewusstsein	3
Feedback geben	13		

Im Anhang findet sich eine Aufzählung ausgewählter Beschreibungen, wie sich diese Kompetenzen konkret in der Lehrpraxis zeigen.

5.5 Runde 2: Selektion

5.5.1 Ziel der zweiten Delphi-Runde

Das Interesse der zweiten Runde galt der Frage, welche der 57 präsentierten Kompetenzbegriffe in den unterschiedlichen Tätigkeitsbereichen der Hochschullehre von den Experten als besonders wichtig erachtet werden. Das Ziel dieser Runde bestand somit in der Reduktion der in Tabelle 5 dargestellten Kompetenzen.

Die konkrete Aufgabe lautete:

Wählen Sie jeweils für die Tätigkeitsbereiche *Lehre*, *Prüfung* und *Akademische Selbstverwaltung* 15 aus 57 Kompetenzen aus, die Sie in diesem Zusammenhang für künftige Hochschullehrende als besonders wichtig erachten.

5.5.2 Methodik

Den Experten wurde zur Bearbeitung eine Zusammenfassung der Ergebnisse der ersten Runde vorgelegt, die für jeden der drei Tätigkeitsbereiche die 57 Kompetenzbegriffe mit den jeweiligen Kategoriendefinitionen und Ankerbeispielen der Expertenbeschreibungen beinhaltete. Bei dieser Runde wurde nun der Auftrag erteilt, das Gruppenergebnis zu beurteilen und die als besonders relevant erachteten hochschuldidaktischen Kompetenzen zu identifizieren. Um die erwünschte Reduktion und Selektion zu erreichen, sollten zuerst für die *Lehre* 15 aus den 57 Kompetenzen ausgewählt werden, welche die Experten für künftige Hochschullehrende als besonders wichtig erachteten. Analog wurde für die Tätigkeitsbereiche *Prüfung* und *Akademische Selbstverwaltung* vorgegangen. Es galt, eine persönliche Einschätzung der für die jeweiligen Tätigkeitsbereiche relevantesten Kompetenzen zu erhalten. Die Experten wurden aufgefordert, für die Bearbeitung der drei Tätigkeitsbereiche jeweils unabhängige Urteile zu treffen.

Die von den Teilnehmern vorgenommene Auswahl an Kompetenzen wurde für jeden der drei Tätigkeitsbereiche *Lehre*, *Prüfung* und *Akademische Selbstverwaltung* separat erfasst. Zur Fokussierung der Gruppenmeinung wurde eine Selektion der am häufigsten gewählten Kompetenzen je Tätigkeitsbereich vorgenommen. Das Ziel war es, nicht mehr als 25 Kategorien zu erhalten. Daher wurden Nennungen mit einer Häufigkeit unter 7 nicht weiter verwertet.

5.5.3 Ergebnisse

Es nahmen 26 der ursprünglich 31 Experten an der zweiten Erhebungsrunde teil. Die Tabellen 6 bis 8 zeigen die häufigsten Nennungen für die Bereiche *Lehre*, *Prüfung* und *Akademische Selbstverwaltung*.

Tabelle 6: Die am häufigsten ausgewählten Kompetenzen im Bereich Lehre.

Kompetenzbegriff	Anzahl Nennungen	Kompetenzbegriff	Anzahl Nennungen
(Didaktische) Methodenkenntnis	21	Gestaltungskompetenz	10
Eigenständigkeit fördern	16	Lehrinhalte auswählen	10
Fachwissen	16	Methodeneinsatz	10
Kommunikationsfähigkeit	16	Moderationskompetenz	10
Kompetenzorientierung	16	Selbstreflexion	10
Feedback geben	14	Perspektivenwechsel	9
Planungskompetenz	13	Aufgeschlossenheit	9
Medienkompetenz	12	Begeisterungsfähigkeit	9
Präsentationskompetenz	12	Evaluationskompetenz	9
Lernpsychologische Kenntnisse	11	Innovationskompetenz	8
Authentizität	10	Teilnehmerorientierung	8
Diversity-Management	10		

Im Tätigkeitsbereich *Lehre* wurde der *(didaktischen) Methodenkenntnis* mit 21 Nennungen die höchste Bedeutung unter den vorgelegten Kompetenzen zugesprochen. Die zweithöchste Anzahl erzielten die Kompetenzen *Eigenständigkeit fördern, Fachwissen, Kommunikationsfähigkeit* und *Kompetenzorientierung* mit jeweils 16 Nennungen.

Tabelle 7: Die am häufigsten ausgewählten Kompetenzen im Bereich Prüfung.

Kompetenzbegriff	Anzahl Nennungen	Kompetenzbegriff	Anzahl Nennungen
Prüfungskompetenz	25	Fachwissen	12
Feedback geben	23	Konflikt- und Problem-lösekompetenz	12
Empathie	21	Lerncoaching	11
Distanzfähigkeit	19	Perspektivenwechsel	11
Beratungskompetenz	18	Selbstreflexion	11
Kommunikations-fähigkeit	17	Rahmenbedingungen	10
Kompetenzorientierung	17	Rollenbewusstsein	10
Ethische Grundhaltung	14	Zielorientierung	8
Handlungstranparenz	14	Praxisrelevanz	8
Diversity-Management	12		

Tabelle 8: Die am häufigsten ausgewählten Kompetenzen im Bereich Akademische Selbstverwaltung.

Kompetenzbegriff	Anzahl Nennungen	Kompetenzbegriff	Anzahl Nennungen
Kooperationsfähigkeit	23	Kritikfähigkeit	13
Kommunikations-fähigkeit	22	Projektmanagement	13
Führungskompetenz	19	Moderationskompetenz	12
Networking	19	Aufgeschlossenheit	11
Rahmenbedingungen	19	Selbstmanagement	11
Durchhaltevermögen	18	Distanzfähigkeit	10
Strukturentwicklung	16	Ethische Grundhaltung	10
Innovationskompetenz	15	Evaluationskompetenz	9
Handlungstranparenz	14	Planungskompetenz	8
Konflikt- und Problemlösekompetenz	14		

Während *Kommunikationsfähigkeit* als einzige Kompetenz in allen drei Tätigkeitsbereichen ausreichend häufig ausgewählt wurde, fanden andere Nennungen nur in einem Bereich hinreichend Beachtung, so zum Beispiel *(didaktische) Methodenkenntnis* im Bereich *Lehre* oder *Führungskompetenz* bei der *Akademischen Selbstverwaltung*. Die Kompetenzen, die sowohl für die Bereiche *Lehre* als auch *Prüfung* als besonders bedeutend eingeschätzt wurden, waren *Fachwissen, Diversity-Management, Feedback geben, Kompetenzorientierung, Perspektivenwechsel* und *Selbstreflexion*. Kompetenzen, die sowohl für *Prüfung* als auch *Akademische Selbstverwaltung* als besonders bedeutend eingestuft wurden, waren *Distanzfähigkeit, Ethische Grundhaltung, Handlungstransparenz, Konflikt- und Problemlösekompetenz* und *Rahmenbedingungen*. In den beiden Tätigkeitsbereichen *Lehre* und *Akademische Selbstverwaltung* wurden *Evaluationskompetenz* und *Moderationskompetenz* als bedeutsame Facetten ausgewählt.

5.6 Runde 3: Gewichtung

5.6.1 Ziel der dritten Delphi-Runde

Auf Basis der in der zweiten Runde erfolgten Reduktion galt es in der dritten Runde, die Resultate der vorherigen Erhebungsrunde zu ordnen und sich verstärkt den Forschungsfragen 2 und 3 zu widmen. Das Ziel war es, eine Rangfolge der zehn wichtigsten Kompetenzen für jeden Tätigkeitsbereich zu erarbeiten. Die konkrete Aufgabenstellung lautete:

> Erstellen Sie aus der Kompetenzliste für jeden der drei Bereiche eine Rangfolge der zehn wichtigsten Kompetenzen. Bitte nummerieren Sie diese dafür von 1 bis 10, wobei 1 als die für Sie wichtigste Kompetenz gilt.

Ein weiteres Ziel bestand darin, die hochschuldidaktischen Kompetenzen hinsichtlich der Auswirkungen des Bologna-Prozesses zu beleuchten, die in der ersten Runde genannt wurden. Dafür wurden neun verschiedene Szenarien entwickelt, die für die drei Tätigkeitsbereiche jeweils positive, negative oder keine Konsequenzen abzeichneten. Die Experten erhielten folgende Aufgabe:

> Nehmen Sie zu jedem der neun Szenarien Stellung, indem Sie möglichst konkret Ihren Standpunkt zu den jeweiligen Aussagen darlegen und kommentieren. Die Szenarien wurden bewusst provokativ formuliert, um Ihnen eine argumentative Abgrenzung und Positionierung zu erleichtern.

Abschließend wurden die Experten um ein persönliches Fazit zu bisherigen Effekten der Bologna-Reformen in Form zusammenfassender Stichpunkte gebeten.

5.6.2 Methodik
5.6.2.1 Kompetenzen

Die erste Aufgabe bestand darin, die verbliebenen Kompetenzen in den drei Bereichen *Lehre*, *Prüfung* und *Akademische Selbstverwaltung* in eine Rangfolge zu bringen. Für jeden Tätigkeitsbereich sollten die zehn relevantesten Kompetenzen gewichtet werden. Für den Bereich *Lehre* standen dafür 23 verbliebene Kompetenzbegriffe zur Auswahl, wohingegen es bei *Prüfung* und *Akademische Selbstverwaltung* jeweils 19 waren. Für die Auswertung wurden die Rangplätze in Pluspunkte überführt, indem umgekehrt zu den Rängen 1 bis 10 zehn bis ein Punkt vergeben wurden. Jede Wertung einer Kompetenz auf dem ersten Rangplatz führte zu zehn Punkten, jede Wertung auf dem zweiten Rangplatz zu neun Punkten usw. Nach diesem Verfahren wurden für alle Kompetenznennungen die Punkte berechnet.

5.6.2.2 Kompetenzanforderungen im Wandel – Konsequenzen des Bologna-Prozess

Die zweite Aufgabe bezog sich erneut auf die hochschuldidaktischen Kompetenzen im Kontext des Bologna-Prozesses. Auf Grundlage der Erläuterung der

Experten in Runde 1 wurden Szenarien mit polarisierender Darstellung entwickelt, die unterschiedliche Wertungen abbildeten (Tab. 9). Die Szenario-Technik ist bis heute eine beliebte Methode der klassischen Zukunftsforschung. Anhand dieser Methode werden mögliche alternative zukünftige Situationen beschrieben und zur Diskussion gestellt. Bei der Darstellung wird dabei oft von einem Szenario-Trichter gesprochen. Dieser beinhaltet sowohl ein positives als auch ein negatives Extrem und ein Trendszenario, das die realistische Entwicklung einer Thematik beschreibt (Weinbrenner, 1994). Symbolisiert wird mit dem Trichter sowohl die Komplexität als auch die Unsicherheit der Zukunft. Je weiter von der aktuellen Situation in die Zukunft gegangen wird, desto größer wird die Unsicherheit und desto vielfältiger die Komplexität (Reibnitz, 1991).

Durch ihre Mehrdimensionalität und Komplexität werden mit dieser Methode mehrere Lernziele angesprochen. In dem die Experten „anzustrebende bzw. zu vermeidende Zukünfte modellieren, wird die affektive (Werte und Normen) und die emotionale (Hoffnungen, Sorgen und Ängste) Dimension des Lernens an entscheidender Stelle des Lernprozesses einbezogen. Die daraus resultierende Betroffenheit und Besorgtheit soll zur Erarbeitung und Umsetzung von individuellen und politischen Handlungsmaßnahmen motivieren" (Retzmann, 1996, S. 19).

Die Szenarien wurden in einer 3x3-Matrix mit den Optionen „Der Bologna-Prozess hat positive Konsequenzen", „Der Bologna-Prozess hat negative Konsequenzen" und „Mit dem Bologna-Prozess ändert sich nicht viel" sowie den drei Bereichen Lehre, Prüfung und Akademische Selbstverwaltung angeordnet (Tab. 9).

Tabelle 9: 3x3-Matrix der Szenarien in der dritten Delphi-Runde.

Szenario:	Lehre	Prüfung	Akad. Selbstverwaltung
Der Bologna-Prozess hat positive Konsequenzen	Aufgrund der detaillierten Struktur der Module und Modulbeschreibungen herrscht weniger Planungsaufwand bei der Gestaltung der Seminare – die Lehre ist praxis- und kompetenzorientierter.	Studienbegleitende Prüfungen ermöglichen einen reliablen und validen Eindruck über die mittelfristige Leistungsentwicklung von Studierenden. Kurze Momentaufnahmen werden so vermieden. Standardisierte Testverfahren erlauben eine transparente Leistungsbeurteilung und die Vergleichbarkeit der Leistungen.	Gleiche Leistungsanforderungen an die Seminarteilnehmer und eine einheitliche Prüfungsordnung erleichtern die akademische Selbstverwaltung sowohl aus der Sicht der Studierenden als auch aus Dozentensicht. Ebenso wird innerhalb der gegebenen Richtlinien eine Profilbildung der einzelnen Fakultäten erleichtert.
Der Bologna-Prozess hat negative Konsequenzen	Durch die Modulbeschreibungen ergibt sich eine Form vorgefertigter Schablonen, die regelmäßig zur Anwendung gelangen. Dadurch entwickeln sich Routinen. Methodische und inhaltliche Neuerungen sind aufgrund solcher starren Strukturen kaum mehr umsetzbar.	Ständige Rückfragen und Diskussionen um Bewertungen erschweren den Universitätsalltag erheblich. Zudem führt der Prüfungsaufwand für die Modulprüfungen zu einer immensen Mehrbelastung im Semester.	Durch den Zwang zur Profilierung und den dadurch steigenden Aufwand für u.a. curriculare Entwicklungen (Modulzeugnisse, Prüfungen etc.) und Akkreditierungen nimmt der Wettbewerb um Ressourcen unverhältnismäßig stark zu. Der erhöhte verwaltungstechnische Aufwand bewirkt eine Vernachlässigung der Lehrvorbereitung.
Mit dem Bologna-Prozess ändert sich nicht viel	Aufgrund des Bologna-Prozesses entsteht kein zusätzlicher Mehraufwand in der Lehre, da es sich lediglich um eine Verschiebung der bereits bestehenden Aufgaben handelt – Aufwand und Ersparnis halten sich die Waage.	Für die Prüfungen ergeben sich lediglich Änderungen der Prüfungsmodalitäten. Die Prüfungsbelastung für Dozenten hat sich durch Bologna nicht merklich verändert.	Die Akademische Selbstverwaltung bleibt in ihrer Relevanz für den Arbeitsalltag der Dozierenden durch den Bologna-Prozess unverändert.

Die Teilnehmer wurden gebeten, jedes der neun Szenarien zu diskutieren und in jedem Tätigkeitsbereich ihre Standpunkte möglichst konkret darzulegen. Darüber hinaus fassten sie ihren Gesamteindruck der Veränderungen durch den Bologna-Prozess in einem persönlichen Fazit zusammen. Abschließend wurden sie darum gebeten, ihre Meinung zum Bologna-Prozess auf einer Verlaufsskala (sehr negativ (-2) bis sehr positiv (+2)) auszudrücken.

Für die Auswertung der von den Experten diskutierten Szenarien und des persönlichen Fazits wurden die transkribierten Aussagen paraphrasiert und mit MaxQDA (2005, Version 2) in einem Kategoriensystem dokumentiert.

5.6.2.3 Kodierleitfaden für die dritte Delphi-Runde

Für jedes der drei Tätigkeitsfelder *Lehre*, *Prüfung* und *Akademische Selbstverwaltung* sowie das *persönliche Fazit* der Experten zum Bologna-Prozess wurden folgende vier Oberkategorien gebildet:
- Kompetenzen
- Positive Aspekte
- Negative Aspekte
- Sonstiges

Die Expertenaussagen zu den einzelnen Szenarien wurden über die drei Tätigkeitsbereiche hinweg kodiert. Äußerungen im persönlichen Fazit wurden hingegen ausschließlich Kategorien im Bereich *Persönliches Fazit* zugeordnet.

5.6.3 Ergebnisse

5.6.3.1 Gewichtung der Kompetenzen

Die in den Tabellen 6 bis 8 aufgeführten Kompetenzen wurden von den Experten nach ihrer Bedeutung für die Arbeit von Hochschullehrenden bewertet. Die jeweilige Gesamtpunktzahl und der erzielte Rang der zehn am höchsten eingestuften Kompetenzen in *Lehre*, *Prüfung* und *Akademische Selbstverwaltung* finden sich in den Abbildungen 9 bis 11. Da die beiden Kompetenzen *Perspektivenwechsel* und *Methodeneinsatz* dieselbe Gesamtpunktzahl erhielten, wurden im Tätigkeitsbereich *Lehre* elf Kompetenzen berücksichtigt (Abb. 9).

Entwicklung eines Kompetenzmodells der Hochschullehre

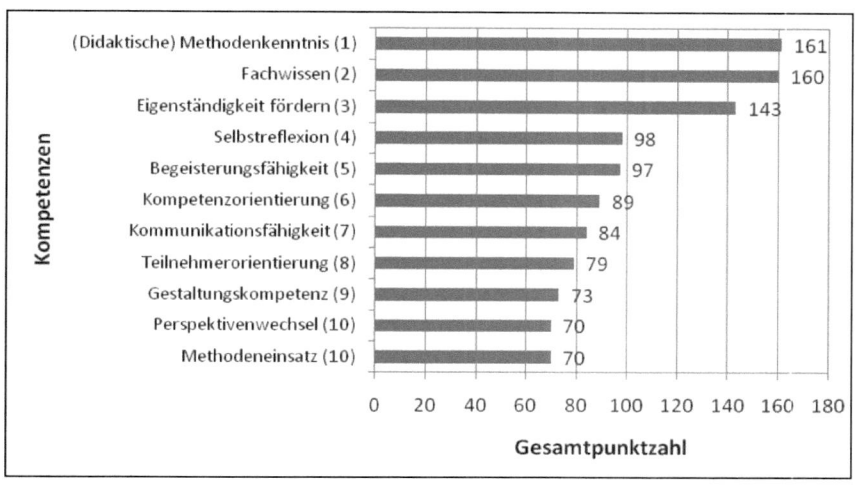

Abbildung 9: Die wichtigsten Kompetenzen im Bereich Lehre.

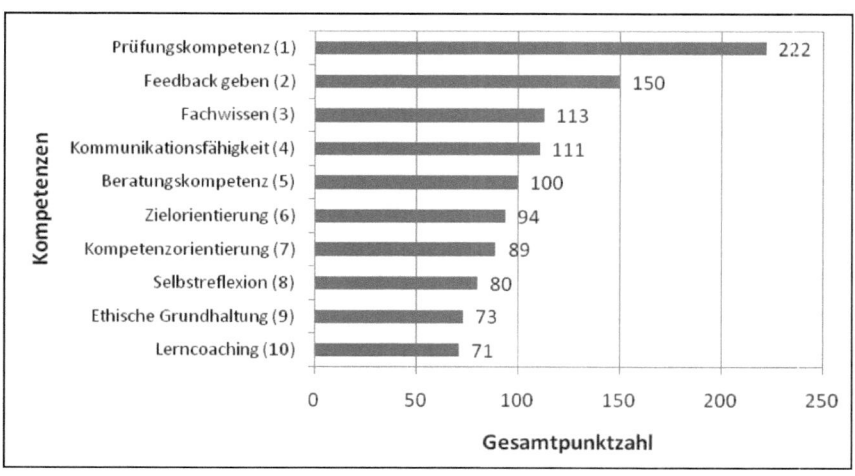

Abbildung 10: Die wichtigsten Kompetenzen im Bereich Prüfung.

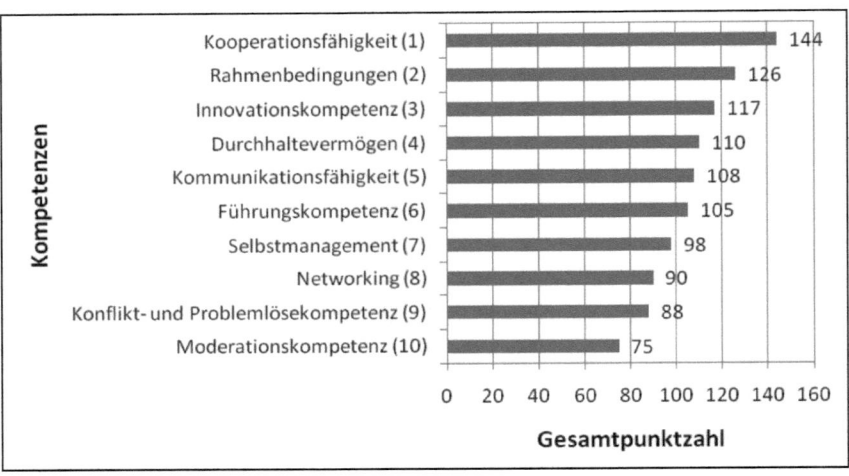

Abbildung 11: Die wichtigsten Kompetenzen im Bereich Akademische Selbstverwaltung.

Die Abbildungen 9 bis 11 zeigen die jeweils zehn wichtigsten Kompetenzen. Während im Tätigkeitsbereiche Lehre die *(didaktische) Methodenkenntni*s, das *Fachwissen* und das *Fördern von Eigenständigkeit* als die wichtigsten Kompetenzen benannt wurden, dominiert im Bereich Prüfung die *Prüfungskompetenz* mit einem großen Vorsprung vor *Feedback* geben. Auch bei der Akademischen Selbstverwaltung zeigt sich ein deutlicher Vorsprung der Kompetenzen *Kooperationsfähigkeit, Rahmenbedingungen* und *Innovationskompetenz*. Tabelle 10 führt die Beschreibungen der wichtigsten Kompetenzen über alle drei Tätigkeitsbereiche der Hochschullehre hinweg auf.

Tabelle 10: Beschreibungen der wichtigsten Kompetenzen über Lehre, Prüfung und Akademische Selbstverwaltung hinweg.

Kompetenzbegriff	Definition/Beschreibung
Begeisterungsfähigkeit	• Lehrperson soll Freude, Engagement und Begeisterung für ihr eigenes Fachgebiet haben und zeigen, um somit Studierende zu motivieren.
Beratungskompetenz	• Lehrperson hat das Wissen über Theorien und Ansätze zu unterschiedlichen Beratungsformen (z. B. Einzel- und Gruppenberatung), erkennt einen vorhandenen Beratungsbedarf und kann Beratungsgespräche planen, gestalten und durchführen. • Bereitschaft, den Studierenden für Studieninhalte, studienorganisatorische Fragen und persönliche Schwierigkeiten als Ratgeber zur Seite zu stehen. • Lehrperson kann ihre eigenen Grenzen in Beratungsgesprächen einschätzen.
(Didaktische) Methodenkenntnis	• Lehrperson sollte Grundkenntnisse in der Allgemeinen Didaktik sowie in der Fachdidaktik haben. • Über ein Repertoire verschiedener Lehr-Lernmethoden und deren Implikationen verfügen. • Wissen um neue Lehr-Lern-Konzepte ("From Teaching to Learning") und deren gezielten Einsatz. • Auswahl und Umsetzung einer förderlichen Lerndramaturgie.
Durchhaltevermögen	• Lehrperson ist psychisch belastbar, hat eine hohe Frustrationstoleranz und kann Unsicherheiten aushalten. • Fähigkeit, Widerstände, Ablehnungen und unberechtigte Kritik nicht persönlich zu nehmen oder zu nah an sich heran zu lassen, sondern als Gelegenheit zur Diskussion zu sehen.
Eigenständigkeit fördern	• Unterstützung von selbstgesteuertem, selbstorganisiertem Lernen und Förderung der Selbständigkeit und des Selbststudiums der Studierenden. • Studierende zu selbstgesteuerten und eigenverantwortlichen Lernprozessen anregen (z. B. eine höchstmögliche Eigenständigkeit im Lösen einer Aufgabe verlangen bzw. ermöglichen).

Kompetenzbegriff	Definition/Beschreibung
Ethische Grundhaltung	- Eigene Werte und moralische Maßstäbe kennen, definieren und unter Beachtung der Menschenwürde und der Chancengleichheit danach handeln. - Orientierung an menschen- und umweltgerechten Werten, Regeln und Normen. - Wertschätzung und Respekt gegenüber anderen und Würdigung ihrer Leistungen und Fortschritte (im Rahmen von Lehr- und Lernleistungen).
Fachwissen	- Lehrperson sollte umfassende Kenntnisse über die Fachinhalte sowie ein aktuelles, differenziertes und forschungsorientiertes Theorie- und Faktenwissen haben, den aktuellen Forschungsstand kennen sowie eine elaborierte Fachsprache aufweisen.
Feedback geben	- Fähigkeit, prozessbegleitend zu reflektieren und den Studierenden angemessene und konstruktive Rückmeldung zu geben (summativ und formativ).
Führungskompetenz	- Lehrperson muss die Fähigkeit zu leiten besitzen und Einzelpersonen oder Gruppen (z. B. studentische Teams) in Arbeits- und Lernkontexten prozessorientiert anleiten. - Leitung von Projekten und damit verbunden die Fähigkeit, Aufgaben und Verantwortung an Mitarbeiter und Lernende gezielt zu delegieren.
Gestaltungskompetenz	- Lehrperson muss Lehr- und Lernprozesse methodisch abwechslungsreich organisieren, initiieren, durchführen und gestalten. - Fähigkeit, eine optimale Lernumgebung sowie eine angenehme Lehr- und Lernatmosphäre zu schaffen.
Innovationskompetenz	- Lehrperson ist bereit und in der Lage, die Entwicklungen (u. a. neue Curricula) in ihrem Fach aufzunehmen und weiterzuentwickeln. - Fähigkeit, innovative Lehr- und Lernkonzepte zu entwickeln und in die eigene Lehre zu implementieren sowie neue Lehrmethoden anzupassen.

Kompetenzbegriff	Definition/Beschreibung
Kommunikations-fähigkeit	• Kommunikationstheoretische Grundlagen beherrschen (u. a. Kommunikationsregeln, Formen der Gesprächsführung). • Auswahl und Einsatz verschiedener (medialer) Kommunikationsformen (z. B. face-to-face oder via Medien). • Sich sicher, klar und sachgerecht ausdrücken und mit anderen konstruktiv kommunizieren und diskutieren können. • Kommunikativer Austausch mit Kollegen, z. B. über Probleme in der Lehre. • Kommunikationsstörungen erkennen und thematisieren sowie Kommunikationsprozesse steuern. • Austausch mit Teilnehmern anregen sowie Mitteilungsbereitschaft der Teilnehmer fördern.
Kompetenzorientierung	• Fähigkeit und Bereitschaft zu einer kompetenzorientierten Lehre. • Unterstützung der Studierenden im Erwerb von Kompetenzen. • Vermittlung und Förderung überfachlicher Schlüsselqualifikationen und Kompetenzen mit Blick auf die Anwendung in beruflichen Kontexten.
Konflikt- und Problemlösekompetenz	• Lehrperson muss Konflikte und Probleme erkennen, bearbeiten und lösen sowie mit schwierigen Situationen in Lehre und Beratung konstruktiv umgehen können.
Kooperationsfähigkeit	• Fähigkeiten und Fertigkeiten im Umgang mit Studierenden für eine beidseitig gewinnbringende und zielorientierte Lehre. • Konstruktive und kollegiale Zusammenarbeit mit Studierenden (z. B. in Forschungsprojekte einbinden) und Kollegen (z. B. wissenschaftlicher Austausch, gemeinsame Planungen zur Verbesserung der Lehre). • Im Team arbeiten und auch Schwierigkeiten im Team bewältigen können (Teamfähigkeit). • Lehrperson sollte in der Lage sein, interdisziplinäre, fächerübergreifende, internationale Kooperationen zu initiieren und aufrecht zu erhalten um somit auch neue Kooperationspartner zu gewinnen und einzubinden.
Lerncoaching	• Lernprozesse und Selbststudienphasen von Studierenden aktiv fördern, unterstützen und begleiten und diese gemeinsam kommunizieren und reflektieren (Lehre wird zur Lernbegleitung) • Lehrperson ist bereit, Lernhilfen gezielt anzubieten.

Kompetenzbegriff	Definition/Beschreibung
Methodeneinsatz	- Auswahl und vielfältiger Einsatz geeigneter Lehrmethoden zur Erreichung der festgelegten Lernziele. - Lehrmethoden situationsspezifisch, zielorientiert, lernförderlich und flexibel einsetzen (angepasste Mischung aus Input und aktivierenden Phasen). - Initiierung, Realisierung und Anleitung aktiver Methoden (u. a. Kooperatives, Problemorientiertes, Selbstgesteuertes Lernen).
Moderationskompetenz	- Lehrperson sollte Moderationstechniken kennen und beherrschen sowie Diskussionen und Gruppenprozesse in Lehrveranstaltungen konstruktiv und zielorientiert moderieren und anleiten können.
Networking	- Netzwerke (fach- und gegebenenfalls länderübergreifend) initiieren und aufbauen bzw. Netzwerken beitreten (Scientific Community). - In Netzwerken interdisziplinär zusammenarbeiten. - Öffentlichkeitsarbeit: Sowohl an der Universität in Kommissionen, im Senat etc. mitarbeiten als auch (inter-)national auf Tagungen und Kongressen präsent sein, Vorträge halten und Workshops leiten, um Anschluss an wissenschaftliche Professionalität zu ermöglichen.
Perspektivenwechsel	- Fähigkeit, das Lehren und Lernen von Studierenden aus zu denken. - Bereitschaft, verschiedene Perspektiven einzunehmen mit dem Ziel, die eigene Lehre durch den Einbezug mehrerer Blickwinkel zu verbessern.
Prüfungskompetenz	- Entwicklung und Einsatz von Prüf- und Testverfahren, Prüfungsinstrumenten (z.B. Klausur, mündliche Prüfung) bzw. Bewertungsrastern. - Modulgerechte und dem Wissensstand der Studierenden gerechte Auswahl der Prüfungsinhalte und -methoden anhand der in der Lehrveranstaltung klar formulierten Lern- und Prüfungsziele. - Vor- und Nachteile der verschiedenen Prüfungsmethoden kennen. - Fähigkeit zur Gestaltung einer fairen Prüfungssituation. - Objektive Behandlung und Bewertung eines jeden Studierenden und dessen Lernleistung. - Wissen über rechtliche Rahmenbedingungen von Prüfungssituationen.

Kompetenzbegriff	• Definition/Beschreibung
Rahmenbedingungen	• Kenntnisse über Aufbau und Struktur von Studiengängen. • Kenntnisse über den aktuellen Entwicklungsstand der Bildungspolitik sowie über den Bologna-Prozess und den damit verbundenen Anforderungen. • Institutionelle Rahmenbedingungen analysieren können (Hochschul-, Bildungssystem). • Ressourcen für Verbesserungen akquirieren (zeitlich, räumlich, personell, materiell). • Die eigenen Gestaltungsspielräume kennen und nutzen.
Selbstmanagement	• Fähigkeit, sich als Lehrperson in Forschung, Lehre und Wissenschaftssystem selbst zu organisieren (Zeit- und Selbstmanagement). • Prioritäten setzen, um die verschiedenen Arbeitsbereiche miteinander vereinen zu können.
Selbstreflexion	• Lehrperson sollte sich selbst und ihr Handeln regelmäßig reflektieren, sich über die Wirkung des eigenen Verhaltens bewusst sein und ihre eigene Kompetenz kontinuierlich hinterfragen. • Fähigkeit zur Analyse der eigenen Stärken und Schwächen sowie Bewusstsein der eigenen Grenzen.
Teilnehmerorientierung	• Einstellen auf unterschiedliche Teilnehmer und Teilnehmergruppen, deren spezifische Lernvoraussetzungen, -bedürfnisse und -verhalten. • Fähigkeit, Lerndefizite, aber auch -fortschritte zu erkennen und den Lernstoff bzw. die Lehre entsprechend anzupassen (u. a. didaktische Reduktion).
Zielorientierung	• Lehrperson muss in der Lage sein, fachliche Ziele der eigenen Veranstaltung zu formulieren und Lernziele für die Studierenden verständlich zu definieren. • Fähigkeit zur zielgerichteten Veranstaltungsplanung.

5.6.3.2 Kompetenzanforderungen im Wandel – Konsequenzen des Bologna-Prozesses

Die Mehrheit der Experten beurteilt die grundlegenden Intentionen des Bologna-Prozesses positiv. Hervorgehoben und kritisiert wird jedoch die Umsetzung. Auf Basis der vorgelegten Szenarien ergaben sich über die Einzeldiskussionen hinweg 13 Schwerpunktthemen, die im Folgenden aufgeführt werden und den Gruppenkonsens genauer erläutern:

1. Der Stellenwert der Lehre vor dem Hintergrund des Bologna-Prozesses
2. Kompetenzorientierung in der Lehre
3. Gestaltungsspielräume in der modularisierten Lehre
4. Allgemeine Beurteilung der Modularisierung in Bezug auf die Lehre
5. Verbesserungsbedarf im Bereich der Lehre
6. Kompetenzorientiertes Prüfen
7. Studienbegleitendes Prüfen
8. Verbesserungsbedarf im Bereich der Prüfung
9. Die Rolle des Hochschullehrenden in der Akademischen Selbstverwaltung
10. Profilbildung von Fakultäten im Zuge des Bologna-Prozesses
11. Curriculumentwicklung
12. Verbesserungsbedarf im Bereich der Akademischen Selbstverwaltung
13. Fazit der Experten zum Bologna-Prozess

1. Der Stellenwert der Lehre vor dem Hintergrund des Bologna-Prozesses
Nach Aussage vieler Experten messen Hochschulen, infolge des Bologna-Prozesses, der Lehre größere Bedeutung bei als dies zuvor der Fall war. Eine große Chance des Bologna-Prozesses sei, dass nun die gängige Lehrpraxis an Hochschulen hinterfragt werde. Einige Teilnehmer beobachteten, dass sich Hochschullehrende aktuell verstärkt und offener mit Didaktik befassen. Allerdings wurde die Befürchtung geäußert, die Lehre könne trotz des Bedeutungszuwachses angesichts des zunehmenden Verwaltungsaufwands im Hochschulalltag vernachlässigt werden.

2. Kompetenzorientierung in der Lehre
Zahlreiche Teilnehmer konstatierten eine zunehmende Kompetenzorientierung der Lehre in den an ihren Hochschulen angebotenen Studiengängen. Die Mehrzahl der Experten stellte jedoch fest, dass sich viele Hochschullehrende nicht über die Bedeutung kompetenzorientierter Lehre und Möglichkeiten ihrer Umsetzung im Klaren sind. Es wurden verschiedene Bedingungen zur Realisierung kompetenzorientierter Lehre identifiziert. Prinzipiell erfordere die Lehre einen höheren Kooperationsaufwand zwischen den Dozierenden als dies vielerorts gegenwärtig gegeben sei. Inwieweit ein Hochschullehrender seine Lehre kompetenzorientiert gestaltet, sei mitunter von individuellen Faktoren abhängig: Persönlichkeitsvariablen, Engagement, der Bereitschaft, die eigene Rolle im Lehr-Lernprozess zu überdenken, Wissen über Lehr-Lernprozesse und den Shift from Teaching to Learning und ein didaktisch-methodisches Repertoire. Die Teilnehmer äußerten sich dahingehend unterschiedlich, ob Modulvorgaben dem Ziel kompetenzorientierter Lehre zuwiderlaufen.

3. Gestaltungsspielräume in der modularisierten Lehre
Die Wahrnehmung der Gestaltungsspielräume in modularisierten Lehrveranstaltungen differierte erheblich. Einige Teilnehmer betonten, die zuvor erwähnten individuellen Fähigkeiten und die Bereitschaft, kompetenzorientierte Lehre zu realisieren. Demnach ermöglichten Modulgrenzen auch innerhalb gesetzter Handlungsspielräume didaktische Variationen sowie inhaltliche und methodische Neuerungen in der Lehre. Eine Schablonisierung von Lehrveranstaltungen, wie sie im Negativszenario dargestellt wurde, sei demzufolge lediglich Ausdruck mangelnder didaktisch-methodischer Kompetenzen.

Im Gegensatz dazu wurde allerdings auch die Sichtweise geäußert, Modularisierung habe in einem Maße zu einer Überfrachtung und Überregulierung der Studiengänge geführt, dass Innovationen in der Lehre verhindert würden. Vielfach seien im Zuge der Modularisierung keine inhaltlichen und methodischen

Neuerungen vorgenommen worden. Eine kompetenzorientierte Lehre sei mit diesen Gegebenheiten nicht vereinbar.

4. Allgemeine Beurteilung der Modularisierung in Bezug auf die Lehre
Die Umsetzung der Modularisierung wurde häufig kritisiert. Einige Experten bemängelten, die Modulbeschreibungen seien häufig unkonkret in Bezug auf Lernziele. Allerdings wurde vielfach darauf hingewiesen, dass detaillierte Modulbeschreibungen, die sich nicht am Inhalt, sondern am Ergebnis einer Lehrveranstaltung orientieren, durchaus das Potenzial hätten, zu einer kompetenzorientierten Lehre beizutragen.

Vielfach wurde die grundsätzliche Idee der Modularisierung positiv bewertet. Modulbeschreibungen seien als Orientierungshilfen sowohl für Lehrende und Studierende als auch für Verwaltungspersonal und Geldgeber wichtig. Einige Experten plädierten dafür, auf diesem Wege entstandene Routinen nicht negativ zu konnotieren, sondern als weiter zu entwickelnde Standards zu schätzen. In Bezug auf das Studium wurden zahlreiche positive Konsequenzen der Modularisierung gesehen. Die Berücksichtigung des studentischen Workloads wurde befürwortet und sowohl die Förderung selbstgesteuerten Lernens als auch eine Individualisierung von Lernprozessen durch erweiterte Wahlmöglichkeiten im Studium erhofft. Vielerorts ist allerdings die Umsetzung nach Aussage der Experten mit einer Einschränkung der Freiräume zur individuellen Profilbildung von Studierenden verbunden.

5. Verbesserungsbedarf im Bereich der Lehre
Die Experten werteten die Intentionen des Bologna-Prozesses in Bezug auf die *Lehre* positiv, während die Umsetzung der Reformen in der hochschulischen Praxis bemängelt wurde. Viele Teilnehmer wiesen darauf hin, dass mögliche Verbesserungen der Lehre nur durch gesteigerten Planungs- und Kooperationsaufwand zwischen den Dozierenden und in Zusammenarbeit mit Verwaltungseinrichtungen erzielt werden können. Eine hochschuldidaktische Qualifizierung von Hochschullehrenden sei notwendig, um den veränderten Anforderungen an Lehre Rechnung tragen zu können. Einige Experten forderten zudem eine Revision bestehender Module auf Grundlage der bisherigen Praxiserfahrungen und regelmäßiger Evaluationen.

6. Kompetenzorientiertes Prüfen
Über eine erfolgreiche Realisierung kompetenzorientierter Prüfungen wurde vereinzelt berichtet. Absolventen von Studiengängen, in denen bereits seit einigen Jahren verstärkt der Kompetenzerwerb und prozedurales Wissen geprüft werden,

wiesen eine höhere Berufszufriedenheit auf. Im Gegensatz zu diesen positiven Äußerungen stellten viele Experten fest, dass den meisten Lehrenden das Konzept kompetenzorientierter Prüfungen noch gänzlich unbekannt sei. Die Chance einer Kompetenz- und Studierendenzentrierung sei im Bereich *Prüfung* bislang ebenso wenig genutzt worden wie in der Lehre. Einvernehmlich wiesen die Teilnehmer darauf hin, dass konventionelle, häufig standardisierte Prüfungsformate nicht geeignet seien, um den Erwerb von Kompetenzen überprüfen zu können.

7. Studienbegleitende Prüfungen

Insgesamt wurden studienbegleitende Prüfungen von den Experten befürwortet. Diese ermöglichten einen reliableren und valideren Eindruck über die Leistungsentwicklung von Studierenden als dies durch punktuelle Bewertungen gegeben sei. Studienbegleitende Prüfungen könnten einen reflexiven und prozessbegleitenden Charakter haben, wenn sie mit regelmäßigem individuellen Feedback durch den Lehrenden verbunden wären.

Allerdings wurde häufig angeführt, dass die gegenwärtige Prüfungspraxis insbesondere in den Geistes- und Sozialwissenschaften erheblichen Mehraufwand sowohl für Lehrende als auch für Studierende bedeute. Kritisiert wurde, dass in vielen Studiengängen alle Veranstaltungen zu Modulen erklärt worden seien und als solche mit einer Prüfung abschließen müssten. Module würden nicht als übergreifende Lehr-Lern-Einheiten gesehen, sondern als isolierte Prüfungselemente geplant und umgesetzt. Die Vielzahl an Prüfungen in Verbindung mit der Vergabe von Leistungspunkten führe bei vielen Studierenden zu oberflächlichem und ausschließlich prüfungsorientiertem Lernen.

8. Verbesserungsbedarf im Bereich Prüfung

Die Steigerung der Prüfungsbelastung durch die erhöhte Anzahl an Prüfungselementen wurde von den meisten Experten als inakzeptabel angesehen. Um den Workload durch Prüfungen sowohl für Dozierende als auch für Studierende herabzusetzen, wurde die Forderung geäußert, eine konsequente Beschränkung auf Modulabschlussprüfungen vorzunehmen und die Freistellung vereinzelter Module von Prüfungsanforderungen zu ermöglichen. Prüfungsbelastungen der Hochschullehrenden sollten künftig in stärkerem Maße als bisher auf ihr Lehrdeputat angerechnet werden.

Da standardisierte, wissensorientierte Testverfahren nicht geeignet seien, um die Entwicklung von Kompetenzen zu überprüfen, bedürfe es nach Aussage vieler Experten der Implementierung eines breiten Spektrums an Prüfungsformaten. Als Beispiele wurden Posterpräsentationen, die Durchführung von Parcours und die Entwicklung von Portfolios genannt. Derartig veränderte Prüfungsansätze böten zudem die Chance, das Tiefenlernen bei den Studierenden zu fördern. Vielerorts seien die Möglichkeiten alternativer Prüfungsverfahren noch unbekannt, weswegen für die Gewährleistung kompetenzorientierter Prüfungen eine entsprechende Qualifizierung der Hochschullehrenden als Prüfende erforderlich sei. Einige Teilnehmer gaben zu bedenken, dass die Einführung neuer Prüfungsformen zwar konzeptionellen Mehraufwand erfordere, dieser sich jedoch langfristig lohne. Um das Potenzial studienbegleitender Prüfungen als Feedbackinstrument für Studierende nutzen zu können, werde ein studierendenorientiertes Rollenverständnis der Hochschullehrenden benötigt. Diese müssten sich als Berater sehen, die Feedbackwünsche berücksichtigen und studienbegleitende Prüfungen als individuelles Assessment nutzen. Zur Entwicklung eines solchen Rollenverständnisses und zur Ausbildung von Kompetenzen zum Lerncoaching könnten ebenfalls hochschuldidaktische Trainingsmaßnahmen beitragen.

9. Die Rolle des Hochschullehrenden in der Akademischen Selbstverwaltung

Einigen Experten zufolge hat sich das Selbstverständnis von Fakultäten und Instituten infolge des Bologna-Prozesses gewandelt. Der Schwerpunkt der „Serviceeinrichtung Hochschule" liege nun auf dem Dienstleistungs- bzw. Aus- und Weiterbildungsmanagement. Im Rahmen der *Akademischen Selbstverwaltung*, die an Bedeutung gewinne, werde die Rolle des Hochschullehrenden als Manager gestärkt. Viele Teilnehmer kritisierten, dass dem Zuwachs an Verwaltungsaufgaben nur unter Vernachlässigung der Lehrvorbereitung nachgekommen werden könne.

Allerdings wurde auch die Ansicht geäußert, der hohe Verwaltungsaufwand werde als Ausrede für geringes Lehrengagement verwendet. Eine Chance der Reformen bestehe darin, akademische Selbstverwaltung künftig mehr als Möglichkeit zur ergebnisorientierten Selbstreflexion denn als zeitintensive Pflichtaufgabe zu begreifen.

10. Profilbildung von Fakultäten im Zuge des Bologna-Prozesses

Die Experten stimmten darin überein, dass durch den Bologna-Prozess eine Profilbildung der Fakultäten erleichtert wurde. Der seit jeher bestehende Wettbewerb um Ressourcen habe sich dadurch jedoch zusätzlich verschärft. Einige Teilnehmer kritisierten, die zunehmende Profilierung der Fakultäten gehe zu Lasten der Transparenz und Vergleichbarkeit von Studiengängen. Eine Diversifizierung von Prüfungsordnungen und Leistungsanforderungen erfolge auch deshalb, weil die Akkreditierung der Studiengänge von verschiedenen Agenturen vorgenommen werde. Die Intention des Bologna-Prozesses, international die Vergleichbarkeit von Studiengängen zu erhöhen, scheitere damit bereits auf nationaler Ebene. Aufgrund der föderalen Strukturen stelle sich diese Situation in Deutschland extremer dar als in anderen am Bologna-Prozess beteiligten Ländern.

11. Curriculumentwicklung
Wie bereits in den vorherigen Abschnitten erwähnt, kritisierten die Experten vielfach die Entwicklung der Curricula infolge der Studienreform. Häufig seien keine inhaltlichen Veränderungen im Vergleich zu Diplom- und Magisterstudiengängen vorgenommen worden. Im Rahmen der Modularisierung seien bestehende Veranstaltungen oftmals nicht modifiziert, sondern lediglich umbenannt worden. Eine kompetenzorientierte Konzeption von Modulen setze daher voraus, dass diese vom Kompetenzprofil eines Studiengangs abgeleitet wurden. Eine solche Orientierung finde jedoch in der Hochschulpraxis bislang kaum statt, zumal vielerorts versäumt worden sei, Module an konkrete Lernziele zu knüpfen.

12. Verbesserungsbedarf im Bereich der Akademischen Selbstverwaltung
Von den meisten Experten wurde gefordert, vermehrt Qualitätsmanagementsysteme zu implementieren, um Fehlanpassungen in der Curriculumentwicklung identifizieren und Curricula entsprechend modifizieren zu können. In den Hochschulverbünden bedürfe es einheitlicher Standards und Leitlinien zur gegenseitigen Ankerkennung studentischer Leistungen.

Hochschullehrende reflektieren nach Aussage einzelner Teilnehmer oftmals nicht, dass ihnen Kompetenzen zur Entwicklung und Implementierung von Curricula fehlen. Beratung von außen wird den Experten zufolge häufig als Eingriff in die persönliche akademische Freiheit angesehen und abgelehnt. Aus diesem Grunde wurde von Hochschullehrenden gefordert, ihr Selbstbild zu überdenken und sich einer offeneren Diskussionskultur zu öffnen. Um Einzelmodule innerhalb eines Studiengangs gezielter aufeinander abstimmen zu können, erfordere es schließlich eine Intensivierung lösungsorientierter und arbeitsgruppenübergreifender Kommunikation sowie interdisziplinärer Kooperation zwischen den Hochschullehrenden. Insofern könne der Bologna-Prozess einen Beitrag zur Organisationsentwicklung an Hochschulen leisten.

13. Fazit der Experten zum Bologna-Prozess
Wie in den vorherigen Abschnitten dargelegt, wurden die Ziele, die mit den Bologna-Reformen verbunden sind, positiv beurteilt. Als fruchtbare Entwicklung wurde gesehen, dass Lehre und Prüfungswesen an Hochschulen verstärkt in das Blickfeld der Öffentlichkeit geraten und sich intensiv mit diesen Thematiken auseinandergesetzt wird. Der grundsätzliche Reformansatz der Schaffung

gestufter Abschlüsse, der Modularisierung von Studiengängen, der Durchführung studienbegleitender Prüfungen und Einführung von Leistungspunkten verbunden mit einer kompetenzorientierten Ausrichtung von Studiengängen wurde mehrheitlich begrüßt.

Die konkrete Umsetzung dieser Vorgaben an deutschen Hochschulen wurde jedoch überaus kritisch gesehen. Vornehmlich als Struktur- und Organisationsreformen top-down durchgeführt, entsprächen die Reformen in ihrer Umsetzung nicht den eigentlichen Intentionen des Bologna-Prozesses. Bemängelt wurden Intransparenz, Verschulung und Überreglementierung von Studiengängen verbunden mit deutlicher Leistungsverdichtung und immens gestiegener Arbeitsbelastung für Lehrende und Studierende zu Lasten der Studienqualität.

Eine notwendige ‚zweite Welle der Reform' dürfe sich nicht auf einzelne Modifizierungen beschränken, sondern müsse grundlegende Veränderungen verfolgen. Die Komplementarität von Studiengängen sowie die gegenseitige Anerkennung von Modulen und Leistungen zwischen verschiedenen Hochschulen seien sicherzustellen. Unverzichtbar sei darüber hinaus eine kompetenzorientierte Neugestaltung von Curricula in interdisziplinärer Zusammenarbeit und unter Einbezug hochschuldidaktischer Beratung. Es bedürfe der Etablierung einer studierendenzentrierten Lehr-Lern-Kultur an der Hochschule, verbunden mit geeigneten Lehr-Lern-Konzepten und einem reflektierten Rollenverständnis von Hochschullehrenden. Um dies zu gewährleisten, seien im Rahmen eines intensivierten Qualitätsmanagements eine flächendeckende Einführung aktueller hochschuldidaktischer Standards sowie hochschuldidaktische Beratung und Qualifizierung von Hochschullehrenden erforderlich.

Bei der Auswertung der Verlaufsskala zeigte sich ein Mittelwert von 0,5 (SD = 1,7) und somit eine generell positive Einstellung gegenüber dem Bologna-Prozess.

5.7 Runde 4: Weiterbildungsbedarf
5.7.1 Ziel der vierten Delphi-Runde

Nachdem in der dritten Runde die relevantesten Kompetenzen herausgestellt wurden, über die Hochschullehrende verfügen sollten, waren die zentralen Ziele der vierten Erhebungsrunde die Ermittlung des größten Trainingsbedarfs und die Identifikation von hochschuldidaktischen Lösungen für negative Folgen des Bologna-Prozesses. Die letzte Erhebungsrunde gliederte sich in die zwei folgenden Aufgaben:
1. Bitte wählen Sie über alle Tätigkeitsbereiche hinweg die zehn Kompetenzen aus, für die Sie aktuell den größten Trainingsbedarf sehen. Bedenken Sie, dass Hochschuldozenten in bestimmten Bereichen bereits über gute Kompetenzen verfügen und diese nicht den größten Weiterbildungsbedarf darstellen.
2. Bitte beschreiben Sie, welchen negativen Konsequenzen des Bologna-Prozesses die Hochschuldidaktik begegnen kann und wie sich diese hochschuldidaktisch lösen ließen.

5.7.2 Methodik
5.7.2.1 Identifizierung des Weiterbildungsbedarfs
Mittels deskriptiver Statistik konnten aus den wichtigsten Kompetenzen, die sich in der dritten Runde abgezeichnet hatten, jene Kompetenzen mit dem größten Weiterbildungsbedarf identifiziert werden.

5.7.2.2 Welchen Problemen kann die Hochschuldidaktik begegnen?
Den Experten wurde eine Zusammenfassung der in der dritten Runde genannten negativen Konsequenzen aus der Bewertung des Bologna-Prozesses zurückgespiegelt. Daraufhin wurde erfragt, zur Lösung welcher dieser Probleme die Hochschuldidaktik einen Beitrag leisten könne. Analog der inhaltsanalytischen Auswertung zu Runde 1 und 3 wurden die transkribierten Aussagen paraphrasiert und qualitativ analysiert.

5.7.3 Ergebnisse
5.7.3.1 Identifizierung des Weiterbildungsbedarfs
Die Ergebnisse für die einzelnen Bereiche werden in den nachfolgenden Tabellen 11 bis 13 dargestellt, die die Anzahl der jeweiligen Kompetenznennungen ausweisen.

Tabelle 11: Die Kompetenzen im Bereich Lehre beurteilt nach dem Weiterbildungsbedarf.

Kompetenzbegriff	Anzahl Nennungen
Kompetenzorientierung	13
(Didaktische) Methodenkenntnis	11
Eigenständigkeit fördern	11
Teilnehmerorientierung	9
Methodeneinsatz	7
Selbstreflexion	6
Kommunikationsfähigkeit	6
Perspektivenwechsel	6
Fachwissen	1
Gestaltungskompetenz	1
Begeisterungsfähigkeit	0

Tabelle 12: Die Kompetenzen im Bereich Prüfung beurteilt nach dem Weiterbildungsbedarf.

Kompetenzbegriff	Anzahl Nennungen
Feedback geben	11
Kompetenzorientierung	11
Prüfungskompetenz	10
Beratungskompetenz	9
Lerncoaching	6
Ethische Grundhaltung	4
Selbstreflexion	4
Kommunikationsfähigkeit	2
Zielorientierung	1
Fachwissen	0

Tabelle 13: Die Kompetenzen im Bereich Akademische Selbstverwaltung beurteilt nach dem Weiterbildungsbedarf.

Kompetenzbegriff	Anzahl Nennungen
Moderationskompetenz	13
Führungskompetenz	12
Konflikt- und Problemlösekompetenz	12
Kooperationsfähigkeit	12
Kommunikationsfähigkeit	5
Innovationskompetenz	4
Durchhaltevermögen	1
Networking	0
Rahmenbedingungen	0
Selbstmanagement	0

Im Tätigkeitsbereich *Lehre* wurden Kompetenzen 71-mal, im Bereich *Prüfung* 58-mal und bei der *Akademischen Selbstverwaltung* 59-mal ausgewählt. Im Tätigkeitsbereich *Lehre* zeigt sich der größte Weiterbildungsbedarf für die Kompetenzen *Kompetenzorientierung, (didaktische) Methodenkenntnis* und *Eigenständigkeit fördern*. Diese drei Kompetenzen überschneiden sich mit den wichtigsten Kompetenzen, über die Hochschullehrende nach Meinung der Experten generell verfügen sollten. Im Hinblick auf den Weiterbildungsbedarf liegt der Schwerpunkt auf der *Kompetenzorientierung*, wohingegen bei der Einschätzung der wichtigsten Kompetenznennungen im Tätigkeitsbereich *Lehre (didaktische) Methodenkenntnis* auf Rang 1 gewertet wurde.

Im Bereich *Prüfung* besteht der größte Trainingsbedarf für *Feedback geben, Kompetenzorientierung* und *Prüfungskompetenz*. Nur hinsichtlich *Prüfungskompetenz* zeigt sich bei diesen Kompetenzen mit dem höchsten Weiterbildungsbedarf eine Überschneidung zu den wichtigsten Kompetenzen, über die Hochschullehrende nach Aussage der Experten verfügen sollten.

Im Bereich der *Akademischen Selbstverwaltung* sind die vier wichtigsten Kompetenzen, die es laut Meinung der Experten weiterzubilden gilt, die *Moderations-, Führungs-* sowie *Konflikt- und Problemlösekompetenz* und *Kooperationsfähigkeit,* jener Kompetenz, die in Runde 3 als die wichtigste Kompetenz von Hochschullehrenden bezüglich *Akademischer Selbstverwaltung* identifiziert wurde.

5.7.3.2 Welchen Problemen kann die Hochschuldidaktik begegnen?

Die Experten arbeiteten aus den vorgegebenen Szenarien in der dritten Erhebungsrunde eine Vielzahl negativer Konsequenzen des Bologna-Prozesses heraus. Nachdem die Experten in dieser Runde eine kurze Zusammenfassung der negativen Konsequenzen erhalten hatten, beschrieben sie, welchen Problemen die Hochschuldidaktik begegnen kann und wie sich diese negativen Konsequenzen hochschuldidaktisch lösen ließen. Im Folgenden werden die Expertenaussagen zusammengefasst, in die drei Tätigkeitsbereiche untergliedert und der Gruppenkonsens der Expertenaussagen dargestellt.

Tätigkeitsbereich *Lehre*
Die Experten beschrieben in dem Bereich *Lehre* viele mögliche Probleme, die durch hochschuldidaktische Maßnahmen gelöst werden könnten. So wird v. a. auf die zu geringe Abstimmung zwischen den Hochschullehrenden untereinander als auch zwischen Dozierenden und den verschiedenen Verwaltungseinrichtungen verwiesen. Der eher defensive Umgang mit den Reformen führe ebenfalls oft zu Problemen wie beispielsweise fehlende Kompetenzorientierung. Allgemein fehle es Hochschullehrenden an bedarfsorientierten bzw. teilnehmerzentrierten Lehr- Lernmethoden. Negative Auswirkungen auf den Hochschulalltag hätten auch der hohe Entwicklungs- und Abstimmungsaufwand, der für die Umsetzung der Modularisierung der Studiengänge nötig sei und die Lehrenden zusätzlich belaste.

Tätigkeitsbereich *Prüfung*
Vor allem im Tätigkeitsbereich *Prüfung* verwiesen die Experten immer wieder auf den Mangel sowohl an kompetenz- und teilnehmerorientierten Prüfungsformaten als auch an Schulungen im Bereich des professionellen Prüfens. Belastend wirke sich die immense Anzahl der Prüfungen aus, da die einzelnen Module als alleinstehende Prüfungsbausteine umgesetzt werden. Daraus folge, dass Prüfungen für Lernende weder als Lernhilfe noch kontinuierliches Feedback betrachtet werden können.

Tätigkeitsbereich *Akademische Selbstverwaltung*
Den Expertenmeinungen zufolge fehlen zusätzliche Ressourcen für eine gehaltvolle Umsetzung der Reform im Bereich der *Akademischen Selbstverwaltung*. Zudem wurde die top-down-implementierte Reform von einzelnen Teilnehmern oft auch als Zwang zur Zusammenarbeit begriffen. Dies führe dazu, dass die Innovationsmöglichkeiten von vielen nicht erkannt und umgesetzt werden. Die Pra-

xis der Umsetzung der Bologna-Reform wurde von den Experten oft als ein Problem des Qualitätsmanagements gesehen.

Wege aus der Bologna-Misere
Um einigen der genannten Probleme begegnen zu können, wurden von den Experten vor allem im Bereich der Aus- und Weiterbildung zahlreiche Vorschläge gebracht. Aus den angesprochenen Aspekten konnten acht Unterthemen mit möglichen Lösungsansätzen herausgearbeitet werden:

1. Fort- und Weiterbildungen
Generell wurde der Wunsch nach umfangreicheren hochschuldidaktischen Weiterbildungsprogrammen geäußert. Hier wurde der Einsatz von Einzelberatungen von Lehrenden, Trainings zur Konzeption von Modulen, dem Verknüpfen von Feedbackverfahren mit individualisierter Veranstaltungsevaluation bis hin zum Kreativitätstraining genannt. Im Bereich der *Lehre* wurden besonders Weiterbildungen zur kompetenzorientierten Lehre sowie Trainings zur Unterstützung der Lehrenden in ihrer neuen Rolle des Lerncoachs als hilfreich erachtet. Im Bereich *Prüfung* wurden vor allem Weiterbildungen sowohl im Bereich des kompetenzorientierten Prüfens als auch zu verschiedenen Feedbackverfahren als wünschenswert betrachtet.

2. Beratung/Coaching
Die Hochschullandschaft könne auch von verschiedenen Beratungsangeboten profitieren. So könne zum Beispiel die Beratung einer fachübergreifenden Arbeitsgruppe bei der Entwicklung der einzelnen Fakultäten hilfreich sein. Ebenso sollten Funktionsträger die Möglichkeit einer Beratung haben, um ihre Aufgaben effizient und effektiv auszuführen.

3. Interdisziplinarität
Die Zusammenarbeit zwischen den verschiedenen Fakultäten, Lehrstühlen etc. und universitären Mitarbeitern solle allgemein verstärkt werden. An dieser Stelle wurden weder die Verwaltung noch Funktionsträger, wie beispielsweise Fakultätsvertreter und Professoren, ausgenommen.

4. Aufklärung
Als besonders hilfreich zur Lösung der verschiedenen Problematiken wurde von den Experten eine detaillierte Aufklärung über die gesamte Bologna-Thematik angesehen. Sowohl Hochschullehrende als auch Verwaltungsangestellte müssten über die Innovationsmöglichkeiten im Rahmen des Bologna-Prozesses in-

formiert werden. Darüber hinaus sollten die Beteiligten erfahren, wie die Lehre nach der Zielsetzung der Bologna-Reform angelegt werden sollte. Die Experten äußerten den Eindruck, es bestehe bei den Mitwirkenden eine enorme Orientierungslosigkeit hinsichtlich der Ziele des Bologna-Prozesses.

5. Förderung durch Dritte
Eine Beteiligung an der Vergabe von Fördermitteln zur Entwicklung und Erprobung neuer Lehr-Lern- und neuer Prüfungsformate sei ebenso wünschenswert wie die verstärkte Durchführung von hochschuldidaktischen Forschungs- und Entwicklungsprojekten.

6. Einstellungswandel
Insgesamt könne sich ein Wandel der Einstellungen und des Rollenverständnisses als Lehrende/r bzw. Studierende/r als äußerst hilfreich erweisen. Über alle Bereiche hinweg wurde immer wieder auf die Notwendigkeit verwiesen, eine Verbindung zwischen Lehren, Lernen und Prüfung zu schaffen. Hierfür sei es unabdingbar, kompetenzfördernde Lernszenarien zu entwickeln. Vor allem bei der Modularisierung, Studiengangentwicklung und der Konzeption von neuen Prüfungsformaten seien praktische Hilfen sowie ein ausreichendes Zeitkontingent vonnöten.

7. Motivationsförderung
Mit Hilfe des Einsatzes hochschuldidaktischer Maßnahmen müsse Motivation gefördert und den Lehrenden die Möglichkeit gegeben werden, selbst kompetenz- und zielorientiertes Lernen zu erfahren. So könnten die notwendigen Methoden am besten erlernt und weitergegeben werden.

8. Mitwirken der Studierenden
Nicht nur auf Seiten der Hochschullehrenden könnten nach Meinung der Experten hochschuldidaktische Maßnahmen helfend eingesetzt werden – auch für Studierende sollte es verschiedene Workshopangebote geben, in denen insbesondere generische Kompetenzen gefördert und Studierende auf die neue Prüfungspraxis vorbereitet werden. Die Studierenden sollten die Möglichkeit haben, sich zu den Stärken und Schwächen der einzelnen Lehrveranstaltungen und Curricula zu äußern.

5.8 Das Modell hochschuldidaktischer Kompetenz

Am Ende des Delphi-Verfahrens wurde ein Modell hochschuldidaktischer Kompetenz konzipiert. Die in Runde 3 erhobenen wichtigsten Kompetenzen von Hochschullehrenden in den Bereichen *Lehre*, *Prüfung* und *Akademische Selbstverwaltung* liefern die Informationen für ein bedarfsorientiertes, zukunftsfähiges Modell hochschuldidaktischer Kompetenz (Abb. 12). Einerseits verdeutlicht das Modell die unterschiedlichen Anforderungen der Lehrtätigkeit. Andererseits werden Überschneidungen der drei Bereiche *Lehre*, *Prüfung* und *Akademische Selbstverwaltung* innerhalb der Lehrtätigkeit sichtbar.

Wie in Kapitel 5.6.3.1 beschrieben, umfassen die Tätigkeitsfelder *Prüfung* und *Akademische Selbstverwaltung* jeweils zehn, der Bereich *Lehre* elf Kompetenzen. Für den Bereich *Lehre* zeigen sich *(didaktische) Methodenkenntnis*, *Fachwissen* und das *Fördern von Eigenständigkeit* als die ersten drei wichtigsten Kompetenzen. Im Bereich *Prüfung* sind es *Prüfungskompetenz*, *Feedback geben* und *Fachwissen* und bei der *Akademischen Selbstverwaltung* wurden *Kooperationsfähigkeit*, *Rahmenbedingungen* und *Innovationskompetenz* als bedeutend eingeschätzt.

Zwischen den Bereichen *Lehre* und *Prüfung* gibt es Überschneidungen hinsichtlich der Kompetenzen *Fachwissen, Kompetenzorientierung, Selbstreflexion* und *Kommunikationsfähigkeit*. Im Tätigkeitsbereich *Akademische Selbstverwaltung* ist die einzige Kompetenz, die auch in den anderen Bereichen als wichtig eingeschätzt wurde, die *Kommunikationsfähigkeit*. Diese Kompetenz wurde in allen drei Bereichen als besonders bedeutsam eingestuft.

Hochschuldidaktisches Kompetenzmodell

	Lehre		Prüfung		Akademische Selbstverwaltung
1	(Didaktische) Methodenkenntnis	1	Prüfungskompetenz	1	Kooperationsfähigkeit
2	Fachwissen	2	Feedback geben	2	Rahmenbedingungen
3	Eigenständigkeit fördern	3	Fachwissen	3	Innovationskompetenz
4	Selbstreflexion	4	Kommunikationsfähigkeit	4	Durchhaltevermögen
5	Begeisterungsfähigkeit	5	Beratungskompetenz	5	Kommunikationsfähigkeit
6	Kompetenzorientierung	6	Zielorientierung	6	Führungskompetenz
7	Kommunikationsfähigkeit	7	Kompetenzorientierung	7	Selbstmanagement
8	Teilnehmerorientierung	8	Selbstreflexion	8	Networking
9	Gestaltungskompetenz	9	Ethische Grundhaltung	9	Konflikt- und Prolemlösekompetenz
10	Methodeneinsatz / Perspektivenwechsel	10	Lerncoaching	10	Moderationskompetenz

Abbildung 12: Das hochschuldidaktische Kompetenzmodell.

Damit ist die inhaltliche Präzisierung des hochschuldidaktischen Kompetenzmodells durch die Experten abgeschlossen. Es liegen für die drei Tätigkeitsbereiche *Lehre*, *Prüfung* und *Akademische Selbstverwaltung* inhaltliche Beschreibungen der wichtigsten Kompetenzen vor, über die Hochschullehrende künftig verfügen sollten. Für die Feststellung eines Weiterbildungsbedarfs kann dieses Modell in ein Diagnoseinstrument überführt werden, das im Sinne der Expertiseforschung Messkategorien enthält, die zu den einzelnen Nennungen unterschiedliche Qualitätsstufen der Wissensentwicklung abbildet. Im theoretischen Vorspann zur Delphi-Studie wurden im Sinne von Gruber, Harteis und Rehrl (2008) hierfür die Abstufungen deklaratives Wissen, prozedurales Wissen, routiniertes Wissen und sozial geteiltes Wissen im Sinne einer Einbettung in eine Expertengemeinschaft vorgeschlagen.

6 Diskussion

Im Folgenden werden die zentralen Ergebnisse der Studie diskutiert, um im Anschluss eine Interpretation der Ergebnisse vorzunehmen und ein Resümee über die zentralen Aussagen zu geben. Im Rahmen der Delphi-Studie zeigte sich, dass nach Meinung der befragten Experten auf dem Gebiet der Hochschuldidaktik keine grundlegend neuen Kompetenzanforderungen an Hochschullehrende entstanden sind. Vielmehr hat sich aufgrund veränderter Tätigkeitsschwerpunkte von Hochschullehrenden die Bedeutung einzelner Kompetenzen gewandelt.

Anhand der vorliegenden Erhebung wurde ein erfahrungsgeleitetes und theoretisch fundiertes Kompetenzmodell entwickelt. Außerdem konnte ein Weiterbildungsbedarf für verschiedene Kompetenzen in den Bereichen *Lehre*, *Prüfung* und *Akademische Selbstverwaltung* identifiziert werden. Weiterhin wurden von den Experten sowohl positive als auch negative Konsequenzen der Bologna-Reform beleuchtet. Dabei wurden potentielle Lösungen erarbeitet, wie die Hochschuldidaktik den in der Studie identifizierten Problemen begegnen kann.

6.1 Das Kompetenzmodell

Das in dieser Studie erarbeitete Kompetenzmodell weist zunächst einmal die Besonderheit auf, dass Tätigkeiten der akademischen Selbstverwaltung neben den beiden naheliegenden Bereichen Lehre und Prüfung als originärer Teil der Lehrtätigkeit eingeführt wird. Eine solche Auffassung ist bislang neu. Sie reflektiert jedoch Intentionen des Bologna-Prozesses, wonach die Hinwendung zur Output-Orientierung – sofern sie denn seriös umgesetzt werden soll – eine Revision der Studienprogramme und somit der Prüfungs- und Studienordnungen erfordert, die in den Gremien der akademischen Selbstverwaltung zu leisten sind. Die Praxis der Akkreditierung von Studiengängen erfordert ebenfalls Arbeitsleistung in diesen Gremien. Diese als Verwaltungstätigkeit charakterisierbaren Aufgaben sind jedoch unmittelbare Beiträge zur Ausgestaltung von Hochschullehre. Die Teilnehmer an der Delphi-Studie haben diese Auffassung deutlich zum Ausdruck gebracht.

Über die drei Tätigkeitsfelder *Lehre*, *Prüfung* und *Akademische Selbstverwaltung* hinweg fanden 26 verschiedene Kompetenzen Eingang in das Kompetenzmodell. Die Komponenten *Fachwissen*, *Kompetenzorientierung* und *Selbstreflexion* gehören sowohl im Bereich *Lehre* als auch im Kontext *Prüfung* zu den zehn wichtigsten Kompetenzen. Die Forderung nach *Kommunikationsfähigkeit* schlägt sich in jedem der drei Aufgabenfelder nieder. Diese breite Bedeutung deckt sich mit anderen Modellen hochschuldidaktischer Forschung, die nahezu allesamt die Komponente *Kommunikationsfähigkeit* enthalten. Diese Einschätzung ist natürlich nahezu trivial, da verbale oder schriftliche Interaktionen die Grundlage der meisten Tätigkeiten in der Lehre, bei den Prüfungen oder der Akademischen Selbstverwaltung sind. Es wäre eine unangemessene Erwartung an eine Delphi-Studie, dass sie derlei Selbstverständlichkeiten ausblenden und tendenziell zur Fokussierung auf außergewöhnliche Ideen neigen würde. Tatsächlich wurden über das Delphi-Verfahren aber sechs Kompetenzen identifiziert, die bislang in keinem hochschuldidaktischen Kompetenzmodell aufscheinen. Es sind dies die Nennungen *Begeisterungsfähigkeit, Durchhaltevermögen, Eigenständigkeit fördern, Ethische Grundhaltung, Kompetenzorientierung* und *Lerncoaching*. Die Identifizierung dieser bislang noch nicht berücksichtigten Kompetenzen beruht auf drei Charakteristika des in dieser Arbeit entwickelten Kompetenzmodells: Erstens leitet es sich aus Experteneinschätzungen ab, die im Rahmen der Delphi-Studie empirisch gewonnen wurden. Zweitens findet sich bislang in der hochschuldidaktischen Forschungsliteratur keine systematische Erhebung erforderlicher Kompetenzen hinsichtlich verschiedener Tätigkeitsbereiche von Hochschullehrenden. Das vorliegende Modell schließt daher die Kompetenzanforderungen eines wesentlich breiteren Aufgabenspektrums ein als bisherige Kompetenzmodelle. Drittens wurden in dieser Studie erstmals Folgen des Bologna-Prozesses für Kompetenzanforderungen an Hochschullehrende thematisiert. Neu identifizierte Modellkomponenten wie *Eigenständigkeit fördern, Kompetenzorientierung* und *Lerncoaching* leiten sich direkt aus den Intentionen der Hochschulreformen im Zuge des Bologna-Prozesses ab.

Darüber hinaus überwindet das hier erarbeitete Modell Schwächen bisheriger Kompetenzmodelle in der Hochschuldidaktik. Im Gegensatz zu anderen Modellen nimmt es eine Gewichtung der einzelnen Kompetenzen nach ihrer Bedeutung für kompetentes Handeln in der Domäne Hochschullehre vor. Während die Struktur der meisten anderen hochschuldidaktischen Kompetenzmodelle auf einer Kategorisierung in drei bis vier Teilkompetenzen beruht, denen oftmals ungenügend trennscharfe Subkategorien zugeordnet sind, umfasst das vorliegende Modell zudem klar voneinander abgrenzbare Kompetenzen, differenziert nach dem Anforderungskontext. Die Gewichtung wurde in einer systematischen Erarbeitung eines Gruppenkonsenses geleistet, die ihr in stärkerem Maß prognostische Validität verleihen als dies bei alternativen Verfahrensweisen der Fall wäre (Häder, 2002; Lamnek, 1980).

Im Folgenden werden die Kompetenznennungen des Modells in den Tätigkeitsfeldern *Lehre*, *Prüfung* und *Akademische Selbstverwaltung* diskutiert. Das Kompetenzmodell beruht auf den als am wichtigsten identifizierten Kompetenzen, wie sie in der dritten Erhebungsrunde herausgestellt wurden. Es wird versucht nachzuvollziehen, weshalb diesen Kompetenzen im Gruppenkonsens die größte Relevanz zugeschrieben wurde. Zwar erscheinen alle Komponenten des Modells als grundsätzlich bedeutungsvoll für die professionelle Tätigkeit eines Hochschullehrenden. Dennoch zeigt sich, dass einige Kompetenzanforderungen direkt aus den Zielen und Implikationen des Bologna-Prozesses abgeleitet werden können. Im Zuge der neuen Studienreform haben diese Kompetenzen offensichtlich an Bedeutung gewonnen.

6.1.1 Bereich Lehre

Eine wesentliche gesellschaftliche Leistungserwartung an Hochschulen ist heutzutage die Entwicklung der Beschäftigungsfähigkeit (Employability) von Absolventen. Diese erfordert eine kompetenzorientierte Ausrichtung der Lehre. Die an der Delphi-Studie teilnehmenden Experten bestätigen die Bedeutung der Fähigkeit, kompetenzorientierte Lehre zu realisieren und Schlüsselqualifikationen zu vermitteln (vgl. auch KMK, 2005; Webler, 2004). In diesem Zusammenhang verwundert es nicht, dass *Kompetenzorientierung* als eine der wichtigsten Kompetenzen und gleichzeitig als Kompetenz mit großem Trainingsbedarf angesehen wurde.

Der Begriff Beschäftigungsfähigkeit beschränkt sich nicht nur auf die Anpassungsfähigkeit an vorgegebene Strukturen der Arbeitswelt, sondern schließt die selbständige Gestaltung von Arbeit und die Umgestaltung von Arbeits- und Beschäftigungsbedingungen ein (Wildt, 2007a). Vor diesem Hintergrund überrascht es nicht, dass die Kompetenz *Eigenständigkeit fördern* als die Fähigkeit, selbstgesteuertes Lernen zu unterstützen und die Eigenverantwortlichkeit der Studierenden zu fördern, in der Gruppenmeinung zu den zehn wichtigsten Kompetenzen gehört, zumal die Orientierung von Hochschulbildung am Konzept des Lebenslangen Lernens im Rahmen des Bologna-Prozesses explizit gefordert wird (Berliner Kommuniqué, 2003; Prager Kommuniqué, 2001). Diese Fähigkeit wurde bislang in keinem hochschuldidaktischen Kompetenzmodell berücksichtigt – vermutlich, weil sich die Ziele und Implikationen der Studienreform in bisherigen Modellen nicht niederschlugen.

Ausschließlich dozentenzentrierte, rein auf Wissensvermittlung fokussierte Lehrveranstaltungen sind nicht hinreichend, um die den Absolventen im Berufsfeld abverlangten Handlungskompetenzen zu entwickeln. Soll der Kompetenzerwerb gefördert werden, stellt sich verstärkt die Frage nach einer dafür angemessen Didaktik (Webler, 2000). Dem Besitz *(didaktischer) Methodenkenntnis* messen die meisten Experten dementsprechend zentrale Bedeutung bei. In der Meinung der Expertengruppe erweist sich diese Modellkomponente als die wichtigste Kompetenz im Bereich *Lehre*. Sie umfasst die in Runde 1 geäußerte Forderung der Teilnehmer nach einem breiten Repertoire an Lehrmethoden und Grundkenntnissen in der allgemeinen sowie in der Fachdidaktik. Außerdem bezieht sich diese Kompetenz auf die Kenntnis und den gezielten Einsatz neuer Lehr-Lern-Konzepte infolge des Shift from Teaching to Learning. Ein guter Ansatz zur Förderung *didaktischer Methodenkompetenz* (als Wissen und Anwendung) wäre die Orientierung an Konzepten forschenden Lernens (Schmidt & Tippelt, 2005; Wildt, 2004a).

Zur Realisierung kompetenzorientierter Lehre bedarf es, wie in Kapitel 2.5.1 geschildert, der Ergänzung traditioneller Vermittlungsstile um situierte Lehr-Lern-Formen. Der Shift from Teaching to Learning impliziert eine Abkehr von traditionellen Rollenverhältnissen zwischen Lehrenden und Lernenden. Der Lernende steht im Mittelpunkt des Lehr-Lern-Prozesses und entwickelt sich vom passiven Rezipienten des Lernstoffs zum eigenverantwortlichen Konstrukteur seines Wissens. Die traditionelle Rolle des Lehrenden als Wissensvermittler wird durch die Rolle eines Coachs abgelöst. Wenngleich die Einführung einer solchen Lehr-Lern-Kultur nicht für alle Lehr-Lern-Situationen und Lernziele in der Hochschullehre angemessen erscheint (Schumacher, 2003), so gehört die Förderung von lernerzentrierten Arbeitsformen dennoch zu den zentralen didaktischen Handlungsfeldern von Hochschullehrenden (Schmidt & Tippelt, 2005).

Um entsprechende Lernumgebungen zu implementieren, bedarf es *Gestaltungskompetenz* und der Fähigkeit zu flexiblem *Methodeneinsatz* – Kompetenzen, die von den Experten jeweils als eine der zehn wichtigsten Anforderungen im Bereich *Lehre* gesehen werden. Die HRK (2008) fordert studierendenzentrierte Hochschullehre und misst der *Gestaltungskompetenz* besondere Bedeutung bei: „Die Gestaltung der Lernumgebung durch die Lehrenden macht den Unterschied zwischen guter und weniger guter Lehre aus" (S. 3). Voraussetzung für eine gezielte Gestaltung der Lehre ist die Fähigkeit zur *Teilnehmerorientierung*. Die methodische Gestaltung einer Lehrveranstaltung sollte zwar primär auf didaktischen Erwägungen und der Orientierung an den jeweiligen Lernzielen beruhen

(Schmidt & Tippelt, 2005), jedoch sollte der Lehrende darüber hinaus die von den Experten geforderte Fähigkeit aufweisen, seine Lehre auf spezifische Lernvoraussetzungen, -bedürfnisse und -verhaltensweisen einzustellen.

Um *Teilnehmerorientierung* zu entwickeln, ist die Fähigkeit zum *Perspektivenwechsel* hilfreich, einem Konzept, das sich bereits bei Mead (1968) findet. Diese Kompetenz umfasst im Verständnis dieser Arbeit die von den Experten geforderte Fähigkeit, das Lehren und Lernen von den Studierenden aus zu denken sowie die generelle Bereitschaft, im Lehr-Lern-Prozess unterschiedliche Perspektiven einzunehmen mit dem Ziel, die eigene Lehre zu optimieren. Entscheidend scheint hierbei die Fähigkeit, reflexiv und empathisch die Lehr-Lern-Situation sowohl aus der eigenen Lehr- als auch aus der Lernendenperspektive wahrzunehmen und gegebenenfalls zu modifizieren. Die Fähigkeit zum *Perspektivenwechsel* wird von Brendel et al. (2006) als „der entscheidendste Schritt in [der] Entwicklung der didaktischen Selbstreflexivität" (S. 16) gesehen.

Die von den Experten ebenfalls häufig genannte Kompetenz der *Selbstreflexion* des eigenen Handelns, eigener Stärken und Schwächen und der persönlichen Außenwirkung ist als ein Schlüsselmerkmal von Professionalität anzusehen (Helmke, 2003; Stahr, 2009). Infolge der mit dem Shift from Teaching to Learning intendierten Rollenveränderung von Lehrenden und Studierenden erscheint insbesondere die Forderung der Fähigkeit zur Reflexion der Selbstverortung im Lehr-Lern-Prozess angebracht. Welche Wirkung die Einstellungen der Lehrenden auf ihr Verständnis von Lehre und die Wahrnehmung guter Lehre seitens der Studierenden hat, beschreibt Parpala (2010). Dabei wird ersichtlich, dass Lehrende ihre Rolle und die der Studierenden fachgebunden unterschiedlich bewerten. Es bedarf bei der Entwicklung hochschuldidaktischer Weiterbildung also eines differenzierten Verständnisses, was *gute Lehre* und *gute Lerner* auszeichnet. Hierbei stellt sich auch heraus, dass Lehren und Prüfen (bzw. Assessment) durchaus getrennt wahrgenommen werden, wenn es um Kriterien guter Lehre geht: „From teachers' perspective, instead of being an essential part of good teaching, assessment was considered as something seperate" (Parpala, 2010, S. 58).

Eine weitere Komponente, die zu den zehn wichtigsten Kompetenzen im Bereich *Lehre* zählt, ist die *Kommunikationsfähigkeit*. Diese Kompetenz ist die Grundvoraussetzung für die Realisierung teilnehmerorientierter Lehre. Ist die Lehre nicht lehrendenzentriert gestaltet, bedarf es der Zusammenarbeit und des kommunikativen Austauschs zwischen Lehrenden und Studierenden. Konstruktiv und zielgerichtet mit Kollegen kommunizieren und diskutieren zu können, dient zudem der Entwicklung der Fähigkeit zur *Selbstreflexion* (Brendel et al., 2006). Darüber hinaus finden sich mit den Kompetenzen *Fachwissen* und *Begeisterungsfähigkeit* im Bereich Lehre zwei Anforderungen, die nicht in direkten Begründungszusammenhang mit den Implikationen der Studienreform gebracht werden können. Mit der starken Gewichtung des *Fachwissens* ist die klare Forderung der Experten nach umfassenden Kenntnissen von Fachinhalten, aktuellem, differenziertem und forschungsorientiertem Theorie- und Faktenwissen sowie einer elaborierten Fachsprache verbunden. Die hohe Relevanz, die die Experten dem Besitz von *Fachwissen* zuschreiben (Rang 2 im Bereich *Lehre*), überrascht nicht, ist doch das zu lehrende Fach der Handlungsrahmen der Lehrtätigkeit. Reiber (2006) betrachtet wissenschaftliches Basiswissen als Grundlage weiterer Kompetenzen, die zu beruflicher Handlungsfähigkeit führen. Gruber und Rehrl (2005) warnen davor, fachliches bzw. fachdidaktisches und pädagogisches Wissen polarisierend zu betrachten. Vielmehr zeichne sich pädagogisches Können durch die Vernetzung beider Komponenten aus. *Begeisterungsfähigkeit* zielt dem Verständnis der Experten zufolge darauf ab, Studierende zu motivieren, indem der Lehrende hohes Engagement zeigt, Begeisterung und Freude für das eigene Fach empfindet und diese auch vermittelt. Bislang wird diese Komponente in keinem Modell hochschuldidaktischer Kompetenz berücksichtigt.

6.1.2   Bereich Prüfung

Die mit deutlichem Abstand als am wichtigsten eingeschätzte Modellkomponente im Bereich *Prüfung* ist die *Prüfungskompetenz*. Dies mag zunächst trivial erscheinen, jedoch umfasst diese Kompetenz in der Meinung der Experten Fähigkeiten der Einschätzung von Prüfungsverfahren, der Prüfungsgestaltung, objektiven Bewertung der Prüfungsleistung sowie Wissen über unterschiedliche Prüfungsmethoden und rechtliche Rahmenbedingungen von Prüfungssituationen. Es wird in der konkreten Beschreibung von Prüfungskompetenz also auf eine breite Kenntnis verschiedener Prüfmethoden, unterschiedlicher Verfahrensweisen sowie möglicher Bewertungsverfahren in Hinblick auf ihre Tauglichkeit, Objektivität und Aussagekraft abgezielt. Ein solches Verständnis setzt Wissen voraus, das über den Tellerrand des im eigenen Kontext praktizierten Prüfverfahrens hinausgeht. Diese Interpretation von *Prüfungskompetenz* kann demnach als Basiskompetenz angesehen werden, an die die weiteren Kompetenzen in diesem Tätigkeitsbereich anschließen.

Eine wesentliche Funktion von Prüfungen ist es, den Lernenden Rückmeldung über ihre bislang realisierten Lernprozesse zu geben. Das Feedback ist der wichtigste Bestandteil von Prüfungen für den weiteren Lernprozess und wirkt sich – sofern fair und valide – positiv auf die Motivation von Studierenden aus (Müller & Schmidt, 2009). Die Kompetenz des *Feedbackgeben*s umfasst in dieser Studie die von den Experten geforderte Fähigkeit zur prozessbegleitenden Reflexion und zur konstruktiven summativen und formativen Rückmeldung an Studierende. Studienbegleitende Prüfungen, wie sie im Rahmen des Bologna-Prozesses eingeführt wurden, haben vermutlich das Potenzial, Entwicklungsprozesse von Studierenden zu initiieren und zu begleiten, wenn sie mit konstruktivem Feedback verbunden sind.

Für den Feedbackprozess ist es hilfreich, wenn der Lehrende über *Beratungskompetenz* verfügt. Diese Komponente bezieht sich in der vorliegenden Arbeit auf das Wissen über unterschiedliche Beratungsformen, die Bereitschaft, Studierenden beratend zur Seite zu stehen, und die Fähigkeit, eigene Grenzen in Beratungsgesprächen einschätzen zu können. Die Bedeutung von Beratungsaufgaben die Studien- und Prüfungsorganisation betreffend ist im Zuge der Studienreform gestiegen (Jaksztat & Briedis, 2009).

In eine ähnliche Richtung geht die Forderung der Kompetenz des *Lerncoachings*. Diese wird als die Fähigkeit verstanden, Lernprozesse und Selbststudienphasen von Studierenden zu begleiten, zu fördern, zu kommunizieren und zu reflektieren sowie als die Bereitschaft, gezielte Lernhilfen anzubieten. Es überrascht, dass diese Kompetenz, die offensichtlich vom Lehrenden erfordert, als Lernhelfer zu fungieren, im Kontext des *Prüfens* als eine der zehn wichtigsten Komponenten erachtet wird, nicht aber in der *Lehre*. In diesem Bereich war *Lerncoaching* in Runde 2 nicht ausreichend häufig genannt worden, um in der dritten Runde erneut zur Diskussion gestellt zu werden. Unabhängig vom Kontextbezug findet sich *Lerncoaching* in keinem der bislang entwickelten hochschuldidaktischen Kompetenzmodelle wieder, wenngleich ihr in internationalen Forschungsarbeiten, welche berufliches Lernen und Hochschulbildung vereinen, eine hohe Bedeutung beigemessen wird (Stenström & Tynjälä, 2009; Tynjälä, Välimaa & Boulton-Lewis, 2006).

Ähnlich verhält es sich mit der *Zielorientierung*. Diese Modellkomponente geht auf die Forderungen der Experten zurück, Lehrveranstaltungen zielgerichtet planen und Lernziele für Studierende verständlich darlegen zu können. Auch in diesem Fall scheint bemerkenswert, dass diese Kompetenz im Prüfungskontext breitere Zustimmung findet als im Bereich *Lehre*, in dem sie wiederum nicht ausreichend oft in Runde 2 ausgewählt worden war, um in die dritte Runde einzufließen. Werden die Expertenaussagen auf den *Prüfungsbereich* übertragen, so impliziert *Zielorientierung* die Fähigkeit, die Planung und Gestaltung von Prüfungen am Prüfungsziel zu orientieren und dieses den Studierenden offenzulegen. Die Forderung nach *Zielorientierung* im Kontext von *Prüfung* wurde bislang in der Literatur nicht erhoben.

Im Zuge der Studienreform ist die Bedeutung des Erwerbs von Handlungskompetenz als Lernziel gestiegen. Wie in früheren Passagen dargelegt, hat dies nicht nur Konsequenzen für die *Lehre*, sondern auch für das *Prüfen*. Es gilt, Prüfungen so zu gestalten, dass der Kompetenzerwerb von Studierenden ermittelt werden kann. Die Experten bestätigen diese Notwendigkeit durch die hohe Bedeutungszuweisung der Komponente *Kompetenzorientierung* im Bereich *Prüfung*.

Wie in der *Lehre* wird auch im Bereich *Prüfung Fachwissen* als eine der zehn wichtigsten Kompetenzen von Hochschullehrenden angesehen. *Prüfungskompetenz* und *zielorientiertes* Prüfen setzen differenziertes und aktuelles *Fachwissen* voraus. Auch zur transparenten Festlegung und Kommunikation von Bewertungskriterien und als Grundlage konstruktiven *Feedbacks* an Studierende sind umfangreiche, reflektierte Kenntnisse der Fachinhalte vonnöten.

Die im Kompetenzmodell auf Rang 9 positionierte Komponente *Ethische Grundhaltung* findet sich bislang in keinem hochschuldidaktischen Kompetenzmodell. Sie umfasst in dieser Studie die von den Experten geforderte Orientierung an menschen- und umweltgerechten Werten und Normen, die Beachtung der Menschenwürde und Chancengleichheit, das Wissen um eigene Werte und moralische Maßstäbe, Wertschätzung und Respekt anderen gegenüber sowie die Würdigung von Fortschritten im Rahmen von Lehr- und Lernleistungen. Übertragen auf Prüfungssituationen impliziert dies die Forderung, alle Prüflinge nach klar definierten, einheitlichen Kriterien zu beurteilen.

Ähnlich wie im Bereich der *Lehre* ist auch im Kontext des Prüfens *Kommunikationsfähigkeit* Voraussetzung für die Realisierung einiger der vorgenannten Kompetenzen. So bedürfen Hochschullehrende etwa der Fähigkeit, sich sachgerecht auszudrücken und zielgerichtet zu kommunizieren, um Studierenden konstruktives *Feedback geben* zu können. Auch zur Entwicklung von *Beratungskompetenz* und für *Lerncoaching* erscheint *Kommunikationsfähigkeit* elementar. Die Bedeutung dieser Kompetenz für Beratungsgespräche in der Hochschule stellen Golle und Hellermann (2003) dar. Sollen Studierenden im Sinne der *Zielorientierung* die mit dem Prüfungsprozess verbundenen Ziele verständlich dargelegt werden, ist ebenfalls *Kommunikationskompetenz* vonnöten.

Auch die Fähigkeit zur *Selbstreflexion* ist eine Grundvoraussetzung für andere Komponenten des Kompetenzmodells im Bereich *Prüfung*. Zur Bereitschaft, innovative Prüfungsverfahren im Sinne der *Kompetenzorientierung* zu etablieren und Prüfungen als Teil des Lernprozesses zu erachten, bedarf es der Reflexion und gegebenenfalls einer Modifikation der eigenen Betrachtungsweise von Prüfungen (Müller & Schmidt, 2009). Auch die in der Komponente *Beratungskompetenz* enthaltene Forderung, eigene Grenzen in Beratungsgesprächen einschätzen zu können, macht die Fähigkeit zur *Selbstreflexion* notwendig. Eine *ethische Grundhaltung* schließlich setzt ebenfalls kontinuierliche *Selbstreflexion* voraus.

6.1.3 Bereich Akademische Selbstverwaltung

Die akademische Selbstverwaltung ist die Arena hochschuldidaktischen Handelns, in der die organisatorischen und strukturellen Rahmenbedingungen von Hochschullehre ausgehandelt werden. Die Lehrenden sind infolge der Studienreform gegenwärtig mit der Herausforderung konfrontiert, neue Studiencurricula zu entwickeln. In diesem Zusammenhang erscheint der Besitz von *Innovationskompetenz* relevant. Um diese realisieren zu können, bedarf es der Kenntnis von Aufbau und Struktur von Studiengängen und des aktuellen bildungspolitischen Entwicklungsstands sowie der Fähigkeiten, zeitliche, räumliche, personelle und materielle Ressourcen zu akquirieren und persönliche Gestaltungsspielräume zu nutzen. Um erfolgreich neue Curricula konzipieren zu können, gilt es, diese *Rahmenbedingungen* zu berücksichtigen.

Eine wesentliche Voraussetzung, um Curricula, Lehre und Prüfen innovieren zu können, ist die Zusammenarbeit mit Verwaltungsgremien und Lehrkollegen, häufig auch auf interdisziplinärer Ebene. An Hochschullehrende stellt sich damit die Notwendigkeit der *Kooperationsfähigkeit* – eine Anforderung, die in der Gruppenmeinung der Experten als die wichtigste Kompetenz im Bereich der *Akademischen Selbstverwaltung* eingestuft ist. Dieser Befund ist insofern bemerkenswert, als bisherige hochschuldidaktische Kompetenzmodelle die Komponente *Kooperationsfähigkeit* in Bezug auf Verwaltungstätigkeit nicht enthalten. Eine der Kooperationsfähigkeit verwandte Kompetenz ist die des *Networkings*. Die Aushandlung von Studiengängen geschieht zumeist vor dem Hintergrund komplexer Verflechtungen innerhalb einer Hochschule, bei der verschiedene und teilweise konkurrierende Interessen zum Tragen kommen. Die Erfolgsaussichten der Bemühungen einzelner Lehrender, aktiv an der Ausgestaltung von Rahmenbedingungen zu partizipieren, hängt von der Fähigkeit ab, im Kreise der Kollegen gemeinsame Interessen zu erkennen, zu bündeln und zu kommunizieren. Die Experten der Delphi-Studie erwarten von künftigen Hochschullehrenden, sich in Netzwerken der Scientific Community zu engagieren und sowohl in Kommissionen an der Universität als auch auf Tagungen und Kongressen präsent zu sein, um Anschluss an wissenschaftliche Professionalität und eine Expertengemeinschaft halten zu können (vgl. auch Gruber, Lehtinen, Palonen & Degner, 2008).

In der Kooperation mit anderen sollten Hochschullehrende den Experten zufolge *Führungskompetenz* offenbaren, d.h. in der Lage sein, Einzelpersonen oder

Gruppen in Arbeits- und Lernkontexten prozessorientiert anzuleiten sowie hauptverantwortlich Projekte zu führen und Verantwortung delegieren zu können. Bestehende Konflikte und problematische Situationen sollten Hochschullehrende erkennen und bearbeiten können. Hilfreich für diese *Konflikt- und Problemlösekompetenz* ist es, wenn der Hochschullehrende über *Moderationskompetenz* verfügt und somit in der Lage ist, Diskussionen und Gruppenprozesse konstruktiv und zielorientiert anzuleiten. In der Zusammenarbeit mit anderen ist außerdem *Durchhaltevermögen* von Bedeutung, d.h. die Fähigkeit, mit eventuellen Widerständen, Ablehnung oder Kritik durch Arbeitspartner konstruktiv umzugehen. Hochschullehrende sollten psychisch belastbar sein, über hohe Frustrationstoleranz verfügen und Unsicherheiten aushalten können. Die Bedeutung von *Durchhaltevermögen* ist in anderen hochschuldidaktischen Kompetenzprofilen nicht berücksichtigt.

Im Bereich der *Akademischen Selbstverwaltung* erscheint *Kommunikationskompetenz* wiederum als eine grundlegende Komponente für professionelles Handeln. Als Basis für soziale Aushandlungsprozesse ist sie Voraussetzung für *Kooperationsfähigkeit, Networking, Führungskompetenz, Konflikt- und Problemlösekompetenz* sowie *Moderationskompetenz*.

Wie im ersten Teil des Buches geschildert, bestehen empirische Hinweise darauf, dass der Arbeitsaufwand von Hochschullehrenden infolge der Studienstrukturreform insbesondere in den Bereichen Lehre, Verwaltung und Beratung zugenommen hat. Dies wurde auch von den Experten dieser Delphi-Studie belegt und erfordert offensichtlich verstärkt die Fähigkeit zum *Selbstmanagement*. Hochschullehrende müssen in der Lage sein, sich selbst zu organisieren und Prioritäten zu setzen, um die verschiedenen Arbeitsbereiche miteinander vereinen und ein effektives Zeitmanagement verfolgen zu können.

6.2 Der Weiterbildungsbedarf von Hochschullehrenden

Die Experten sollten den Weiterbildungsbedarf der im Modell enthaltenen Kompetenzen über die drei Tätigkeitsbereiche hinweg einschätzen. Tendenziell zeigt sich in den drei Bereichen, dass die Experten den Trainingsbedarf jener Kompetenzen besonders hoch einschätzten, deren Relevanz in der Interaktion zwischen Lehrenden und Studierenden bzw. zwischen Lehrenden untereinander liegt. Die Kompetenzen *Kommunikationsfähigkeit, Moderationskompetenz, Führungskompetenz, Konflikt- und Problemlösekompetenz, Kooperationsfähigkeit, Eigenständigkeit fördern, Feedback geben* und *Selbstreflexion* wurden über alle Tätigkeitsfelder hinweg besonders häufig ausgewählt. Neben interaktionsrelevanten Fähigkeiten wird auch der Weiterbildungsbedarf für einige Kompetenzen als hoch erachtet, die sich auf die Ausgestaltung von Lehr- und Prüfungssituationen beziehen (vgl. *Kompetenzorientierung, (didaktische) Methodenkenntnis* und *Prüfungskompetenz*). Dies ist insofern nachvollziehbar, als hochschuldidaktische Weiterbildungsmaßnahmen an der Entwicklung solcher Kompetenzen vergleichsweise effektiv ansetzen können. Schwieriger erscheint die Trainierbarkeit von Kompetenzen, die mit der Persönlichkeit von Hochschullehrenden, ihren Überzeugungen und Werten in Zusammenhang stehen (vgl. *Ethische Grundhaltung*, *Durchhaltevermögen* und *Begeisterungsfähigkeit*) oder das Resultat eigener (wissenschaftlicher) Anstrengungen sind (vgl. *Fachwissen*, *Networking* und *Selbstmanagement*). Für diese Kompetenzen wurden dementsprechend selten hochschuldidaktische Trainingsmaßnahmen gefordert.

6.3 Die Konsequenzen des Bologna-Prozesses

Insgesamt wird der Bologna-Prozess als eine top-down-induzierte Reform, dem die Mehrheit der Dozenten passiv, sogar defensiv, gegenüberstehe, von den Experten zwar eher positiv gesehen, jedoch scheitert die Reform ihrer Meinung nach an der schlechten Umsetzung. Bereits zu Beginn des Bologna-Prozesses mahnten Hochschuldidaktiker, dass es einer Qualifizierung und kritischen Diskussion der Reformen bedürfe, um das Wissen, die Einsicht und die Kompetenzen für eine qualitative Studienreform zu erzielen (Ehlert & Welbers, 2004; Welbers & Gaus, 2005). Als eine mögliche Ursache für die aus Expertensicht schlechte Umsetzung der Reform kann ein Mangel an Kompetenzen festgehalten werden, die v.a. Dozierenden fehlten, um die neuen Strukturen zu verstehen und zu nutzen (Pletl & Schindler, 2007). Modulbeschreibungen definieren zwar Lernziele, aber nicht automatisch Methoden und Inhalte. Somit schlussfolgerten die Experten, die falsche Umsetzung der eigentlich innovativen Ideen der Reform werde als Ablenkung von eigener Unbeweglichkeit, fehlende Kompetenzen zu ergänzen, genutzt. Die Verlaufszahlen reformierter Studiengänge über die Entwicklung des Bologna- Prozesses stützen diese Einschätzung: Waren im Jahre 1998 lediglich 7% aller Studiengänge (im Probezeitraum) umgestellt, waren es 2004 etwa 19%, im Jahr 2008/2009 knappe 75%. Weiterhin war die zunächst als Probephase der Einführung neuer Studiengänge deklarierte erste Prozessphase (bis 2003) davon geprägt, dass es relativ wenige neu-konzipierte Studiengänge gab und ein Großteil der Disziplinen (48%) eine mittelfristige Beibehaltung der alten Abschlussgrade beabsichtigte. Die Tatsache, dass im Jahr 2008/2009 immer noch 25% aller Studiengänge die alten Abschlussgrade vergaben, macht deutlich, dass nach wie vor „eine gewisse Trägheit, was die Umsetzung der Zielvorstellungen der europäischen und deutschen Bildungsminister anbelangt" (Brändle, 2010, S. 118) existiert, v.a. in staatlich geprüften Studienfächern (Brändle, 2010; Schwarz-Hahn & Rehburg, 2004).

Als Konsequenz wurde die Reform an vielen Instituten derart umgesetzt, dass die Inhalte der alten Studiengangstrukturen mit wenigen qualitativen Veränderungen in die neuen Strukturen transformiert wurden: Schwarz-Hahn und Rehburg (2004) belegen, dass etwa die Hälfte neuer konsekutiver Studiengänge auf alten Studiengängen beruhen, während die Mehrheit (73%) der eigenständigen Masterstudiengänge neu entwickelt wurden. Dieser Aspekt ist nicht auf den Bologna-Prozess an sich zurückzuführen, sondern eine Folge der bürokratischen Interpretationen und Gestaltung der Modularisierung sowie fehlender Ressourcen. Aufgrund mangelnder Spezifikationen seitens der Minister fehlte eine adäquate Zusammenarbeit zur kooperativen Erarbeitung besserer Umsetzungsrahmen. Die Implementierung der neuen Studienstrukturen oblag den verantwortlichen Entwicklern, die dafür jedoch keine Finanzierung erhielten. Andererseits wurden von den Entwicklungsverantwortlichen die Beschlüsse der Ministertreffen, KMK und HRK kaum in die Konzeption der neuen Abschlüsse integriert (Brändle, 2010). Dies mündete in Mehraufwand, z.B. die Entwicklung vor allem kleinschrittiger Überprüfungen. Hinzu kommen unklare und unkonkrete Modulbeschreibungen, durch die keine Routinen entstanden, sondern starre Anwendungsmuster, die Neuerungen verhinderten und die möglichen Chancen der Reform oftmals verschenkten.

Als weitere Ursache für die mangelhafte Umsetzung zeichnen sich fehlende Kontrollmechanismen ab, da bestehende Qualitätssicherungssysteme (z.B. Akkreditierung, QF/EQF) nicht von Anfang an griffen. In den letzten Jahren ergaben sich aus dem Bologna-Prozess Veränderungen (Rudinger, Krahn & Rietz, 2008), welche auch die hohe Bedeutung der akademischen Selbstverwaltung als nunmehr relativ wichtige Tätigkeit im Bereich des Lehr- und Wissenschaftsmanagements an Hochschulen erklären (Bäuerlen, 2009; Pellert, 2007; Schmidt, 2007; Würtenberger, 2003). Die mangelhafte Umsetzung des Bologna-Prozesses zeigt sich nach Meinung der Experten auf allen drei Ebenen der Hochschulpolitik, z.B. bei der Planung und Umsetzung des Bologna-Prozesses (Makro-Ebene), bei den Hochschulen und Instituten in Form unausgereifter Studiengänge, der Überlastung der Hochschulen und fehlender Ressourcen (Meso-Ebene) und schließlich bei den Lehrenden, z.B. in der fehlenden Kompetenzorientierung, den Modulkonzeptionen sowie der Berechnung des Workloads für Prüfungen und Prüfungsleistungen (Mikro-Ebene).

Die Einschätzung der Experten, der Bologna-Prozess führe aufgrund des zunehmenden Verwaltungsaufwandes zu einer Vernachlässigung der Lehre, lieferte ein weiteres Argument für die Bedeutung der Ausdifferenzierung der Lehrtätigkeit in die Bereiche *Lehre*, *Prüfung* und *Akademische Selbstverwaltung*. Neben den eben dargestellten negativen Konsequenzen, die durch die Umsetzung der Bologna-Reform entstanden sind, gibt es aktuell aber auch zahlreiche positive Entwicklungstrends.

So änderte sich etwa der Stellenwert der Lehre vor dem Hintergrund des Bologna-Prozesses. Seit Beginn der Reform hat die Bedeutung der akademischen Lehre und von Lehrevaluation zugenommen (Zervakis, 2010). Daraus folgte einerseits eine verstärkte Reflexion der bisherigen Lehrpraxis (Flender, 2005), die wiederum den Shift from Teaching to Learning beschleunigt, und andererseits eine höhere Erfolgsquote bei Studienabgängern (Brändle, 2010). Inwieweit Hochschullehre kompetenzorientiert gestaltet wird, ist v.a. abhängig von lehr-lern-theoretischem Wissen, dem methodischen Repertoire und individuellen Einstellungen. Aktuell sind die meisten hochschuldidaktischen Zentren in vernetzten Strukturen organisiert und ermöglichen ein nahezu flächendeckendes Angebot zur Professionalisierung von Lehrpersonal. Diese strukturelle Verankerung von Hochschuldidaktik wurde als positiver Effekt der Bologna-Reformen beurteilt, wobei die Experten auch klarstellen, dass noch weitere Entwicklungsarbeit zu leisten ist.

Ein weiterer wichtiger Ansatzpunkt zur Förderung von *Kompetenzorientierung* ist die Realisierung kompetenzorientierter Lehre im engeren Fachkontext. Dadurch gewinnt die Fachdidaktik einen hohen Stellenwert, wenn es um die Entwicklung situierter Lehr-Lern-Szenarien, angebrachter sozialer Lernumgebungen und fachspezifischer Prüfungsmodalitäten geht. Ein Beispiel hierfür ist der Einsatz standardisierter Patienten im Rahmen des Medizinstudiums, die in klinischen Trainings- und Prüfungssituationen authentische Gegebenheiten simulieren (Ortwein, Fröhmel & Burger, 2006).

Über Gestaltungsspielräume in der modularisierten Lehre herrschen bei den Experten geteilte Ansichten: Einerseits war die Meinung verbreitet, Handlungsspielräume seien auch innerhalb der Modularisierung vorhanden und eine Deregulierung könne den Mangel an didaktisch-methodischen Kompetenzen kompensieren. Andererseits verhindere die Überfrachtung der Studiengänge die Innovation in der Lehre. Es müsse daher parallel eine inhaltliche und methodische Erneuerung in der Modularisierung stattfinden, um eine kompetenzorientierte Lehre zu ermöglichen. Die Experten stimmten der Aussage zu, der Bologna-Prozess zwinge die Lehrenden, Rechenschaft über ihre Lehre abzulegen, hielten diese Rechenschaft jedoch für notwendig, um grundlegende Verbesserungen in der Lehrtätigkeit zu erzielen. Langfristig seien damit Veränderungen der Lehr-Lernkultur verbunden und es entstünde mehr Kompetenz- und Berufsorientierung sowie Internationalität in Studium und Lehre. Diese angestrebte neue Lehr-Lernkultur führe dann zu mehr Selbststeuerung, Selbstorganisation, Individualisierung der Lernprozesse, Beratung und Wahlmöglichkeiten, anstatt zu einseitiger Fachorientierung. Detaillierte Modulbeschreibungen die sich am Ergebnis differenzierten, individuell und thematisch relevanten Wissens orientieren, haben das Potenzial zu einer kompetenzorientierten Lehre beizutragen. Die an der Delphi-Studie teilnehmenden Experten bewerteten die Idee der Modularisierung insgesamt positiv. Kritisiert wurden allerdings sowohl die Umsetzung der Reform als auch unspezifische Modulbeschreibungen, die zu Verwirrungen in der Lehrtätigkeit führten.

Die Experten sehen in hochschuldidaktischen Qualifizierungen die Möglichkeit, die Lehre zu verbessern. Darüber hinaus sei erhöhter Planungs- und Koordinationsaufwand zwischen den Dozierenden und der Verwaltung vonnöten. Diese Anforderungen korrelieren jedoch möglicherweise mit der Motivation der Dozierenden, da ein Mehraufwand anfänglich generell negativ ausgelegt wird. An dieser Stelle könnten die Reformen weiter ins Wanken geraten, weshalb die Experten forderten, in der Weiterbildung von Hochschullehrenden auch die Förderung der Motivation zu bedenken: Lehrenden müsse klar werden, dass eine gut koordinierte und organisierte Lehre eine bessere Lehre darstellt, weswegen sich mittelfristig auch der Aufwand lohne.

Nicht nur im Tätigkeitsbereiche *Lehre* müssen Veränderungen stattfinden. Auch hinsichtlich der kompetenzorientierten Prüfungen hielten die Experten einige Punkte fest. Aufgrund der Bologna-Reform rücken der Studienverlauf und die begleitende Unterstützung durch Lehre, Beratung und studienbegleitende Prüfungen ebenso verstärkt in den Mittelpunkt wie die Leistungsentwicklung von Studierenden. Obwohl verstärktes Prüfen den Kompetenzerwerb und das prozedurale Wissen fördere, werde dennoch an bekannten Prüfungsformaten festgehalten. Bisherige standardisierte Formate seien jedoch nicht mehr ausreichend, um kompetenzorientiert prüfen zu können. Aus diesem Grund forderten die Experten ein erweitertes Spektrum von Prüfungsformaten (vgl. auch Wildt, 2010), das auch an Studierende vermittelt werden müsse, um ihnen die Lernziele zu verdeutlichen. Studienbegleitende Prüfungen wurden von den Experten als Chance gesehen: Verbunden mit regelmäßigem Feedback könnten sie einen reflexiven und prozessbegleitenden Charakter haben. Eine solche Praxis bedeute jedoch einen erheblichen Mehraufwand. Darüber hinaus würden studienbegleitende Prüfungen nicht als Lehr-Lern-Einheit gesehen, sondern als einzelne Prüfungselemente.

Generell sollte den Experten zufolge das Konstrukt Prüfung in *studienbegleitende Prüfung* und *Assessment* umgedacht werden: Wer es ernst meine mit Assessment, müsse mit einer höheren Bewertungs- bzw. Beratungsbelastung rechnen, da es individuelles und regelmäßiges Feedback sowie einen Ablauf erfordere, der auf konkrete Wissens- und Handlungskompetenzen abzielt, in die Zukunft gerichtet und an Performanz orientiert ist. Als Fazit lässt sich ableiten: Kompetenzorientierte Lehre und Prüfung muss Studierende fordern – und damit auch die Lehrenden.

Moderne Lehr-Lern-Theorien legen die Reflexion subjektiver Annahmen und Erfahrungen nahe, um nachhaltige Lernergebnisse zu erzielen. Dies setzt kompetente, reflexive Lerner voraus (Stelzer-Rothe, 2008). In der Praxis ist häufig eine rezeptive, passive Haltung der Studierenden zu beobachten. Dozenten sollten daher auch immer motivationsfördernde und die Lernenden in die Verantwortung nehmende Formen der Lehre und des Prüfens bedenken. Dies bedeutet, die Studierenden an der Ausgestaltung der Lern- und Prüfungsbewertung partizipieren zu lassen, z.B. in Form von integrativer Evaluation (Henninger & Balk, 2001) oder mit Learning Agreements (Bloch, 2006).

Die Rolle des Hochschullehrenden in der akademischen Selbstverwaltung hat sich nach Meinung der Experten ebenfalls verändert. Bereits zu verzeichnen sind laut der Studienteilnehmer vermehrte Evaluation, Berichterstattung, Akkreditierungs- und Reakkreditierungsverfahren. Dieser Fokus beinhaltet jedoch nicht den Prozess der Neukonzipierung und Umsetzung von Curricula. Ebenfalls vermerkten die Experten, dass sich die Kommunikation der Lehrenden hinsichtlich ihrer Tätigkeiten in Lehre, Beratung und Prüfung gesteigert hat, wodurch sich eine Verbesserung im Arbeitsalltag der Lehrenden verzeichnen lasse.

Dies deutet eine Veränderung des Selbstverständnisses von Fakultäten und Instituten an (Huber, 2009; Szczyrba & Wildt, 2009). Eine grundlegende Konsequenz der Auswirkungen des Bologna-Prozesses auf struktureller Systemebene wäre es, die Hochschul- und Fakultätsstrukturen bezüglich der Lehre zu verändern. Die Reformen bieten die Chance zu einer Neukonzipierung der Studiengänge, „die einerseits der Profilierung der jeweiligen Hochschule dienen, andererseits aber auch die Studierenden, im Sinne des Bologna-Prozesses, stärker in den Mittelpunkt des Studiums stellen" (Brändle, 2010, S. 119).

Dies betrifft jedoch grundlegende Organisationsstrukturen der Hochschulen, die gewachsene, institutionalisierte und rechtliche Rahmen des Hochschulwesens einschließen (Merkator & Teichler, 2010). An deutschen Hochschulen steckt jedoch die Hochschulforschung bezüglich der Qualität der Hochschulentwicklung in den Kinderschuhen. Eine Qualitätssicherung mit dem Ziel der Hochschulentwicklung darf sich nicht scheuen, in die innere Organisationsdynamik der Hochschulen einzugreifen. Somit werden Machtstrukturen relevant, die jenseits der unmittelbaren Handlungsfelder der Lehre anzusiedeln sind.

Der Verbesserungsbedarf im Bereich der *Akademischen Selbstverwaltung* zeigt sich in der Forderung nach mehr Standards und Leitlinien. Durch den Bologna-Prozess werden Hochschulmitarbeiter nun dazu angehalten, ihr eigenes Selbstbild zu überdenken. Bisher wurden zwar Beratung, Coaching und Weiterbildung innerhalb der akademischen Selbstverwaltung angeboten, jedoch nach Einschätzung der Experten als Eingriff in die Autonomie des Hochschullehrenden verstanden. An diesem Punkt zeigen sich zahlreiche Hinweise auf die Frage der Freiwilligkeit der professionellen Weiterbildung: Die Reformen können einen Beitrag zur Organisationsentwicklung bieten, sofern diese Chancen erkannt und genutzt werden.

6.4 Welchen Beitrag kann die Hochschuldidaktik leisten, um negativen Konsequenzen des Bologna-Prozesses entgegenzuwirken?

Die Experten sehen Fort- und Weiterbildungen als einen wichtigen Faktor, um negativen Konsequenzen des Bologna-Prozesses entgegenzuwirken. Mangelnde Kompetenzorientierung, dozentenzentrierte Lehr-Lernmethoden und der hohe Entwicklungs- und Abstimmungsbedarf, der für die Umsetzung der Modularisierung nötig ist und Lehrende zunehmend belastet, haben negative Auswirkungen auf den Hochschulalltag. Durch gezielte hochschuldidaktische Aus- und Weiterbildung zur Entwicklung jener Kompetenzen, die im Rahmen der Delphi-Studie identifiziert wurden, ließen sich die geschilderten Missstände verbessern. Entsprechende Qualifizierungsmaßnahmen können als Einzelberatung, Kreativtraining oder im Seminarformat angeboten werden.

Obwohl Angebote für gängige Weiterbildungsmaßnahmen für das Geben von Feedback für den Tätigkeitsbereich *Prüfung* angeboten werden, scheinen kontinuierliches Feedback oder Lernhilfen für Studierende eher die Ausnahme zu sein. Ein möglicher Grund dafür könnte sowohl die von den Experten angesprochene mangelnde Motivation als auch die Ablehnung von verpflichtenden Fort- und Weiterbildungen als Eingriff in die akademische Freiheit sein. Durch eine solche Einstellung von Hochschullehrenden werden allerdings die Innovationsmöglichkeiten verkannt, die mit der Studienreform verbunden sind.

Da fehlende zusätzliche Ressourcen für eine gehaltvolle Umsetzung der Reform bemängelt wurden, wurde der Interdisziplinarität eine bedeutende Rolle zugetragen. Durch die verstärkte Zusammenarbeit zwischen unterschiedlichen

Fächern und der Verwaltung könnten sowohl mehr Transparenz innerhalb der Modulbeschreibungen geschaffen als auch die Motivation der einzelnen Akteure gefördert werden.

Es zeigt sich nicht nur ein großer Weiterbildungsbedarf in den Bereichen der Beratung und des Coachings von Lehrenden, auch die Aufklärung – sowohl über die Bologna-Thematik als auch über die Möglichkeiten der Hochschuldidaktik – spielt nach Aussagen der Experten eine große Rolle. Pletl und Schindler (2007) kritisieren, dass Hochschullehrende in der Regel weder „professionelle Kenntnisse noch Erfahrung in der Curriculumentwicklung [haben] und (…) über die Ziele und Inhalte des Bologna-Prozesses kaum aktiv informiert und weitergebildet" wurden. Diese Problematik erwähnten auch die Experten, die einen der Gründe für die mangelhafte Umsetzung der Bologna-Reform in der Orientierungslosigkeit der Hochschulakteure sehen.

In der Literatur finden sich Hinweise darauf, dass die Akzeptanz hochschuldidaktischer Qualifizierungsangebote bei Hochschullehrenden gering ist. Die Gründe dafür, dass die Weiterbildungsangebote häufig nicht genutzt werden, sind vielfältig (Flender, 2004; Pötschke, 2004). Ein Begründungsaspekt ist, dass die Optimierung der Lehrkompetenz häufig nicht als persönlich bedeutsam erlebt wird. Schmidt (2007) betont, der primäre Ansatzpunkt zur Erhöhung der Teilnehmerquote sei die individuell wahrgenommene Relation aus Aufwand und Nutzen, da Hochschullehrende in Deutschland bislang nicht verpflichtet sind, hochschuldidaktische Qualifizierungsangebote wahrzunehmen. Es gilt demnach gleichzeitig, die Motivation der Hochschullehrenden zu fördern. Die Frage nach der Freiwilligkeit der hochschuldidaktischen Weiterbildung sollte zugunsten einer grundständigen didaktischen Ausbildung ausgesetzt werden. In der Literatur gibt es dazu zahlreiche Modelle zur Qualifizierung (Brendel, Kaiser & Macke, 2005; Schneider, Szczyrba, Welbers & Wildt, 2009).

6.5 Diskussion der Studie unter methodischen Gesichtspunkten

Auf die Diskussion der Ergebnisse folgt in diesem Abschnitt eine Auseinandersetzung mit methodischen Aspekten der durchgeführten Delphi-Studie.

6.5.1 *Die Zusammensetzung der Stichprobe*

In der Literatur finden sich zwei zentrale Anforderungen an die Zusammensetzung der Stichprobe bei Delphi-Untersuchungen. Zum einen sollen die Studienteilnehmer Experten auf dem Gebiet des betreffenden Sachverhalts sein (Becker, 1974). Zum zweiten sollte die Teilnehmergruppe dennoch heterogen sein, denn „by having as diverse a panel as possible, biases are able to be minimized" (Lang, 1995, S. 3). Beide Aspekte sind in der vorliegenden Stichprobe gegeben: Für die Untersuchung wurden ausgewiesene Experten auf dem Gebiet der Hochschuldidaktik mittels einer Kombination aus der Bewertung wissenschaftlicher Leistungsfähigkeit sowie einer Peer-Nominierung rekrutiert. Wie in der Beschreibung des Verfahrens ersichtlich, arbeiten die Teilnehmer jedoch in verschiedenen Fachbereichen und verfügen über unterschiedliche Ausbildungshintergründe.

Die meisten Experten sind selbst als Hochschullehrende tätig, alle Teilnehmer haben Forschungsarbeiten zu hochschuldidaktischen Themen vorzuweisen. Daher ist davon auszugehen, dass sie sich mit den in der Delphi-Studie gestellten Aufgaben nicht nur aus der subjektiven Warte des betroffenen Hochschullehrers, sondern auch aus einer objektiven Position mit Forschungserfahrung auf dem Gebiet der Hochschuldidaktik heraus auseinandergesetzt haben.

6.5.2   Die Datenerhebung

In der durchgeführten Untersuchung wurde das Datenmaterial hauptsächlich qualitativ erhoben und ausgewertet. Die qualitativen Daten wurden zumeist mit offenen Antwortformaten erhoben. Diese Vorgehensweise hat den Vorteil, dass die Experten ihre Gedanken frei formulieren konnten, ohne durch Vorgaben beeinflusst zu werden. Bei der Erfassung wichtiger Kompetenzen von Hochschullehrenden in der ersten Delphi-Runde konnte dadurch eine hohe Bandbreite an differenzierten Basisaussagen gewonnen werden.

Zur Selektion und Gewichtung von Kompetenzen (in den Runden 2 und 3) sowie zur Auswahl jener Kompetenzen, für die der größte Weiterbildungsbedarf besteht (Runde 4), sollte ein statistisches Gruppenurteil generiert werden. Zu diesem Zweck wurden standardisierte Fragebögen mit vorgegebenem Antwortformat auf Basis des Expertenurteils in der jeweils vorhergehenden Runde verwendet. Eine freie Antwortformulierung war dadurch nicht möglich. Dafür erlaubte diese Vorgehensweise im Rahmen der Auswertung quantifizierbare, statistische Berechnungen. Die Aggregation quantitativer Daten geht zwar stets mit einem Informationsverlust einher, die Intention der Aufgaben lag jedoch in einer Verdichtung der Expertenmeinung zur Erzielung eines Gruppenkonsenses.

Voraussetzung für die Bildung eines Gruppenkonsenses ist, dass die Experten ihren eigenen Standpunkt auf Basis der Informationen über das Gruppenurteil überdenken und gegebenenfalls modifizieren. Im Folgenden werden Hinweise dargestellt, die darauf schließen lassen, dass entsprechende Denk- und Informationsverarbeitungsprozesse bei den Teilnehmern stattgefunden haben. In Tabelle 14 sind diejenigen Kompetenzen aufgelistet, die in der ersten Runde erhoben worden waren, jedoch keinen Eingang in das Kompetenzmodell fanden.

Tabelle 14: Im Kompetenzmodell nicht berücksichtigte Kompetenzen.

Kompetenzbegriff	Anzahl zugrunde liegender Aussagen
Evaluationskompetenz	33
Weiterentwicklung	31
Lernpsychologische Kenntnisse	26
Medienkompetenz	26
Planungskompetenz	23
Rollenbewusstsein	23
Strukturentwicklung	23
Präsentationskompetenz	20
Praxisrelevanz	17
Vermittlungskompetenz	15
Aufgeschlossenheit	13
Teamentwicklungsprozesse gestalten	13
Diversity-Management	12
Wissenschaftliches Arbeiten	12
Empathie	11
Fachdisziplinen	11
Interkulturelle Kompetenz	11
Kontextualisierung	11
Kritikfähigkeit	10
Motivierung der Lernenden	10
Authentizität	7
Kreativität	7
Metakompetenz	7
Distanzfähigkeit	6
Zielgruppenanalyse	6
Handlungstransparenz	5
Lerninhalte auswählen können	5
Eigenmotivation	4
Persönlichkeitsentwicklung unterstützen	3
Projektmanagement	3
Verantwortungsbewusstsein	3

Es zeigt sich, dass einige Kompetenzen in der ersten Runde vergleichsweise häufig angesprochen worden waren, denen in den Folgerunden im Vergleich zu anderen Kompetenzen geringere Bedeutung zugeschrieben wurde. Andererseits fanden Kompetenzen Eingang in das Kompetenzmodell, die in der ersten Runde vergleichsweise selten genannt worden waren (Tab. 15 bis 17). Anhand der Befunde lässt sich darauf schließen, dass mittels Rückmeldung der verdichteten Gruppenmeinung tatsächlich kognitive Prozesse ausgelöst und über die verschiedenen Runden hinweg Modifikationen der Einzelurteile vorgenommen wurden.

Tabelle 15: Die wichtigsten Kompetenzen im Bereich Lehre und die zugrundeliegenden Aussagen in Runde 1.

Rang	Kompetenz	Anzahl der zugrundeliegenden Aussagen in Runde 1
1	(Didaktische) Methodenkenntnis	26
2	Fachwissen	16
3	Eigenständigkeit fördern	17
4	Selbstreflexion	30
5	Begeisterungsfähigkeit	6
6	Kompetenzorientierung	13
7	Kommunikationsfähigkeit	31
8	Teilnehmerorientierung	23
9	Gestaltungskompetenz	32
10	Methodeneinsatz	45
10	Perspektivenwechsel	14

Tabelle 16: Die wichtigsten Kompetenzen im Bereich Prüfung und die zugrundeliegenden Aussagen in Runde 1.

Rang	Kompetenz	Anzahl der zugrundeliegenden Aussagen in Runde 1
1	Prüfungskompetenz	48
2	Feedback geben	13
3	Fachwissen	16
4	Kommunikationsfähigkeit	31
5	Beratungskompetenz	29
6	Zielorientierung	35
7	Kompetenzorientierung	13
8	Selbstreflexion	30
9	Ethische Grundhaltung	10
10	Lerncoaching	30

Tabelle 17: Die wichtigsten Kompetenzen im Bereich Akademische Selbstverwaltung und die zugrundeliegenden Aussagen in Runde 1.

Rang	Kompetenz	Anzahl der zugrundeliegenden Aussagen in Runde 1
1	Kooperationsfähigkeit	26
2	Rahmenbedingungen	36
3	Innovationskompetenz	19
4	Durchhaltevermögen	9
5	Kommunikationsfähigkeit	31
6	Führungskompetenz	10
7	Selbstmanagement	7
8	Networking	20
9	Konflikt- und Problemlösekompetenz	11
10	Moderationskompetenz	11

6.5.3 Generalisierbarkeit der Ergebnisse

Die Studie arbeitete mit einer – für Delphi-Befragungen typischen – vergleichsweise kleinen Stichprobe und war explorativ angelegt. Wenngleich diese Gegebenheiten keine Generalisierbarkeit in andere Bereiche hinein erwarten lassen, wird Expertenbefragungen im Rahmen der Delphi-Technik das Potenzial zugeschrieben, auch mit kleinem Stichprobenumfang generalisierbare Ergebnisse zu liefern (Okoli & Pawlowski, 2004).

Der vorliegenden Untersuchung lag nicht die Intention zugrunde, über unterschiedliche Kontexte hinweg verallgemeinerbare Ergebnisse zu gewinnen. Das Ziel war es, die wichtigsten Kompetenzen zu identifizieren, über die Hochschullehrende verfügen sollten, um dauerhaft hohe Lehrperformanz erbringen zu können. Einerseits wurde auf eine heterogene Stichprobenzusammensetzung geachtet, andererseits weisen die Studienteilnehmer allesamt Forschungserfahrung in der Hochschuldidaktik auf und konnten somit aus einer objektiven Position heraus argumentieren. Aufgrund dessen ist davon auszugehen, dass die erhobenen Befunde innerhalb des Geltungsbereichs *Hochschule* generalisierbar sind.

7 Implikationen aus der Studie und Ausblick

Die vorgelegte Delphi-Studie verfolgte drei verschiedene Zielsetzungen. Zum ersten sollten in Hinblick auf eine professionelle Ausgestaltung von Hochschullehre die künftigen Kompetenzanforderungen an Hochschullehrende ermittelt werden, um einen Orientierungsrahmen zu definieren, an dem sich die hochschuldidaktische Aus- und Weiterbildung von Hochschullehrenden ausrichten kann. Da eine umfassende Darstellung von Kompetenzanforderungen kaum möglich ist – die Problematik diverser in der Literatur vorfindbarer Kompetenzmodelle wurde erläutert –, fokussierte die Delphi-Studie auf jene Komponenten, die aus Sicht der Experten besondere Bedeutung für gute Lehre haben. Von dieser Soll-Vorgabe ausgehend wurde schließlich der dringendste Weiterbildungsbedarf erarbeitet, den Experten angesichts der aktuellen Herausforderungslage der Hochschulen seitens des akademischen Lehrpersonals erwarten. Zum zweiten sollten hochschuldidaktische Handlungsdesiderata und Veränderungsanforderungen benannt werden, die durch Entwicklungen im Kontext der Bologna-Reformen aufgeworfen werden. Zum dritten sollte eine kritische Einschätzung entwickelt werden, welchen Herausforderungen im Hochschulbereich die Hochschuldidaktik tatsächlich wirksam entgegentreten kann. Damit wurde ein breites Spektrum von Themen bearbeitet, die im aktuellen Fokus bildungspolitischer und erziehungswissenschaftlicher Diskurse stehen. Die Debatten in diesen Diskursen sind in der Regel – wenn sie auf die Zukunft gerichtet sind – geprägt durch programmatische Stellungnahmen und interessenspolitische Positionsnahmen. Empirische Forschungsergebnisse treten allenfalls in nachrangiger Bedeutung in Erscheinung, und diese sind dann zumeist Resultate (notwendigerweise) eng abgegrenzter Analysen von Teilbereichen akademischer Lehre oder sie weisen Modellversuchscharakter auf. Sie bilden einen aktuellen Stand ab oder sind ex post erhoben und verweisen somit auf vergangene Ereignisse. Die Ergebnisse dieser Delphi-Studie können einen wesentlichen Beitrag zu diesen Diskursen leisten, da das Delphi-Verfahren geeignet ist und explizit zu dem Zweck entwickelt wurde, in einem breiten Feld gesellschaftlicher Entwicklung ein zukunftsorientiertes Szenario in einem Gegenstandsbereich zu entwickeln, zu dem bislang kaum gesicherte Informationen vorliegen. Dieses Kapitel wird Implikationen für die wichtigsten Zielgruppen dieser Studie skizzieren und zunächst eine erziehungswissenschaftliche

Bewertung der Studie vornehmen. Daraufhin werden bildungspolitische Anregungen vorgebracht und schließlich Schlussfolgerungen für die hochschuldidaktische Praxis gezogen.

7.1 Erziehungswissenschaftliche Bewertung

Mit der vorliegenden Delphi-Studie wurde ein Versuch unternommen, den dringlichsten Weiterbildungsbedarf für das Lehrpersonal an Hochschulen zu skizzieren. Dazu war es zunächst notwendig, künftige Kompetenzanforderungen als Sollzustand professioneller Hochschullehre zu definieren. Diese Vorhersage stützt sich auf Einschätzungen von Personen, die sich wissenschaftlich wie praktisch mit hochschuldidaktischen Fragestellungen beschäftigen und aufgrund ihrer Leistungen in diesen Tätigkeiten einen Expertenstatus einnehmen. Ihrer Prognose kommt daher inhaltlich eine Bedeutung zu. Allerdings bleibt die Art und Weise der Durchführung einer Delphi-Studie nicht ohne Einfluss auf das Endergebnis, so dass auch die Besonderheiten des gewählten Verfahrens für die erziehungswissenschaftliche Bewertung der Befunde zu reflektieren sind.

7.1.1 Besonderheiten des gewählten Verfahrens

Verlauf und Ergebnisse von Delphi-Studien hängen nicht alleine von der Zusammenstellung der Teilnehmergruppe und deren mehr oder weniger engagierten und kritischen Teilnahme ab. Das Verfahren wird darüber hinaus maßgeblich durch die Anlage der Aufgabenstellungen, Auswertungen und Rückmeldungen bestimmt – also der Moderation der Befragungsrunden durch die Forschergruppe. Die Verfahrensweise bei dieser Studie weist einige Besonderheiten auf, da die Untersuchungsstrategie über das Generieren einer Zukunftsprognose hinausging und den Experten differenzierte Einschätzungen über künftig relevante Kompetenzanforderungen an akademisches Lehrpersonal abverlangte. Darüber hinaus wurden mit verschiedenen Erhebungsverfahren (z.B. Szenarienkommentierung, offene Meinungsabfragen) Einschätzungen und strategische Überlegungen der Experten erfasst. Dadurch wurde der Untersuchungsgegenstand nicht – wie bei Delphi-Verfahren meist üblich – über die Befragungsrunden hinweg präzisiert, sondern er wurde unter verschiedenen Aspekten bearbeitet. Es wurde in Kauf genommen, dass keine Präzisierung der Kompetenzanforderungen über tiefgreifende und mehrfache qualitative Diskussionen vorgenommen werden konnte. Dafür konnten die Expertenmeinungen zu Trainingsbedarf und Bedeutsamkeit einzelner Kompetenzanforderungen insbesondere vor dem Hintergrund der Bologna-Reformen erhoben werden. Dadurch, dass schon früh – nämlich in der zweiten Runde – ein Selektionsdruck erzeugt wurde, konnte die Gruppendiskussion stark auf den Gruppenkonsens gelegt werden. Damit fielen einzelne Beiträge zwar aus der weiteren Betrachtung im Untersuchungsverlauf, für die verbliebenen Nennungen kann jedoch in Anspruch genommen werden, dass sie die mehrheitliche Zustimmung in der Expertengruppe finden. Somit beinhaltet das vorgestellte Modell hochschuldidaktischer Kompetenz Elemente, die nicht etwa außergewöhnlichen Einzelurteilen entstammen, sondern durchwegs auf Akzeptanz in der Mehrheit von Experten aus der Hochschuldidaktik treffen.

In Hinblick auf die Bewertung der Bologna-Reformen wurden den Experten verschiedene Aufgaben gestellt. Indem Szenarien konstruiert wurden, die jeweils unterschiedliche Bewertungen zu den Auswirkungen der Bologna-Reformen beschrieben, um sie dann alle zur getrennten Kommentierung den Experten vorzulegen, konnten die Einschätzungen der Bologna-Reformen durch die Experten multiperspektivisch erfasst werden. Dadurch konnten tief reflektierte Einzelurteile erfasst und wiederum zu einem Gruppenbild zusammengefasst werden. Dadurch war es möglich, in nur wenigen Befragungsschritten Aussagen auf hohem Reflexionsgrad zu aggregieren. Außerdem wurden die Experten in der dritten Befragungsrunde um ein generelles Fazit zu Idee und Realisierung des Bologna-Prozesses gebeten. Dies ermöglichte neben den großenteils abwägenden Diskussionen der vorgelegten Szenarien die Identifikation eines eindeutigen Urteils der Untersuchungsteilnehmer. Schließlich wurden aus diesen Diskussionsbeiträgen zur dritten Runde die Probleme und Mängel in der Umsetzung der Bologna-Reformen gesammelt und in der vierten Runde zur Einschätzung vorgelegt, inwieweit Hochschuldidaktik zur Lösung beitragen kann und wie solche Lösungen aussehen könnten. Damit erfolgte bei diesem Teil der Delphi-Studie keineswegs nur ein Fokus auf Probleme der Bologna-Reformen, vielmehr wurden in den Szenarien zunächst alle möglichen Bewertungen (positiv, neutral, negativ) in die Diskussion gegeben, um aus den Expertenstatements deren Meinungsbild zu extrahieren. Bemerkenswert ist sicherlich, dass die Experten auch in jenen Aufgabenstellungen, die explizit Probleme aufwarfen, in der Regel eine abwägende Kommentierung vorgenommen haben.

7.1.2 Die wichtigsten künftigen Kompetenzanforderungen: Das hochschuldidaktische Kompetenzmodell

Der verfahrensbedingte Selektionsdruck und Fokus auf den Gruppenkonsens lässt annehmen, dass in dem in Abschnitt 5.8 präsentierten Modell hochschuldidaktischer Kompetenz (vgl. Abb. 12) nur solche Aspekte benannt werden, denen die Mehrheit der Experten künftig hohe Bedeutung für professionelle Hochschullehre zuschreiben. Im Unterschied zu gängigen Modellen beruflicher Handlungskompetenz (z.B. Erpenbeck & Heyse, 1999; Kauffeld, 2006) bzw. hochschuldidaktischer Kompetenz (z.B. Stahr, 2009; Webler, 2003), die mehrere inhaltliche Dimensionen von Kompetenz differenzieren (üblicherweise Sozial-, Selbst-, Methodenkompetenz etc.), orientiert sich das hier vorgelegte Kompetenzmodell an den wichtigsten Tätigkeitsbereichen des akademischen Lehrpersonals, nämlich der Lehre, dem Prüfen und der Akademischen Selbstverwaltung. Diese sind als die zentralen Bereiche professionellen Handelns in der Hochschullehre zu identifizieren. Lehren und Prüfen sind dabei naheliegende Tätigkeitsbereiche, aber die Bologna-Reformen erzwingen seit einiger Zeit – und durch laufende und künftige Akkreditierungsverfahren wohl auch in Zukunft – Strukturreformen an den Hochschulen, die in den Gremien der akademischen Selbstverwaltung zu organisieren sind. Dazu zählen insbesondere die Entwicklung von Prüfungsordnungen und Modulbeschreibungen, künftig werden dann auch Einordnungen in den Deutschen und Europäischen Qualifikationsrahmen geleistet werden müssen.

Während nun die bislang vorliegenden Modelle beruflicher oder hochschuldidaktischer Handlungskompetenz für sich in Anspruch nehmen, berufliches Handeln bzw. Lehren umfassend abzubilden, wirft das hier vorgelegte Modell einen anderen Blick auf das Problem: Es werden die zentralen Handlungsbereiche Lehre, Prüfung und Akademische Selbstverwaltung fokussiert und für diese drei Bereiche jeweils diejenigen Kompetenzanforderungen benannt, die von den Experten als die künftig wichtigsten identifiziert wurden. Damit wird weniger ein umfassender Anspruch verfolgt, sondern explizit eine Selektion, auf die in den zentralen Tätigkeitsbereichen wichtigsten Anforderungen. Damit stellen sich zum einen nicht die theoretischen Probleme der umfassenden Kompetenzmodelle, die bei Operationalisierungsversuchen kaum lösbare Fragen nach Auflösungstiefe und Abgrenzungsschärfe aufwerfen (Harteis, Heid, Bauer & Festner, 2001). Zum anderen treten deskriptive Ambitionen zugunsten der Erkenntnisse der jüngeren Lehr-Lern-Forschung in den Hintergrund, indem Kompetenz im Sinne von Bewältigung von Anforderungen im Handlungsfeld konzipiert wird.

Damit lässt sich das vorgelegte Modell hochschuldidaktischer Kompetenz als Ausgangspunkt für ein Instrument der Kompetenzdiagnostik nutzen. Es bildet Kompetenzanforderungen für professionelle Hochschullehre ab, so dass sich bei einer Ausdifferenzierung der 31 Komponenten in unterschiedliche Performanzniveaus die Möglichkeit ergibt, einen aktuellen Kompetenzstand abzubilden und daraus Weiterbildungsbedarf abzuleiten. Bereits im dritten Kapitel wurde angedeutet, dass die Expertiseforschung und das dort vertretene Kompetenzverständnis einen geeigneten theoretischen Hintergrund für die Entwicklung eines Diagnostikinstruments darstellen. In der Expertiseforschung wird die klar formulierte Auffassung vertreten, dass hohe Leistungsfähigkeit erlernbar und auf die Entwicklung günstiger Wissensstrukturen zurückführbar ist.

Vergleicht man die in dieser Studie entwickelten Vorstellungen von künftigen Kompetenzanforderungen mit den in der Literatur vorfindbaren Kompetenzmodellen, so hat die Delphi-Studie nicht völlig neuartige Anforderungen zu Tage gebracht. In den Bereichen Lehren und Prüfung sind keine überraschenden Komponenten zu identifizieren, die nicht auch schon in anderen Ansätzen aufzufinden wären. Das war auch nicht zu erwarten, da die Untersuchungsteilnehmer als Experten in der Hochschuldidaktik erstens die existierenden Kompetenzmodelle kennen und zweitens davon auszugehen ist, dass diese Modelle eine Korrespondenz mit der Situation in der Hochschullehre aufweisen. Neu an dem hier vorgelegten Modell ist jedoch die oben schon angesprochene Orientierung an den Tätigkeitsbereichen von Hochschullehrenden und dadurch die Berücksichtigung der akademischen Selbstverwaltung mitsamt den dort als zukunftsweisend eingeschätzten Komponenten. Hier fallen die Nennungen *Durchhaltevermögen* und *Networking* auf, wobei erstere eventuell eine gewisse Frustrationstoleranz andeutet und zweitere auf Vernetzung abzielt – beides sind Komponenten, die nicht als klassische Merkmale akademischer Lehre im Sinne eines tradierten Ordinarienverständnisses gelten. Weiterführend ist dieses Kompetenzmodell in jedem Falle darin, dass es ein breites Spektrum von Kompetenzanforderungen abbildet und trotzdem eine Prioritätensetzung darstellt: Darauf haben sich die Experten im Laufe des Delphi-Prozesses als zukunftsweisend und wichtig geeinigt.

7.1.3 Beitrag zur Professionalisierung von Hochschullehre

Das hier systematisch entwickelte Kompetenzprofil für die Hochschullehre kann in mehrfacher Hinsicht einen Beitrag zur Professionalisierung von Hochschullehre leisten. Wie schon im zweiten Kapitel erläutert, zählen ein klares Anforderungsprofil und wissenschaftlich gesicherte Erkenntnisse über die Domäne zu den wichtigsten Merkmalen, die einen Tätigkeitsbereich als Profession auszeichnen. Hinzu kommt, dass mit dem vorgelegten Profil der Anspruch hoher Lehrperformanz verfolgt wird, was ein Kennzeichen eines jüngeren Professionalitätsverständnisses darstellt, nämlich dem des Profitums. Von einem Profi wird erwartet, dass die Tätigkeit zuverlässig (d.h. vorhersehbar), kompetent (d.h. auf Wissen und Fähigkeiten gründend) und gut (d.h. eben auf hohem Performanzniveau) verrichtet wird. Das ist der Anspruch, den Hochschulen nicht erst seit den Bologna-Reformen, aber seit diesen umso stärker an ihre Lehrenden herantragen.

Weiterhin kann und soll das vorgelegte Kompetenzmodell ein Raster für eine zielgerichtete hochschuldidaktische Ausbildung von Lehrenden bieten. Zwar haben sich in der Hochschullandschaft mittlerweile verschiedene Zertifikate etabliert, die ein hochschuldidaktisches Weiterbildungsprogramm abschließen, von einer systematischen und in die Laufbahnentwicklung fest integrierten Verankerung hochschuldidaktischer Qualifizierung ist man aber noch weit entfernt. Gleichwohl ist das Vorhandensein eines Kompetenzmodells unabdingbare Voraussetzung für eine solche Entwicklung. Insofern kann das hier entwickelte Modell einen Anstoß in diese Richtung geben, wenn es sich im weiteren hochschuldidaktischen Diskurs bewährt.

Schließlich ergibt sich in Hinblick auf die Professionalisierung der Hochschullehre die Implikation, dass der Lehre im akademischen Setting eine tatsächliche Bedeutung beigemessen wird. Bislang stehen Forschung und Lehre in einem Ungleichverhältnis, was deren Einfluss auf eine akademische Laufbahn betrifft. Zwar gilt der Nachweis von Lehrqualität in Selektionsprozessen formell als ein Auswahlkriterium, dessen faktische Bedeutung in Konkurrenz zu weiteren Kriterien ist jedoch kaum belegt. Hinsichtlich der Wertschätzung in der Scientific Community scheint Lehre noch nicht den Stellenwert zu besitzen, der ihr im Sinne der Bologna-Reformen zukommen sollte.

7.2 Bildungspolitische Anregungen

Bildungspolitische Anregungen lassen sich insbesondere aus der Diskussion über die Bologna-Reformen ableiten. Das bemerkenswerte Stimmungsbild, das sich in der Gruppe abzeichnet, zeigt eine deutliche Wertschätzung der Experten der eigentlichen Ziele und Ideen der Bologna-Reformen bei einer gleichzeitig skeptischen Einschätzung der Qualität der konkreten Umsetzung in der Hochschullandschaft. Offensichtlich attestieren die Experten dem Feld eine prinzipielle Offenheit gegenüber den Reformideen. Allerdings erachten sie die Umsetzung als defizitär. So sehen sie auf der einen Seite die in formaler Hinsicht kompetenzorientierte Ausrichtung der Lehre, die in der Ausformulierung konkreter Lernziele in den Modulbeschreibungen der Studiengänge zum Ausdruck gebracht wird. Daher ist es auch folgerichtig, dass die Komponente *Kompetenzorientierung* für die beiden Tätigkeitsbereiche *Lehre* und *Prüfung* im Kompetenzmodell Niederschlag findet. Auf der anderen Seite sehen sie noch Aufklärungsbedarf bei vielen Lehrenden, was genau Kompetenzorientierung im Lehr- und Prüfalltag konkret bedeutet. Dementsprechend wird hier besonders hoher Weiterbildungsbedarf gesehen. Hieraus lässt sich ein bildungspolitisches Desiderat ableiten, dass eine hochschuldidaktische Weiterbildungsinitiative in dieser Richtung entwickelt werden müsste, um die Qualität der Umsetzung der Bologna-Reformen zu erhöhen.

Ein Problemfeld, das sich in der Gruppenmeinung ebenfalls deutlich abzeichnet, betrifft die Anzahl an Prüfungsleistungen, die in den modularisierten Studiengängen bislang zu erbringen sind. Ein durchaus berechtigter Kritikpunkt an den alten Studiengängen bezog sich darauf, dass die Fokussierung auf Zwischenprüfungen (bzw. Diplomvorprüfungen) und Abschlussprüfungen zu punktuell unzumutbaren Belastungen für die Studierenden geführt hätten, die dann im Falle eines Scheiterns mehrere Semester Lebens- und Lernzeit entwertet hätten. In den modularisierten Studiengängen wurden die Prüfungsleistungen über die gesamte Zeit des Studiums verteilt. Damit vermeintlich einher ging eine zeitliche Entzerrung der Prüfungsbelastung für die Studierenden, die aber durch die nunmehr eingeführten, kleiner strukturierten Zertifizierungen der Leistungspunkte zu einer regelmäßigen Anhäufung von Prüfungsleistungen – zumeist am Ende jedes Semesters – führten. Die tradierte Form der auf zwei Zeiträume konzentrierten „großen" Prüfungen wurde durch die neue Form der Zertifizierung von Leistungspunkten abgelöst, die zu einem Anstieg der Prüfungsbelastung seitens der Lehrenden geführt hat. In der Delphi-Diskussion wurde moniert, dass eine der häufig gewählten Lösungen standardisierte und wissensbasierte Testverfahren darstellen. Dies ermöglicht den Lehrenden zwar die Zertifizierung von großen Mengen von Studierenden bei relativ knappem Zeitaufwand, eine solche Praxis widerspricht jedoch der Idee einer kompetenzorientierten Prüfung. Solche Prüfungen bedürfen der (zeitaufwändigen) Entwicklung und Implementierung neuer Prüfungsformate. Die von den Experten in der Delphi-Diskussion vorgeschlagene Lösung fordert zum einen den Mut, weite Teile der Leistungspunktvergabe von Prüfungsleistungen freizustellen, zum anderen wird eine höhere Anrechnung von Prüfungsleistungen auf das Lehrdeputat vorgeschlagen. Während der erste Teil des Lösungsansatzes in den Gremien der akademischen Selbstverwaltung geregelt wird, ist der zweite Teil nur über bildungspolitische Entscheidungen zu realisieren.

Ein letzter von den Experten an die Adresse der Bildungspolitik gerichteter Kritikpunkt bemängelt die Top-Down-Implementierung der Reformen, die der eigentlichen Intention der Bologna-Prozesse widerspräche. Diese hätte zu einer Leistungsverdichtung sowohl für die Studierenden als auch für die Lehrenden geführt, die Lehrqualität und Lernqualität gleichermaßen beeinträchtige. Hier erwarten die Experten eine Deregulierung von Seiten der Bildungspolitik, die von den Hochschulen dazu genutzt werden könnte, solche Verdichtungen aufzulösen.

Letztlich werfen die bildungspolitischen Anregungen, die sich aus der vorgelegten Studie ableiten lassen, Ressourcenfragen auf. Wenn man die im zweiten Kapitel geschilderten Zielsetzungen der Bologna-Reformen jedoch befürwortet und wenn man diese realisieren sowie gleichzeitig den im dritten Kapitel erläuterten Anspruch der Professionalisierung der Hochschullehre verfolgen möchte, sind Ressourcenfragen unabwendbar.

7.3 Schlussfolgerungen für die hochschuldidaktische Praxis

Die Delphi-Studie richtet sich in erster Linie an Akteure in der hochschuldidaktischen Praxis, weswegen an dieser Stelle noch explizite Schlussfolgerungen für diese Zielgruppe angeboten werden sollen. Angesprochen sind damit zum einen die Lehrenden an den Hochschulen selbst, zum anderen aber auch die hochschuldidaktischen Zentren, die für die Implementierung von Weiterbildungsveranstaltungen zuständig sind.

7.3.1 Lehrende an den Hochschulen

Für die Lehrenden dürfte der Teil der Delphi-Studie von größtem Interesse sein, in dem die zukunftsweisenden Kompetenzanforderungen entwickelt werden. In diesem Teil beschreiben Experten der Hochschuldidaktik ein Anforderungsprofil, das sie bei Lehrenden in Zukunft für bedeutsam halten. Damit wird aufgezeigt, in welchen Aspekten akademischer Lehrtätigkeit künftige Herausforderungen zu erwarten sind. Anhand dieses Ergebnisses können Hochschullehrende einen Vergleich mit ihren eigenen Erwartungen und ihrer eigenen Antizipation künftiger Entwicklungen anstellen. Die Forschungsliteratur zu Delphi-Studien weist als wesentlichen Reiz für die Teilnehmenden aus, dass der Meinungsbildungsprozess eine Gegenüberstellung der Gruppenmeinung und der persönlichen Meinung anregt, die von den Teilnehmenden in der Regel subjektiv als Bereicherung und Erkenntnisgewinn erlebt wird. Die chronologische Darstellung ermöglicht es der Leserschaft, an jedem Punkt des Untersuchungsverlaufs eine solche Gegenüberstellung vorzunehmen und zu überlegen, an welchen Punkten Übereinstimmung und an welchen Punkten Abweichungen auftreten. Die Ergebnisse der Studie können helfen, ein eigenes Bild von der künftigen Entwicklung der Hochschullehre zu entwickeln und zu konsolidieren.

Naheliegender ist es vermutlich – und damit ist ein zweiter Nutzen der Ergebnisse für Lehrende beschrieben –, das vorgestellte Modell hochschuldidaktischer Kompetenz als Instrument zur Selbstreflexion zu nutzen. Es kann dazu herangezogen werden, die eigenen Stärken und Schwächen sowie einen eventuellen Entwicklungsbedarf zu reflektieren. Indem es die künftig wichtigsten Kompetenzanforderungen umreißt, kann damit eine Selbstanalyse betrieben werden, um die Aktualität des eigenen Profils und dessen Zukunftstauglichkeit zu hinterfragen. Es eröffnet sich für Lehrende die Option, für sich selbst und ohne sozialen Vergleichsdruck Entwicklungsbedarf zu erkennen. Damit kann eine Vorbereitung auf künftige Herausforderungen sogar unabhängig von der faktischen Existenz eines entsprechenden Weiterbildungsangebots am eigenen Standort geleistet werden. Wenn darüber hinaus auch noch Ressourcen für selbstgesteuerte Lernprozesse online verfügbar sind, können selbstgesteuerte Lernaktivitäten eingeleitet werden. Entsprechende Angebote sind mittlerweile schon von hochschuldidaktischen Zentren an einigen Hochschulen verfügbar (HDZ, *Hochschuldidaktikzentrum Baden-Württemberg*; ZfH, *Zentrum für Hochschul- und Qualitätsentwicklung Duisburg-Essen*; HDZ, *Hochschuldidaktisches Zentrum der TU Dortmund*).

Die Experten weisen in der Delphi-Studie der hochschuldidaktischen Aus- und Weiterbildung eine hohe Bedeutung für die Bewältigung der künftigen Anforderungen und für eine angemessene Umsetzung der Bologna-Reformen zu. Bemerkenswert ist dabei insbesondere der Sachverhalt, dass die Akademische Selbstverwaltung als originärer Bereich der Lehrtätigkeit eingeschätzt wird. Wenn der identifizierte Trainingsbedarf zutreffend ist, so zeigt die Delphi-Studie einen Bedarf an hochschuldidaktischen Weiterbildungsangeboten an, der im Rahmen der aktuellen Ausstattung der Hochschuldidaktik in Deutschland nicht zu leisten ist. Die vorgelegten Befunde können aus Sicht der Hochschullehrenden auch dahingehend gedeutet werden, dass ein verstärkter Einsatz für hochschuldidaktische Kursangebote und den Aufbau hochschuldidaktischer Zentren geboten ist. Die Arena eines solchen Einsatzes findet sich in der Akademischen Selbstverwaltung. Die Delphi-Studie legt demnach eine Rückkehr zu den Wurzeln der hochschuldidaktischen Aktivitäten nahe: Sie war aus dem Engagement des Mittelbaus an den Hochschulen hervorgegangen, das wesentlich war, um Hochschuldidaktik gegen Widerstände und Ressourcenknappheit zu etablieren. Der in dieser Studie angezeigte Bedarf legt nahe, dass aufgrund der Bologna-Reformen und der Entwicklungen in der Hochschullandschaft ein weiterer Entwicklungsschub notwendig ist, um die hochschuldidaktischen Einrichtungen in die Lage zu versetzen, den künftigen Bedarf in der breiten Masse zu bedienen. Die Auslösung eines solchen Schubes bedarf möglicherweise noch einmal des Engagements der Zielgruppe selbst.

7.3.2 Hochschuldidaktische Zentren

Die vorgelegte Studie liefert einen Orientierungsrahmen für die Ausrichtung hochschuldidaktischer Weiterbildungs- und Qualifizierungsprogramme. Der Blick auf das hier entwickelte Modell macht deutlich, dass die bislang existierenden Programme weite Teile des Modells bereits abdecken. Daher legen die Befunde auf der Delphi-Studie keine komplette Neuausrichtung bestehender und womöglich bereits etablierter hochschuldidaktischer Weiterbildungsprogramme nahe. Dennoch erscheint eine Ergänzung oder neue Akzentuierung angezeigt: Wenn die Experten beispielsweise in der für die Bologna-Reformen zentralen Idee von Kompetenzorientierung von Lehre und Prüfung ein weitreichendes Informations- und Wissensdefizit bei den Lehrenden konstatieren, so scheint hier dringender Handlungsbedarf für hochschuldidaktische Zentren zu erwachsen. Der Wandel von der Lehrkultur zur Lernkultur – als Shift from Teaching to Learning bezeichnet – erfordert nicht nur die Vermittlung von Lehrmethoden, sondern muss zu einer Entwicklung eines Selbstverständnisses von Hochschullehrenden beitragen, das möglicherweise tradierten Vorstellungen entgegensteht. Damit steigen die Anforderungen an ein hochschuldidaktisches Weiterbildungsprogramm, da es sich zu allerst ebenfalls einer Outputorientierung unterwerfen muss. Das bedeutet nichts anderes, als dass Hochschuldidaktik sich daran bewerten lassen muss, welche Effekte im Lehrverhalten der Adressaten erzielt werden. Dies verlangt womöglich Lehrformen, die über das reguläre Kursprogramm hinausgehen. Freilich existieren bislang in Form von Supervision, Beratung und Intensivcoaching vielfältige derartige Angebote, um diese allerdings auch nur annähernd einer breiten Masse an Hochschullehrenden zuteil werden zu lassen, genügen die bislang zur Verfügung stehenden Ressourcen nicht. Ein zweiter Aspekt, der hohe Anforderungen an hochschuldidaktische Weiterbildungsprogramme nach sich zieht, besteht in etwaigen Widerständen, die in tradierten Haltungen zum akademischen Lehrgeschehen begründet sind. In Kontexten, die in hohem Umfang auf die Vermittlung von Faktenwissen bauen und entsprechende Prüfroutinen etabliert haben, die auf die Reproduktion diesen Wissens abzielen, wird die Idee kompetenzorientierten Lehrens und Prüfens auf Skepsis stoßen. Diese zu überwinden, ist eine große Herausforderung.

Für die hochschuldidaktischen Einrichtungen dürfte ebenfalls die ausdrückliche Berücksichtigung der Akademischen Selbstverwaltung als Bestandteil von Hochschullehre ein interessanter Impuls sein. Die ursprünglichen Intentionen der aus Mittelbauaktivitäten erwachsenen hochschuldidaktischen Aktivitäten zielten nicht ausschließlich auf Aspekte von Personalentwicklung – und damit einer expliziten Qualifizierung akademischen Nachwuchses für das Berufsfeld Hochschullehre. Vielmehr lagen jenen Aktivitäten auch Ideen zu Grunde, die eher im Bereich von Organisationsentwicklung anzusiedeln sind. Der Lehre sollte angemessene Aufmerksamkeit und Bedeutung beigemessen, und Hochschullehre sollte als ein Prozess der zunehmenden Integration in eine Expertengemeinschaft etabliert werden. Damit sollte die Kluft der Lehrenden auf der einen Seite und der Studierenden auf der anderen überwunden werden. Gleichzeitig sollte dem akademischen Mittelbau der Weg in die akademische Karriere erleichtert werden, indem Austausch über Erfahrungen in der Lehrtätigkeit zur Reflexion und individuellen Kompetenzentwicklung beitragen. Die Akademische Selbstverwaltung ist exakt jener Aktionsraum, der eine Realisierung dieser Ziele durch hochschuldidaktische Interventionen erst ermöglicht. Indem die Experten in der Delphi-Studie der Akademischen Selbstverwaltung diesen hohen Stellenwert einräumen, bringen sie auch einen Appell zum Ausdruck, dass Hochschullehrende Selbstverwaltungsaufgaben nicht nur als lästige Pflichten wahrnehmen sollen, sondern als Gestaltungsspielraum für die Schaffung der Rahmenbedingungen der eigenen Lehrtätigkeit an einer Hochschule. Insofern schreiben die Befunde der Delphi-Studie der Hochschuldidaktik – und somit den hochschuldidaktischen Zentren als die bislang entwickelten Institutionen – auch einen hochschulpolitischen Auftrag zu, der über hochschuldidaktische Qualifizierung weit hinausreicht.

8 Fazit

Eingangs dieses Buches wurden die bildungspolitischen Bestrebungen beschrieben, die den Hintergrund der Veränderungen in der deutschen Hochschullandschaft bilden. Diese Bestrebungen sind fest in der europäischen Politik verankert und die Grundzüge der Veränderungen in der Hochschullandschaft scheinen nicht mehr verhandelbar oder umkehrbar. Derzeit immer noch ausgestaltbar sind hingegen die konkreten Umsetzungen der Reformen. In der Delphi-Studie haben die Experten diesen Gestaltungsspielraum hervorgehoben, indem sie den ursprünglichen Intentionen der Bologna-Reformen Positives zugeschrieben und aktuelle Probleme bei der Umsetzung der Reformen auf strukturelle Gegebenheiten und mangelnde Kenntnisse zurückgeführt haben. Den Lehrenden kommt hierbei – so kann die Delphi-Studie gelesen werden – eine Schlüsselrolle zu. Zum einen, indem sie die von den Experten attestierten Kenntnislücken in Bezug auf die Intentionen der Bologna-Reformen und deren Anforderungen in Hinblick auf die Tätigkeitsbereiche Lehre und Prüfung schließen. Besonders deutlich sehen die Experten einen Bedarf bezüglich der Kompetenzorientierung von Lehre und Prüfungen. Hierzu können hochschuldidaktische Angebote einen wesentlichen Beitrag leisten. Zum anderen plädieren die Experten klar für eine Aufwertung der Tätigkeiten für die Akademische Selbstverwaltung, in deren Rahmen es die Lehrenden in der Hand haben, Studienprogramme und die Rahmenbedingungen akademischer Lehre so auszugestalten, dass höchste Lehrqualität erreicht werden kann. Derzeit fristen diese Anteile akademischer Lehrtätigkeit ein eher stiefmütterliches Dasein, wenn nicht in Hinblick auf (eventuell subjektiv überstrapaziertes) Zeitbudget, dann zumindest in Hinblick auf das Image, das Gremienarbeit in der Akademischen Selbstverwaltung genießt.

Damit nehmen die Experten in der Delphi-Studie die Lehrenden an Hochschulen in die Verantwortung und in die Pflicht, maßgeblich an der Umsetzung der Bologna-Reformen mitzuwirken. Wenn dies geschieht, kann ein wesentliches Manko der bisherigen Reformpraxis beseitigt werden, wonach ein Großteil bisheriger Veränderungen top-down implementiert wurde. Darin ist das starke subjektive Empfinden der Verordnung von oben herab begründet, das einer der Gründe für Widerstände gegen die Reformen sein mag. Eine stärkere bottom-up-Umsetzung von Reformen böte Vorteile schon alleine dadurch, dass das Commitment aller Beteiligten stärker ausgeprägt sein dürfte. Allerdings betonen die Experten gleichzeitig, dass für eine solche weitreichende Einbindung der Lehrenden in die Reformaktivitäten entsprechende Rahmenbedingungen gegeben sein müssen, die ein solches Engagement angemessen honorieren. Hier scheint noch einiges im Argen zu liegen. Wenn die Experten in der Delphi-Studie also einerseits Wissensdefizite hinsichtlich der Bologna-Intentionen attestieren und andererseits eine verstärkte Einbindung von Hochschullehrenden in eine bottom-up-Implementierung von Reformbemühungen einfordern, so unterstellen sie nicht in erster Linie Desinteresse seitens der Lehrenden. Vielmehr betonen sie damit, dass die derzeitigen Gegebenheiten wenig Raum und wenig Anreize für die Beteiligung an den Reformbemühungen bieten. Das augenfälligste Beispiel, das im Zuge der Gruppendiskussion vorgetragen wurde, thematisierte die Idee kompetenzorientierter Prüfungsverfahren, die sich bei seriöser Umsetzung in aufwändigen Prüfpraktiken niederschlagen müssten, die aber angesichts der derzeitigen Anzahl von Studierenden und bei der derzeitigen Anrechnung von Prüfungstätigkeiten im Lehrdeputat nicht realisierbar sind.

Die Ergebnisse der Delphi-Studie weisen auch der Hochschuldidaktik eine hohe Bedeutung für die Umsetzung der Bologna-Reformen zu. Nun mag man zunächst unterstellen, die Experten urteilten hier stark selbstreferentiell, da die Teilnehmer an der Delphi-Studie schließlich aus dem Bereich der Hochschuldidaktik rekrutiert wurden. Allerdings sprechen Erkenntnisse aus anderen Disziplinen, wie beispielsweise der Expertiseforschung, Lehr-Lern-Forschung oder der Arbeits- und Organisationspsychologie, dafür, dass individuelle Wissensbestände und Überzeugungen eine wesentliche Grundlage für kompetentes Handeln darstellen. Die Hochschuldidaktik ist diejenige Disziplin, die in Hinblick auf Forschungstätigkeiten für die Analyse und in Hinblick auf praktische Aufgaben für die Entwicklung hochschuldidaktischer Kompetenz der Lehrenden zuständig ist. Insofern kommt ihr notwendigerweise eine hohe Bedeutung für die Sicherstellung hoher Lehrperformanz zu. Mit Blick auf die inhaltliche Ausrichtung der in der Delphi-Studie erarbeiteten Modells hochschuldidaktischer Kompetenz ist anzumerken, dass es den Lehrenden abverlangt, ein Studien- und Lehrprogramm mit klar formuliertem Profil zu entwickeln, sich dadurch im Wettbewerb zwischen Hochschulen um Studierende zu bemühen, die dieses Angebot nachfragen, und schließlich in der Lehre und in der Prüfung teilnehmer- und kompetenzorientiert zu agieren. Damit beschreiben die Experten ein Anforderungsprofil, das pädagogischem Personal, das freiberuflich tätig ist, seit jeher abverlangt wird. Diese Merkmale pädagogischen Handelns kennzeichnen professionelles Handeln im Bereich des Bildungsmanagements in der Weiterbildung. So kann die Delphi-Studie dahingehend interpretiert werden, dass die Experten eine Annährung struktureller Tätigkeitsmerkmale von Lehrenden im tertiären und im quartären Bildungsbereich erkennen.

Schließlich sei noch ein Problem angesprochen, auf das auch in der Delphi-Studie keine Antwort gegeben wird. Hochschuldidaktische Optionen können nur insofern Wirkung entfalten, als die Angebote auf Nachfrage stoßen. Nun ist davon auszugehen, dass diejenigen, die hochschuldidaktische Weiterbildung wahrnehmen, zu den ohnehin besonders engagierten und für hochschuldidaktische Themen interessierten Lehrenden gehören. Die Herausforderung besteht jedoch darin, mit Angeboten eine breite Masse an Lehrenden anzusprechen und auch eventuelle Skeptiker zu überzeugen. Es wäre eine interessante Fragestellung für eine weitere Delphi-Studie, mit welchen Angebotsformen und Angebotsstrukturen diese Herausforderung zu meistern wäre.

Literaturverzeichnis

Achtenhagen, F. & Baethge, M. (2007). Kompetenzdiagnostik als Large-Scale-Assessment im Bereich der beruflichen Aus- und Weiterbildung. *Zeitschrift für Erziehungswissenschaft, Sonderheft 8*, 51-70.

AHD (2005). *Leitlinien zur Modularisierung und Zertifizierung hochschuldidaktischer Weiterbildung. Beschluss der Mitgliederversammlung der AHD vom 8.3.2005.* [WWW-Dokument, entnommen am 12. Januar 2010]. URL http://www.dghd.de/tl_files/PDF-Downloads/AKKO/AHD_Leitlinien.pdf.

Albach, H. (1970). Informationsgewinnung durch strukturierte Gruppenbefragung. *Zeitschrift für Betriebswirtschaft, 40, Ergänzungsheft*, 11-26.

Alesi, B., Bürger, S., Kehm, B. M. & Teichler, U. (2005). *Bachelor- und Master-Studiengänge in ausgewählten Ländern Europas im Vergleich zu Deutschland*. Bonn: BMBF.

Anderson, J. R. (1983). *The architecture of cognition*. Cambridge: Harvard University Press.

Arnold, R. (1993). *Natur als Vorbild*. Frankfurt a.M.: Suhrkamp.

Arnold, R. & Krämer-Stürzl, A. (1999). *Berufs- und Arbeitspädagogik: Leitfaden der Ausbildungspraxis in Produktions- und Dienstleistungsberufen*. Berlin: Cornelsen.

Auferkorte-Michaelis, N., Ladwig, A. & Wirth, D. (2007). Anforderungsprofil: Lehrkompetenz – über die Haltung zur guten Lehre. *Journal Hochschuldidaktik, 18* (2), 4-6.

Bäuerlen, A. (2009). *Personalentwicklung an Universitäten. Ein Beitrag zur Lernfähigkeit einer Organisation des Lernens*. Hamburg: Diplomica.

Banscherus, U. (2007). Die deutsche Studienreformdiskussion und der Bologna-Prozess. Über die These einer Konvergenz der Studiensysteme in Europa und ihre Auswirkungen auf die Bildungspolitik in Deutschland. In G. Bollenbeck & W. Wende (Hrsg.), *Der Bologna-Prozess und die Veränderung der Hochschullandschaft* (S.71-88). Heidelberg: Synchron.

Barr, R. B. & Tagg, J. (1995). From Teaching to Learning. A New Paradigm for Undergraduate Education. *Change, 27* (6), 13-25.

Battaglia, S. (2004). *Hochschuldidaktische Weiterbildungs- und Beratungsangebote in Deutschland: eine Übersicht*. [WWW-Dokument, entnommen am 14. Januar 2010]. URL http://www.e-teaching.org/didaktik/theorie/hochschuldidaktik/battaglia.pdf.

Battaglia, S. (2008). Auf dem Vormarsch. Die Hochschuldidaktik bahnt sich ihren Weg. *Forschung & Lehre, 9*, 602-603.

Battaglia, S. (2009). *Aktuelle Entwicklungen in der Hochschuldidaktik im Kontext des Bologna-Prozesses und der Aufbau von vernetzten Qualifizierungs- und Weiterbildungsstrukturen zur Verbesserung der Lehre an den Hochschulen*. [WWW-Dokument, entnommen am 12. Januar 2010]. URL http://www.hrk.de/bologna/de/download/dateien/Referat_S_Battaglia.pdf.

Beck, K., Glotz, P. & Vogelsang, G. (2000). *Die Zukunft des Internet. Internationale Delphi-Befragung zur Entwicklung der Online-Kommunikation*. Konstanz: UVK Me-

dien.
Becker, D. (1974). *Analyse der Delphi-Methode und Ansätze zu ihrer optimalen Gestaltung*. Frankfurt a. M.: Verlag Harri Deutsch.
Benz, C. (2005). *Das Kompetenzprofil des Hochschullehrers. Zur Bestimmung der Kompetenzanforderungen mittels Conjoint-Analyse*. Aachen: Shaker.
Berendt, B. (2009). Academic Staff Development/ASD in the Context of the Bologna Process – Changing Role(s)? In R. Schneider, B. Szczyrba, U. Welbers & J. Wildt (Hrsg.), *Wandel der Lehr- und Lernkulturen* (S. 54-69). Bielefeld: Bertelsmann.
Bergen-Kommuniqué (2005). *Der europäische Hochschulraum – die Ziele verwirklichen. Kommuniqué der Konferenz der für die Hochschulen zuständigen europäischen Ministerinnen und Minister, Bergen, 19.-20. Mai 2005.* [WWW-Dokument, entnommen am 14. November 2009]. URL http://www.bmbf.de/pub/bergen_kommunique_dt.pdf.
Berliner Kommuniqué (2003). „Den europäischen Hochschulraum verwirklichen". Kommuniqué der Konferenz der europäischen Hochschulministerinnen und -minister am 19. September 2003 in Berlin. Wiederabgedruckt in HRK (2004) (Hrsg.), *Bologna-Reader. Texte und Hilfestellungen zur Umsetzung der Ziele des Bologna-Prozesses an deutschen Hochschulen* (S. 291-304). Bonn: HRK.
Biggs, J. (1979). Individual Differences in Study Processes and the Quality of Learning Outcomes. *Higher Education, 8*, 381-394.
Biggs, J. (1996). Enhancing teaching through constructive alignment. *Higher Education, 32*, 347-364.
Blanke, H.-J. (1994). *Europa auf dem Weg zu einer Bildungs- und Kulturgemeinschaft*. Köln: Heymanns.
Bloch, R. (2006). Schwerpunkte gegenwärtiger Entwicklungen in der Hochschulbildung. In P. Pasternack, R. Bloch, C. Gellert, M. Hölscher, R. Kreckel, D. Lewin, I. Lischka & A. Schildberg (Hrsg.), *Die Trends der Hochschulbildung und ihre Konsequenzen. Wissenschaftlicher Bericht für das Bundesministerium für Bildung, Wissenschaft und Kultur der Republik Österreich* (S. 47-100). Wittenberg: Institut für Hochschulforschung.
Blom, H. (2000). *Der Dozent als Coach*. Neuwied: Luchterhand.
Bologna-Erklärung (1999). Der Europäische Hochschulraum. Gemeinsame Erklärung der Europäischen Bildungsminister. Wiederabgedruckt in HRK (2004) (Hrsg.), *Bologna-Reader. Texte und Hilfestellungen zur Umsetzung der Ziele des Bologna-Prozesses an deutschen Hochschulen* (S. 277-282). Bonn: HRK.
Boshuizen, H. P. A. & Schmidt, H. G. (1992). On the role of biomedical knowledge in clinical reasoning by experts, intermediates and novices. *Cognitive Science, 16*, 153-184.
Brändle, T. (2010). *10 Jahre Bologna-Prozess. Chancen, Herausforderungen und Problematiken*. Wiesbaden: VS Verlag.
Braun, E. & Hannover, B. (2008). Zum Zusammenhang zwischen Lehr-Orientierung und Lehr-Gestaltung von Hochschuldozierenden und subjektivem Kompetenzzuwachs bei Studierenden. *Zeitschrift für Erziehungswissenschaft, Sonderheft 9*, 277-291.

Braun, E., Ulrich, I. & Spexard, A. (2008). Die Perspektive der Lehrenden. Förderung von Handlungskompetenzen in der Hochschullehre. In B. Berendt, H.-P. Voss & J. Wildt (Hrsg.), *Neues Handbuch Hochschullehre, I 1.10* (S. 1-25). Berlin: Raabe.

Breiner, S., Cuhls, K., Jaeckel, G., Georgieff, P., Koschatzky, K., Reiß, T., Schmoch, U. & Grupp, H. (1993). *Deutscher Delphi-Bericht zur Entwicklung von Wissenschaft und Technik*. Bonn: Bundesministerium für Forschung und Technologie.

Brems, S. & Gruber, H. (2003). *Aktuelle Entwicklungen der Hochschuldidaktik an den Universitäten Bayerns* (Schriftenreihe Nr. 1). Regensburg: Universität Regensburg, Zentrum für Hochschul- und Wissenschaftsdidaktik.

Brendel, S. (2005). 'Academic staff development`, 'educational development` oder doch 'teacher training`? Hintergründe und internationale Trends in der Entwicklung von hochschuldidaktischen Maßnahmen. In S. Brendel, K. Kaiser & G. Macke (Hrsg.), *Hochschuldidaktische Qualifizierung. Strategien und Konzepte im internationalen Vergleich* (S. 15-38). Bielefeld: Bertelsmann.

Brendel, S., Eggensperger, P. & Glathe, A. (2006). Das Kompetenzprofil von HochschullehrerInnen: Eine Analyse des Bedarfs aus Sicht von Lehrenden und Veranstaltenden. *Zeitschrift für Hochschulentwicklung, 1*, 1-29.

Brendel, S., Kaiser, K. & Macke, G. (Hrsg.). (2005). *Hochschuldidaktische Qualifizierung – Strategien und Konzepte im internationalen Vergleich*. Bielefeld: Bertelsmann.

Bretschneider, F. & Pasternack, P. (2005). *Handwörterbuch der Hochschulreform*. Bielefeld: UVW UniversitätsVerlagWebler.

Brockhaus, W. L. & Mickelsen, J. F. (1977). An Analysis of Prior Delphi Applications and Some Observations on Its Future Applicability. *Technological Forecasting and Change, 10* (1), 103-110.

Brockhoff, K. (2005). Prognosen. In F. X. Bea, B. Friedl & M. Schweitzer (Hrsg.), *Allgemeine Betriebswirtschaftslehre 2: Führung* (S. 759-800). Stuttgart: UTB.

Bronner, R., Matiaske, W. & Stein, F. A. (1991). Anforderungen an Spitzen-Führungskräfte. Ergebnisse einer Delphi-Studie. *Zeitschrift für Betriebswirtschaft, 61* (11), 1227-1242.

Brooks, K. W. (1979). Delphi Technique: Expanding Applications. *North Central Association Quarterly, 53* (3), 377-385.

Brosi, W., Krekel, E. M. & Ulrich, J. G. (2004). *Delphi-Erhebung zur Identifikation von Forschungs- und Entwicklungsaufgaben in der beruflichen Aus- und Weiterbildung*. Bonn: Bundesinstitut für Berufsbildung.

Brown, J. S., Collins, A. & Duguid, P. (1989). Situated cognition and the culture of learning. *Educational Researcher, 18* (1), 34-41.

Bülow-Schramm, M. (2008). Hochschuldidaktische Prüfungskritik revisited unter Bologna-Bedingungen. In S. Dany, B. Szczyrba & J. Wildt (Hrsg.), *Prüfungen auf die Agenda! Hochschuldidaktische Perspektiven auf Reformen im Prüfungswesen* (S. 27-44). Bielefeld: Bertelsmann.

Busch, C. (2000). *Die Zukunft der Informations- und Kommunikationstechnologie in privaten Haushalten: Eine Delphi-Studie*. Frankfurt a. M.: Peter Lang.

Chase, W. G. & Simon, H. A. (1973). Perception in chess. *Cognitive Psychology, 5*, 55-

81.
Chomsky, N. (1969). *Aspekte der Syntax-Theorie*. Frankfurt a. M.: Suhrkamp.
Chur, D. (2005). Didaktische Qualifizierung im Rahmen des Heidelberger Modells der (Aus-)Bildungsqualität. In S. Brendel, K. Kaiser & G. Macke (Hrsg.), *Strategien und Konzepte hochschuldidaktischer Qualifizierung im internationalen Vergleich* (S. 179-195). Bielefeld: Bertelsmann.
Connell, M., Sheridan, K. & Gardner, K. (2003). On Abilities and Domains. In R. J. Sternberg & E. L. Grigorenko (Hrsg.), *The Psychology of Abilities, Competencies, and Expertise* (S. 126-155). Cambrige: University Press.
Cuhls, K., Blind, K. & Grupp, H. (1998). *Delphi '98-Studie. Befragung zur globalen Entwicklung von Wissenschaft und Technik*. Karlsruhe: Fraunhofer-Institut für Systemtechnik und Innovationsforschung.
Cuhls, K. Breiner, S. & Grupp, H. (1995). *Delphi-Bericht 1995 zur Entwicklung von Wissenschaft und Technik*. Karlsruhe: Fraunhofer-Institut für Systemtechnik und Innovationsforschung.
Dalkey, N.C. (1967). Delphi. *RAND Cooperation Paper P-3704*. Santa Monica: RAND.
Dalkey, N.C. (1968). Predicting the Future. *RAND Cooperation Paper P-3948*. Santa Monica: RAND.
Dalkey, N.C. (1969). The Delphi Method. *RAND Cooperation Paper RM-5888-PR*. Santa Monica: RAND.
Dany, S. (2006). The Contribution of 'Hochschuldidaktik' to Academic Staff Development. *Zeitschrift für Hochschulentwicklung, 1*, 8-15.
de Groot, A. D. & Gobet, F. (1996). *Perception and memory in chess. Studies in the heuristics of the professional eye*. Assen: Van Gorcum.
Delbecq, A. L., Van de Ven, A. & Gustafson, D. (1975). *Group Techniques for Program Planning: A Guide to Nominal Group and Delphi Processes*. Glenview: Scott, Foresman and Company.
Deneke, M. (2005). Vom Lehren zum Lernen – Eine Skizze. In U. Welbers & O. Gaus (Hrsg.), *The Shift from Teaching to Learning. Konstruktionsbedingungen eines Ideals* (S. 93-96). Bielefeld: Bertelsmann.
Dewe, B. & Radtke, F. O. (1991). Was wissen Pädagogen über ihr Können? Professionstheoretische Überlegungen zum Theorie-Praxis-Problem in der Pädagogik. In J. Oelkers & H.-E. Tenorth (Hrsg.), *Pädagogisches Wissen* (S. 143-162). Weinheim: Beltz.
Diesner, I., Euler, D. & Seufert, S. (2006). *SCIL-Trendstudie. Ergebnisse einer Delphi-Studie zu den Herausforderungen für das Bildungsmanagement in Unternehmen*. St. Gallen: Swiss Centre for Innovations in Learning.
Dreyfus, H. L. & Dreyfus, S. E. (1986). *Mind over Machine: The Power of Human Intuition and Expertise in the Era of the Computer*. New York: Free Press.
dtv-Lexikon (2006). *dtv-Lexikon in 24 Bänden. Band 3*. München: Deutscher Taschenbuch Verlag.
Duffield, C. (1993). The Delphi Technique: A Comparison of Results Obtaining Using Two Expert Panels. *International Journal of Nursing Studies, 30* (3), 227-237.
Eckardt, P. (2005). *Der Bologna Prozess. Entstehung, Strukturen und Ziele der europä-

ischen Hochschulreformpolitik. Norderstedt: Books on Demand.
Ehlert, H. & Welbers, U. (Hrsg.). (2004). *Qualitätssicherung und Studienreform.* Düsseldorf: Grupello.
ENQA (2005). *Standards and Guidelines for Quality Assurance in the European Higher Education Area.* Helsinki: ENQA.
Entwistle, A. & Entwistle, N. (1992). Experiences of understanding in revising for degree examinations. *Learning and Instruction, 2*, 1-22.
Entwistle, N. J. & Entwistle, A. (1991). Contrasting forms of understanding for degree examinations: the student experience and its implications. *Higher Education, 22*, 205-227.
Entwistle, N., Entwistle, A. & Tait, H. (1993). Academic understanding and contexts to enhance it: A perspective from research on student learning. In T. M. Duly, J. Lowyck & D. H. Jonassen, *Designing environments for constructive learning* (S. 331-357), NATO ASI Series. Series F: Computer and systems sciences, 105. Berlin: Springer.
Entwistle, N. J. & Ramsden, P. (1983). *Understanding Student Learning.* London: Croom-Helm.
Ericsson, K. A. (1985). Memory skill. *Canadian Journal of Psychology, 39*, 188-231.
Erklärung von Budapest und Wien zum Europäischen Hochschulraum (2010). *12. März 2010.* [WWW-Dokument, entnommen am 26. April 2010]. URL http://www.bmbf.de/pub/erklaerung_budapest_wien.pdf.
Erpenbeck, J. & Heyse, V. (1999). *Die Kompetenzbiographie.* Münster: Waxmann.
ESU (2009). *Bologna with Student Eyes 2009.* Leuven: ESU.
Europäische Kommission (2009a). *The EU contribution to the Bologna Process.* Luxemburg: Office for Official Publications of the European Communities.
Europäische Kommission (2009b). *The Bologna Process in Higher Education in Europe.* Luxemburg: Office for Official Publications of the European Communities.
Europäischer Rat (2000). *Lissabon, 23. und 24. März 2000. Schlussfolgerungen des Vorsitzes.* [WWW-Dokument, entnommen am 10. November 2010]. URL http://www.europarl.europa.eu/summits/lis1_de.htm.
Eurydice (2009). *Hochschulbildung in Europa 2009: Entwicklungen im Rahmen des Bologna-Prozesses.* Brüssel: Eurydice.
Faulstich, P. (1998). *Strategien der betrieblichen Weiterbildung: Kompetenz und Organisation.* München: Vahlen.
Flender, J. (2004). Optimierung ja – Weiterbildung nein? Zur Motivation von Lehrenden, ihre Lehre zu verbessern. *Das Hochschulwesen, 52* (1), 19-24.
Flender, J. (2005). Didaktik der Hochschulen verstehen. In T. Stelzer-Rothe (Hrsg.), *Kompetenzen in der Hochschullehre. Rüstzeug für gutes Lehren und Lernen an Hochschulen* (S. 170-205). Rinteln: Merkur.
Garavalia, L. & Gredler, M. (2004). Teaching Evaluation through Modeling: Using the Delphi Technique to Assess Problems in Academic Programs. *The American Journal of Evaluation, 25 (3),* 375-380.
Gerholz, K.-H. & Sloane, P. F. E. (2008). Der Bologna-Prozess aus curricularer und hoch-

schuldidaktischer Perspektive – Eine Kontrastierung von beruflicher Bildung und Hochschulbildung auf der Bachelor-Stufe. *bwp@, 14*, 1-24. [WWW-Dokument, entnommen am 11. November 2009]. URL http://www.bwpat.de/ausgabe14/gerholz_sloane_bwpat14.pdf.

Gerstenmaier, J. & Mandl, H. (1995). Wissenserwerb unter konstruktivistischer Perspektive. *Zeitschrift für Pädagogik, 41*, 867-888.

Gewald, K. (1972). Die Delphi-Methode als Instrument technischer Prognosen – praktische Erfahrungen. In H. Blohm & K. Steinbuch (Hrsg.), *Technische Prognosen in der Praxis. Methoden, Beispiele, Probleme* (S. 13-18). Düsseldorf: VDI.

Gibbs, G. & Coffey, M. (2002). The Impact of Training on University Teachers' Approaches to Teaching and the Way Their Students Learn. *Das Hochschulwesen, 50*, 50-54.

Gieseke, W. (2009). Professionalisierung in der Erwachsenenbildung/ Weiterbildung. In R. Tippelt & A. von Hippel (Hrsg.), *Handbuch Erwachsenenbildung/ Weiterbildung* (S. 385-403). Wiesbaden: VS Verlag.

Glasersfeld, E. von (1996). *Radikaler Konstruktivismus. Ideen, Ergebnisse, Probleme.* Frankfurt a. M.: Suhrkamp.

Goldman, J. A. (1978). Effects of a Faculty Development Workshop upon Self-Actualization. *Education, 98*, 254-248.

Golle, K. & Hellermann, K. (2003). Hochschuldidaktische Weiterbildung: Sprechstundengespräche □ Lehre effektivieren durch Beratungs- und Kommunikationskompetenzen. In U. Welbers (Hrsg*.), Hochschuldidaktische Aus- und Weiterbildung. Grundlagen – Handlungsformen – Kooperationen* (S. 263-277). Bielefeld: Bertelsmann.

González, J. & Wagenaar, R. (2003). *Der Beitrag der Hochschulen zum Bologna-Prozess. Eine Einführung.* Bilbao: Publicaciones de la Universidad de Deusto.

Gordon, T. J. & Helmer, O. (1964). *Report on a Long Range Forecasting Study.* RAND Cooperation Paper P-2982. Santa Monica: RAND.

Gow, L. & Kember, D. (1993). Conceptions of Teaching and Their Relationship to Student Learning. *British Journal of Educational Psychology, 63*, 20-33.

Gregersen, J. (2008). Hochschule@zukunft2030. Ergebnisse einer Delphi-Studie. In R. Popp & E. Schüll (Hrsg.), *Zukunftsforschung und Zukunftsgestaltung* (S. 467-482). Berlin: Springer.

Gruber, H. (1999). *Erfahrung als Grundlage kompetenten Handelns.* Bern: Hans Huber.

Gruber, H. (2004). *Kompetenzen von Lehrerinnen und Lehrern – Ein Blick auf die Expertiseforschung* (Forschungsbericht Nr. 13). Regensburg: Universität Regensburg, Lehrstuhl für Lehr-Lern-Forschung und Medienpädagogik.

Gruber, C. & Hansmeyer, J. (2008): Supervisoren als Schauspieler □ Professionsbildung durch Kompetenzdarstellungskompetenz. In K. Galdynski & S. Kühl (Hrsg.), *Black Box Beratung? Empirische Studien zu Coaching und Supervision*, S. 127-154. Wiesbaden: VS Verlag.

Gruber, H., Harteis, C., Hasanbegovic, J. & Lehner, F. (2007). *Über die Rolle epistemischer Überzeugungen für die Gestaltung von E-Learning □ eine empirische Studie bei Hochschul-Lehrenden* (Forschungsbericht Nr. 28). Regensburg: Universität

Regensburg, Lehrstuhl für Lehr-Lern-Forschung.

Gruber, H., Harteis, C. & Rehrl, M. (2006). Professional Learning: Erfahrung als Grundlage von Handlungskompetenz. *Bildung und Erziehung, 59*, 193-203.

Gruber, H., Harteis, C. & Rehrl, M. (2008). *Vocational and professional learning: Skill formation between formal and situated learning* (Forschungsbericht Nr. 34). Regensburg: Universität Regensburg, Lehrstuhl Prof. Hans Gruber.

Gruber, H. & Lehmann, A. C. (2007). *Entwicklung von Expertise und Hochleistung in Musik und Sport* (Forschungsbericht Nr. 26). Regensburg: Universität Regensburg, Lehrstuhl für Lehr-Lern-Forschung.

Gruber, H., Lehtinen, E., Palonen, T. & Degner, S. (2008). Persons in the shadow: Assessing the social context of high abilities (Forschungsbericht Nr. 29). Regensburg: Universität Regensburg, Lehrstuhl Prof. Hans Gruber.

Gruber, H., Mandl, H. & Renkl, A. (2000). Was lernen wir in Schule und Hochschule: Träges Wissen? In H. Mandl & J. Gerstenmaier (Hrsg.), *Die Kluft zwischen Wissen und Handeln. Empirische und theoretische Lösungsansätze* (S. 139-156). Göttingen: Hogrefe.

Gruber, H. & Rehrl, M. (2003). *Wege zum Können. Ansätze zur Erforschung und Förderung der Expertise von Sozialarbeitern im Umgang mit Fällen von Kindeswohlgefährdung.* München: Deutsches Jugendinstitut e.V.

Gruber, H. & Rehrl, M. (2005). *Praktikum statt Theorie? Eine Analyse relevanten Wissens zum Aufbau pädagogischer Handlungskompetenz* (Forschungsbericht Nr. 15). Universität Regensburg, Lehrstuhl für Lehr-Lern-Forschung.

Gruber, H. & Renkl, A. (2000). Die Kluft zwischen Wissen und Handeln: Das Problem des trägen Wissens. In G. H. Neuweg (Hrsg.), *Wissen - Können - Reflexion. Ausgewählte Verhältnisbestimmungen* (S. 155-174). Innsbruck: STUDIENVerlag.

Gruber, H. & Sand, R. (Hrsg.). (2007). *Geheimnisvolle Wissensformen* (Bibliothek „Studentische Arbeiten Educational Science", Nr. 1). Regensburg: Universität Regensburg, Institut für Pädagogik.

Gruber, H. & Stamouli, E. (2009). Intelligenz und Vorwissen. In E. Wild & J. Möller (Hrsg.), *Pädagogische Psychologie* (S. 27-47). Heidelberg: Springer.

Gruber, H. & Strasser, J. (2006). *Traces of many cases: The changing role of episodic experiences during acquisition of counselling expertise* (Research Report No. 19). Regensburg: Universität Regensburg, Lehrstuhl für Lehr-Lern-Forschung.

Habermas, J. (1971). Vorbereitende Bemerkungen zu einer Theorie der kommunikativen Kompetenz. In J. Habermas & N. Luhmann (Hrsg.), *Theorie der Gesellschaft oder Sozialtechnologie. Was leistet die Systemforschung?* (S. 101-141). Frankfurt a. M.: Suhrkamp.

Häder, M. (2002). *Delphi-Befragungen. Ein Arbeitsbuch.* Wiesbaden: Westdeutscher Verlag.

Häder, M. & Häder, S. (1994). Die Grundlagen der Delphi-Methode. Ein Literaturbericht. *ZUMA-Arbeitsbericht 94/02*. Mannheim: ZUMA.

Häder, M., Häder, S. & Ziegler, A. (1995). Punkt- vs. Verteilungsschätzungen: Ergebnisse eines Tests zur Validierung der Delphi-Methode. *ZUMA-Arbeitsbericht 95/05*.

Mannheim: ZUMA.

Häußler, P., Frey, K., Hoffmann, L., Rost, J. & Spada, H. (1980). *Physikalische Bildung: Eine curriculare Delphi-Studie.* Kiel: Institut für die Pädagogik der Naturwissenschaften an der Universität Kiel.

Harteis, C. (2002). *Kompetenzfördernde Arbeitsbedingungen. Zur Konvergenz ökonomischer und pädagogischer Prinzipien betrieblicher Personal- und Organisationsentwicklung.* Wiesbaden: DUV.

Harteis, C. & Gruber, H. (2006). *How important is intuition for teaching expertise in the field of adult education?* (Research Report No. 22). Regensburg: Universität Regensburg, Lehrstuhl für Lehr-Lern-Forschung.

Harteis, C. & Gruber, H. (2008). *Intuition and professional competence: Intuitive versus rational forecasting of the stock market* (Research Report No. 33). Regensburg: University of Regensburg, Dept. Prof. Hans Gruber.

Harteis, C., Heid, H., Bauer, J. & Festner, D. (2001). Kernkompetenzen und ihre Interpretation zwischen ökonomischen und pädagogischen Ansprüchen. *Zeitschrift für Berufs- und Wirtschaftspädagogik, 97,* 222-246.

Harteis, C., Hertramph, H. & Gruber, H. (2010). *How epistemic beliefs influence e-learning in daily work-life* (Research Report No. 45). Regensburg: University of Regensburg, Dept. Prof. Hans Gruber.

Harteis, C. & Prenzel, M. (1998). Welche Kompetenzen brauchen betriebliche Weiterbildner in Zukunft? *Zeitschrift für Pädagogik, 44,* 583-601.

Heil, S. & Faust-Siehl, G. (2000). *Universitäre Lehrerausbildung und pädagogische Professionalität im Spiegel von Lehrenden. Eine qualitative empirische Untersuchung.* Weinheim: Beltz.

Helmke, A. (2003). *Unterrichtsqualität: erfassen, bewerten, verbessern.* Seelze: Kallmeyersche Verlagsbuchhandlung.

Heiner, M. & Wildt, J. (2009). Professionalisierung von Lehrkompetenz an Universitäten – vom Schattendasein zur Referenz für Exzellenz? *Journal Hochschuldidaktik, 20* (1), 17-20.

Heinzl, A. & Srikanth, R. (1995). Entwicklung der betrieblichen Informationsverarbeitung. *Wirtschaftsinformatik, 37* (1), 10-17.

Henninger, M. & Balk, M. (2001). *Integrative Evaluation: Ein Ansatz zur Erhöhung der Akzeptanz von Lehrevaluation an Hochschulen* (Forschungsbericht Nr. 133). München: Ludwig-Maximilians-Universität, Lehrstuhl für Empirische Pädagogik und Pädagogische Psychologie.

Hödl, E. & Zegelin, W. (1999). *Hochschulreform und Hochschulmanagement. Eine kritische Bestandsaufnahme der aktuellen Diskussion.* Marburg: Metropolis.

Hopbach, A. (2010). Qualitätssicherung und Akkreditierung: Erwartungen an Bologna nach 2010. In K. Himpele, A. Keller & S. Staack (Hrsg.), *Endstation Bologna? Zehn Jahre europäischer Hochschulraum* (S. 161-165). Bielefeld: Bertelsmann.

Hörmann, C. & Henninger, M. (2007). Delphi-Studie zur Entwicklung eines bedarfsorientierten Studienangebots: Ein Beitrag zur Schnittstellengestaltung von Studium und Beruf. In T. Eckert (Hrsg.). *Übergänge im Bildungswesen* (S. 209-220). Müns-

ter: Waxmann.
HRG (1998). *Hochschulrahmengesetz des Bundes vom 26. Januar 1976, zuletzt geändert durch Artikel 1 des Gesetzes vom 20. August 1998.* Bonn: Bundesministerium für Bildung, Wissenschaft, Forschung und Technologie.
HRG (2002). *Fassung der Bekanntmachung vom 19. Januar 1999 (BGBl. I S. 18), zuletzt geändert durch Artikel 1 des Gesetzes vom 8. August 2002 (BGBl. I S. 3138).* [WWW-Dokument, entnommen am 11. November 2009]. URL http://www.bmbf.de/pub/hrg_20020815.pdf.
HRK (1996). *Attraktivität durch internationale Kompatibilität. Empfehlung des 179. Plenums vom 9. Juli 1996.* [WWW-Dokument, entnommen am 10. November 2010]. URL http://www.hrk.de/de/beschluesse/109_504.php?datum=179.+Plenum+am+9.+Juli+1996.
HRK (2008). *Für eine Reform der Lehre in den Hochschulen. 3. Mitgliederversammlung der HRK am 22.04.2008* [WWW-Dokument, entnommen am 10.12.2009]. URL http://www.hrk.de/de/download/dateien/Reform_in_der_Lehre_-_Beschluss_22-4-08.pdf.
HRK (2009). *Entschließung der 5. (a.o.) Mitgliederversammlung am 27.1.2009. Zum Bologna-Prozess nach 2010.* [WWW-Dokument, entnommen am 8. November 2010] URL http://www.hrk.de/de/download/dateien/Entschliessung_Bologna.pdf.
Hsu, C.-C. & Sandford, B. A. (2007). The Delphi Technique: Making Sense of Consensus. *Practical Assessment, Research & Evaluation, 12* (10), 1-8.
Huber, L. (1983). Hochschuldidaktik als Theorie der Bildung und Ausbildung. In L. Huber (Hrsg.), *Ausbildung und Sozialisation an der Hochschule* (S. 114-138). Stuttgart: Klett-Cotta.
Huber, L. (2008). „Kompetenzen" prüfen? In S. Dany, B. Szczyrba & J. Wildt (Hrsg.), *Prüfungen auf die Agenda! Hochschuldidaktische Perspektiven auf Reformen im Prüfungswesen* (S. 12-26). Bielefeld: Bertelsmann.
Huber, L. (2009). `Lernkultur` – Wieso ´Kultur´? Eine Glosse. In R. Schneider, B. Szczyrba, U. Welbers & J. Wildt (Hrsg.), *Wandel der Lehr- und Lernkulturen* (S. 14-20). Bielefeld: Bertelsmann.
Huisman, J., Boezerooy, P., Dima, A.-M., Hoppe-Jeliazkova, M., Luijten-Lub, A., de Weert, E. & van der Wende, M. C. (2005). A Brief Report on the Delphi Study 'European Higher Education and Research in 2020'. In J. Enders, J. File, J.J. Huisman & D. Westerheijden (Hrsg.), *The European Higher Education and Research Landscape 2020. Scenarios and Strategic Debates* (S. 25-60). Enschede: CHEPS.
Isaac, S. & Michael, W. (1995). *Handbook in Research and Evaluation.* San Diego: Educational and Industrial Testing Services.
Jäger, R. & Jäger-Flor, D. (2004). *Aufbau, Durchführung und Ergebnisse der Delphi-Studie zu den Rahmenbedingungen für Lebenslanges Lernen.* Landau: Zentrum für empirische pädagogische Forschung.
Jaksztat, S. & Briedis, K. (2009). *Studienstrukturreform und berufliche Situation aus Sicht des wissenschaftlichen Nachwuchses. Ergebnisse der ersten WiNbus-Befragung.* Hannover: HIS.

Jonassen, D., Mayes, T. & McAleese, R. (1993). A manifesto for a constructivist approach to uses of technology in higher education. In T. M. Duly, J. Lowyck & D. H. Jonassen, *Designing environments for constructive learning* (S. 231-247). Berlin: Springer.

Kaletka, C. (2003). *Die Zukunft politischer Internetforen: Eine Delphi-Studie*. Münster: LIT.

Kamphans, M. & Selent, P. (2008). *Fachkultur macht Unterschiede?! – Gender und Diversity in der ingenieurwissenschaftlichen Lehre*. Vortrag im Rahmen der Tagung „Gender als Indikator für gute Lehre" an der Universität Duisburg-Essen, 24.10.2008.

Kauffeld, S. (2006). *Kompetenzen messen, bewerten, entwickeln*. Stuttgart: Schäffer-Poeschel.

Kaufhold, M. (2006). *Kompetenz und Kompetenzerfassung. Analyse und Verfahren der Beurteilung von Verfahren der Kompetenzerfassung*. Wiesbaden: VS Verlag.

Klieme, E. & Leutner, D. (2006). Kompetenzmodelle zur Erfassung individueller Lernergebnisse und zur Bilanzierung von Bildungsprozessen. Beschreibung eines neu eingerichteten Schwerpunktprogramms der DFG. *Zeitschrift für Pädagogik, 52*, 876-903.

Klieme, E. & Hartig, J. (2007). Kompetenzkonzepte in den Sozialwissenschaften und im erziehungswissenschaftlichen Diskurs. *Zeitschrift für Erziehungswissenschaft, 10, Sonderheft 8*, 11-29.

Klieme, E. & Hartig, J. (2008). Kompetenzkonzepte in den Sozialwissenschaften und im erziehungswissenschaftlichen Diskurs. In M. Prenzel, I. Gogolin & H.-H. Krüger (Hrsg.), *Kompetenzdiagnostik* (S. 11-29). Wiesbaden: VS Verlag.

Klieme, E., Maag-Merki, K. & Hartig, J. (2007). Kompetenzbegriff und Bedeutung von Kompetenzen im Bildungswesen. In J. Hartig & E. Klieme (Hrsg.), *Möglichkeiten und Voraussetzungen technologiebasierter Kompetenzdiagnostik. Eine Expertise im Auftrag des Bundesministeriums für Bildung und Forschung* (S. 5-15). Bonn: BMBF.

KMK (2000). Rahmenvorgaben für die Einführung von Leistungspunktsystemen und die Modularisierung von Studiengängen. Beschluss der Kultusministerkonferenz vom 15.09.2000. Wiederabgedruckt in HRK (2004) (Hrsg.), *Bologna-Reader. Texte und Hilfestellungen zur Umsetzung der Ziele des Bologna-Prozesses an deutschen Hochschulen* (S. 89-94). Bonn: HRK.

KMK (2003a). 10 Thesen zur Bachelor- und Masterstruktur in Deutschland. Beschluss der Kultusministerkonferenz vom 12.06.2003. Wiederabgedruckt in HRK (2004) (Hrsg.), *Bologna-Reader. Texte und Hilfestellungen zur Umsetzung der Ziele des Bologna-Prozesses an deutschen Hochschulen* (S. 31-33). Bonn: HRK.

KMK (2003b). Ländergemeinsame Strukturvorgaben gemäß § 9 Abs.2 HRG für die Akkreditierung von Bachelor- und Masterstudiengängen. Beschluss der Kultusministerkonferenz vom 10.10.2003 i.d.F. vom 22.09.2005. Wiederabgedruckt in HRK (2004) (Hrsg.), *Bologna-Reader. Texte und Hilfestellungen zur Umsetzung der Ziele des Bologna-Prozesses an deutschen Hochschulen* (S. 21-30). Bonn: HRK.

KMK (2005). *Qualitätssicherung in der Lehre. Beschluss der Kultusministerkonferenz vom 22.09.2005.* [WWW-Dokument, abgerufen am 10. Dezember 2009]. URL http://www.kmk.org/fileadmin/veroeffentlichungen_beschluesse/2005/2005_09_22-Qualitaetssicherung-Lehre.pdf.

KMK (2007). *Handreichung für die Erarbeitung von Rahmenlehrplänen der Kultusministerkonferenz für den berufsbezogenen Unterricht in der Berufsschule und ihre Abstimmung mit Ausbildungsordnungen des Bundes für anerkannte Ausbildungsberufe.* [WWW-Dokument, entnommen am 21. Oktober 2010]. URL http://www.kmk.org/fileadmin/veroeffentlichungen_beschluesse/2007/2007_09_01-Handreich-Rlpl-Berufsschule.pdf.

Köhler, G. (1992). Methodik und Problematik einer mehrstufigen Expertenbefragung. In J.H.P. Hoffmeyer-Zlotnik (Hrsg.), *Analyse verbaler Daten. Über den Umgang mit qualitativen Daten* (S. 318-332). Opladen: Westdeutscher Verlag.

Kuwan, H. & Waschbüsch, E. (1998). *Delphi-Befragung 1996/1998. „Potentiale und Dimensionen der Wissensgesellschaft - Auswirkungen auf Bildungsprozesse und Bildungsstrukturen". Abschlussbericht zum „Bildungs-Delphi".* München: Infratest Burke Sozialforschung.

Lamnek, S. (1980). Die Delphi-Methode als Lösung des Wertbeziehungsproblems in Forschungsplanung und -förderung. *Interview und Analyse, 7* (12), 535-539.

Landeta, J. (2006). Current Validity of the Delphi Method in Social Sciences. *Technological Forecasting and Social Change, 73*, 467-482.

Lang, T. (1995). An Overview of Four Futures Methodologies. *The Manoa Journal, 7*, 1-28.

Lave, J. & Wenger, E. (1991). *Situated learning. Legitimate peripheral participation.* Cambridge: Cambridge University Press.

Law, L.-C. & Wong, K.-M. P. (1996). Expertise und Instructional Design. In H. Gruber & A. Ziegler (Hrsg.), *Expertiseforschung. Theoretische und methodische Grundlagen* (S. 115-147). Opladen: Westdeutscher Verlag.

Leinhardt, G. (1993). *On Teaching. Advances in Instructional Psychology.* Hillsdale: Erlbaum.

Leirman, W. (1996). Euro-Delphi: A Comparative Study on the Future of Adult Education on 14 Countries between 1993 and 1995. *International Journal of Lifelong Education, 15* (2), 125-138.

Leuvener Kommuniqué (2009). *Bologna-Prozess 2020. Der Europäische Hochschulraum im kommenden Jahrzehnt. Kommuniqué der Konferenz der für die Hochschulen zuständigen europäischen Ministerinnen und Minister, Leuven/Louvain-La-Neuve, 28. und 29. April 2009.* [WWW-Dokument, entnommen am 14. November 2009]. URL http://www.bmbf.de/pub/leuvener_communique.pdf.

Lewin, D. & Pasternack, P. (2006). Künftige Trends in der Hochschulbildung. In P. Pasternack, R. Bloch, C. Gellert, M. Hölscher, R. Kreckel, D. Lewin, I. Lischka & A. Schildberg (Hrsg.), *Die Trends der Hochschulbildung und ihre Konsequenzen. Wissenschaftlicher Bericht für das Bundesministerium für Bildung, Wissenschaft und Kultur der Republik Österreich* (S. 101-133). Wittenberg: Institut für Hochschulforschung.

Linstone, H. A. & Turoff, M. (1975). *The Delphi Method: Techniques and Applications.* Massachusetts: Addison Wesley.

Lischka, I., Pasternack, P. & Schildberg, A. (2006). Veränderungen mittel- und längerfristiger Rahmenbedingungen von Hochschulbildung. In P. Pasternack, R. Bloch, C. Gellert, M. Hölscher, R. Kreckel, D. Lewin, I. Lischka & A. Schildberg (Hrsg.), *Die Trends der Hochschulbildung und ihre Konsequenzen. Wissenschaftlicher Bericht für das Bundesministerium für Bildung, Wissenschaft und Kultur der Republik Österreich* (S. 11-46). Wittenberg: Institut für Hochschulforschung.

Lissabon-Abkommen (1997). Übereinkommen über die Anerkennung von Qualifikationen im Hochschulbereich in der europäischen Region. Wiederabgedruckt in HRK (2004), *Bologna-Reader. Texte und Hilfestellungen zur Umsetzung der Ziele des Bologna-Prozesses an deutschen Hochschulen* (S. 246-271). Bonn: HRK.

Lompscher, J. & Mandl, H. (1996). *Lehr- und Lernprobleme im Studium: Bedingungen und Veränderungsmöglichkeiten.* Bern: Huber.

Londoner Kommuniqué (2007). *Auf dem Weg zum europäischen Hochschulraum: Antworten auf die Herausforderungen der Globalisierung.* [WWW-Dokument, entnommen am 14. November 2009]. URL http://www.bmbf.de/pub/Londoner_Kommunique_Bologna_d.pdf.

Mandl, H., Gruber, H. & Renkl, A. (1996). Communities of practice toward expertise: Social foundation of university instruction. In P. B. Baltes & U. Staudinger (Hrsg.), *Interactive minds. Life-span perspectives on the social foundation of cognition* (S. 394-411). Cambridge: Cambridge University Press.

Marton, F. & Säljö, R. (1984). Approaches to Learning. In F. Marton, D. Hounsell & N. J. Entwistle (Hrsg.), *The Experience of Learning* (S. 39-58). Edinburgh: Scottish Academic Press.

Mayring, P. (2003). *Qualitative Inhaltsanalyse. Grundlagen und Techniken.* Weinheim: Beltz.

Mead, G. H. (1968). *Geist, Identität und Gesellschaft aus der Sicht des Sozialbehaviorismus.* Frankfurt a.M.: Suhrkamp.

Merkator, N. & Teichler, U. (2010). *Strukturwandel des tertiären Bildungssystems.* Hans-Böckler-Stiftung, Arbeitspapier 205. [WWW-Dokument, entnommen am 15. November 2010]. URL http://www.boeckler.de/pdf/p_arbp_205.pdf.

Milkovich, G. T., Annoni, A. J. & Mahoney, T. A. (1972). The Use of Delphi Procedures in Manpower Forecasting. *Management Science, 19* (4), 381 - 388.

Müller, A. & Schmidt, B. (2009). Prüfungen als Lernchance: Sinn, Ziele und Formen von Hochschulprüfungen. *Zeitschrift für Hochschulentwicklung, 4* (1), 23-45.

Mulder, R. H., Messmann, G. & Gruber, H. (2009). Professionelle Entwicklung von Lehrenden als Verbindung von Professionalität und professionellem Handeln. In O. Zlatkin-Troitschanskaia, K. Beck, D. Sembill, R. Nickolaus & R. H. Mulder (Hrsg.), *Lehrprofessionalität. Bedingungen, Genese, Wirkungen und ihre Messung* (S. 401-409). Beltz: Weinheim.

Mürmann, M. (2005). Ohne ‚P.A.D.' keinen ‚Shift... '! Academic Development als Voraussetzung für eine veränderte Hochschullehre. In U. Welbers & O. Gaus (Hrsg.),

The Shift from Teaching to Learning. Konstruktionsbedingungen eines Ideals (S. 246-250). Bielefeld: Bertelsmann.

Okoli, C. & Pawlowski, S. D. (2004). The Delphi Method as a Research Tool: an Example, Design Considerations and Applications. *Information and Management, 42*, 15-29.

Ortwein, H., Fröhmel, A. & Burger, W. (2006). Einsatz von Simulationspatienten als Lehr-, Lern- und Prüfungsform. *Psychotherapie Psychosomatik Medizinische Psychologie, 56*, 23-9.

Parenté, F. J. & Anderson-Parenté, J. K. (1987). Delphi Inquiry System. In G. Wright & P. Ayton (Hrsg.), *Judgmental Forecasting* (S. 129-157). New York: John Wiley & Sons.

Parpala, A. (2010). *Exploring the experiences and conceptions of good teaching in higher education*. University of Helsinki, Institute of Behavioral Sciences, Studies in Educational Sciences 230. Helsinki: University Press.

Pellert, A. (2007). Hochschuldidaktik: Personalentwicklung im Dienste der Lehre. In M. Merkt & K. Mayrberger (Hrsg.), *Die Qualität akademischer Lehre. Zur Interdependenz von Hochschuldidaktik und Hochschulentwicklung* (S. 47-56). Innsbruck: Studienverlag.

Pletl, R. & Schindler, G. (2007). Umsetzung des Bologna-Prozesses : Modularisierung, Kompetenzvermittlung, Employability. *Das Hochschulwesen, 55*, 34-38.

Pötschke, M. (2004). Akzeptanz hochschuldidaktischer Weiterbildung. Ergebnisse einer empirischen Studie an der Universität Bremen. *Das Hochschulwesen, 52* (2), 94-99.

Postareff, L., Lindblom-Ylänne, S. & Nevgi, A. (2007). The Effect of Pedagogical Training on Teaching in Higher Education. *Teaching and Teacher Education, 23*, 557–571.

Prager Kommuniqué (2001). Auf dem Wege zum europäischen Hochschulraum. Kommuniqué des Treffens der europäischen Hochschulministerinnen und Hochschulminister am 19. Mai 2001 in Prag. Wiederabgedruckt in HRK (2004). (Hrsg.), *Bologna-Reader. Texte und Hilfestellungen zur Umsetzung der Ziele des Bologna-Prozesses an deutschen Hochschulen* (S. 283-290). Bonn: HRK.

Ramsden, P. (2003). *Learning to Teach in Higher Education*. London: RoutledgeFalmer.

Rauner, F. (2002). Berufliche Kompetenzentwicklung - vom Novizen zum Experten. In P. Dehnbostel, U. Elsholz, J. Meister & J. Meyer-Menk (Hrsg.), *Vernetzte Kompetenzentwicklung* (S. 111-132). Berlin: Ed. Sigma.

Reetz, L. (1999). Zum Zusammenhang von Schlüsselqualifikationen – Kompetenzen – Bildung. In T. Tramm, D. Sembill, F. Klauser & E.G. John (Hrsg.), *Professionalisierung kaufmännischer Berufsbildung. Beiträge zur Öffnung der Wirtschaftspädagogik für die Anforderungen des 21. Jahrhunderts. Festschrift zum 60. Geburtstag von Frank Achtenhagen* (S. 32-51). Frankfurt a. M.: Peter Lang.

Rehburg, M. & Teichler, U. (2003). Hintergrundinformation: Kleine Chronologie des Bologna-Prozesses. In E. Mayer, H.-D. Daniel & U. Teichler (Hrsg.), *Die neue Verantwortung der Hochschulen* (S. 186-187). Bonn: Lemmens.

Reiber, K. (2006). *Wissen – Können – Handeln: Ein Kompetenzmodell für lernorientiertes Lehren. Tübinger Beiträge zur Hochschuldidaktik. Band 2/1.* [WWW-Dokument, entnommen am 22. März 2010]. URL http://w210.ub.uni-tuebingen.de/dbt/volltexte/2006/2296/pdf/TBHD_2-1_%282006%29_Reiber.pdf.

Reibnitz, Ute v. (1991). *Szenario-Technik. Instrumente für die unternehmerische und persönliche Erfolgsplanung.* Gabler: Wiesbaden.

Reich, K. (2005). *Systemisch-konstruktivistische Pädagogik.* Weinheim: Beltz.

Reichert, A. (2007). *Trainerkompetenzen in der Wissensgesellschaft: Eine empirische Untersuchung zur Professionalisierung von Trainern im quartären Bildungssektor.* Frankfurt a.M.: Peter Lang.

Reichmann, G. (2008). Welche Kompetenzen sollten gute Universitätslehrer aus der Sicht von Studierenden aufweisen? Ergebnisse einer Conjointanalyse. *Das Hochschulwesen, 56* (2), 52-57.

Reinmann-Rothmeier, G. & Mandl, H. (2001). Unterrichten und Lernumgebungen gestalten. In A. Krapp & B. Weidenmann (Hrsg.), *Pädagogische Psychologie* (S. 601-646). Weinheim: Beltz.

Reis, O. & Ruschin, S. (2008). Kompetenzorientiert prüfen □ Baustein eines gelungenen Paradigmenwechsels. In S. Dany, B. Szczyrba & J. Wildt (Hrsg.), *Prüfungen auf die Agenda! Hochschuldidaktische Perspektiven auf Reformen im Prüfungswesen* (S. 45-57). Bielefeld: Bertelsmann.

Renkl, A. (1996). Träges Wissen: Wenn Erlerntes nicht genutzt wird. *Psychologische Rundschau, 47,* 78-92.

Renkl, A. & Nückles, M. (2006). Träge Kompetenzen? □ Gründe für die Kontextgebundenheit von beruflichen Handlungskompetenzen. *Bildung und Erziehung, 59,* 179-191.

Resnick, L. B. (1991). Shared Cognition: Thinking as Social Practice. In L. B. Resnick, J. M. Levine & S. D. Teasley (Hrsg.), *Perspectives on Socially Shared Cognition* (S. 1-20). Washington, D.C.: American Psychological Association.

Retzmann, T. (1996). Die Szenario-Technik - Eine Methode für ganzheitliches Lernen im Lernfeld Arbeitslehre. *awt-info, 15* (2), 13-19.

Rieger, W. G. (1986). Directions in Delphi Developments: Dissertations and Their Quality. *Technological Forecasting and Social Change, 29,* 195-204.

Roth, H. (1971). *Pädagogische Anthropologie. Band II. Entwicklung und Erziehung. Grundlagen einer Entwicklungspädagogik.* Hannover: Schroedel.

Rowe, G. & Wright, G. (1999). The Delphi Technique as a Forecasting Tool: Issues and Analysis. *International Journal of Forecasting, 15,* 353-375.

Rudinger, G., Krahn, B. & Rietz, C. (Hrsg.). (2008). *Evaluation und Qualitätssicherung von Forschung und Lehre im Bologna-Prozess.* Göttingen: V&R unipress.

Schaeper, H. & Briedis, K. (2004). *Kompetenzen von Hochschulabsolventinnen und Hochschulabsolventen, berufliche Anforderungen und Folgerungen für die Hochschulreform.* Hannover: HIS.

Schmidt, B. (2007). 100 Stunden pro Jahr – Kompetenzentwicklung am „Arbeitsplatz Hochschule" aus der Sicht junger wissenschaftlicher Mitarbeiter/innen. *Zeitschrift*

für Hochschulentwicklung, 2 (3), 21-40.
Schmidt, B. & Tippelt, R. (2005). Besser Lehren – Neues von der Hochschuldidaktik? *Zeitschrift für Pädagogik, 50. Beiheft*, 103-114.
Schneider, R., Szczyrba, B., Welbers, U. & Wildt, J. (Hrsg.). (2009). *Wandel der Lehr- und Lernkulturen.* Bielefeld: Bertelsmann.
Schöllhammer, H. (1970). Die Delphi-Methode als betriebliches Prognose- und Planungsverfahren. *Zeitschrift für betriebswirtschaftliche Forschung, 22* (2), 128-137.
Schüll, E. (2006). *Zur Wissenschaftlichkeit von Zukunftsforschung.* Tönning: Der Andere Verlag.
Schulmeister, R. (2005). Der Studiengang „Master of Higher Education". Ein Curriculum in Hochschuldidaktik für den Hochschullehrernachwuchs. In S. Brendel, K. Kaiser & G. Macke (Hrsg.), *Strategien und Konzepte hochschuldidaktischer Qualifizierung im internationalen Vergleich* (S. 123-134). Bielefeld: Bertelsmann.
Schumacher, E.-M. (2003). Der Lehrende als Coach. Schlüsselqualifikationen für eine neue Lernkultur. In U. Welbers (Hrsg.), *Hochschuldidaktische Aus- und Weiterbildung. Grundlagen – Handlungsformen – Kooperationen* (S. 221-227). Bielefeld: Bertelsmann.
Schwarz-Hahn, S. & Rehburg, M. (2004). *Bachelor und Master in Deutschland. Empirische Befunde zur Studienstrukturreform.* Münster: Waxmann.
Sheppard, C. & Gilbert, J. (1991). Course Design, Teaching Method and Student Epistemology. *Higher Education, 22*, 229-249.
Sorbonne-Erklärung (1998). Sorbonne Joint Declaration. Gemeinsame Erklärung zur Harmonisierung der Architektur der europäischen Hochschulbildung. Wiederabgedruckt in HRK (2004) (Hrsg.), *Bologna-Reader. Texte und Hilfestellungen zur Umsetzung der Ziele des Bologna-Prozesses an deutschen Hochschulen* (S. 273-276). Bonn: HRK.
Spencer-Cooke, B. (1989). Conditions of Participation in Rural, Non-formal Education Programmes: A Delphi Study. *Educational Media International, 26* (2), 115-124.
Spiro, R. J., Coulson, R. L., Feltovich, P. J. & Anderson, D. (1988). *Cognitive flexibility theory: Advanced knowledge acquisition in ill-structured domains. Tenth Annual Conference of the Cognitive Science Society.* Hillsdale, NJ: Erlbaum.
Stahr, I. (2009). Academic Staff Development: Entwicklung von Lehrkompetenz. In R. Schneider, B. Szczyrba, U. Welbers & J. Wildt (Hrsg.), *Wandel der Lehr- und Lernkulturen* (S. 70-87). Bielefeld: Bertelsmann.
Stelzer-Rothe, T. (2008). Befunde der Lernforschung als Grundlage des Hochschullehrens und - lernens. In T. Stelzer-Rothe (Hrsg.), *Kompetenzen in der Hochschullehre. Rüstzeug für gutes Lehren und Lernen an Hochschulen* (S. 32-58). Rinteln: Merkur.
Stenström, M.-L. & Tynjälä. P. (Hrsg.). (2009). *Towards Integration of Work and Learning. Strategies for Connectivity and Transformation.* Springer.
Straka, G. A. & Macke, G. (2008). Handlungskompetenz – und wo bleibt die Sachstruktur? *Zeitschrift für Berufs- und Wirtschaftspädagogik, 104* (4), 590-600.
Strasser, J. (2006). *Erfahrung und Wissen in der Beratung – theoretische und empirische Analysen zur Entstehung und Entwicklung professionellen Wissens in der Erzie-*

hungsberatung. Göttingen: Cuvillier.

Strasser, J. & Gruber, H. (2008). *Kompetenz von Beratungslehrern im Vergleich* (Forschungsbericht Nr. 27). Regensburg: Universität Regensburg, Lehrstuhl für Lehr-Lern-Forschung.

Sweigert, R. L. & Schabacker, W. H. (1974). *The Delphi Technique: How Well Does It Work in Setting Educational Goals. Paper presented at the Annual Meeting of the American Educational Research Association, Chicago, IL, April, 1974.* [WWW-Dokument, entnommen am 03. Mai 2010]. URL http://www.eric.ed.gov/PDFS/ED091415.pdf.

Szczyrba, B. (2006). „The Shift from Teaching to Learning" – Psychodramatische Perspektiven auf die Hochschullehre. *Zeitschrift für Psychodrama und Soziometrie, 5* (1), 47-58.

Szczyrba, B. & Wildt, J. (2009). Hochschuldidaktik im Qualitätsdiskurs. In R. Schneider, B. Szczyrba, U. Welbers & J. Wildt (Hrsg.), *Wandel der Lehr- und Lernkulturen* (S. 190-205). Bielefeld: Bertelsmann.

Teichler, U. (2003). *Hochschule und Arbeitswelt. Konzeptionen, Diskussionen, Trends.* Frankfurt a.M.: Campus.

Teichler, U. (2005). Berufliche Relevanz und Bologna-Prozess. In U. Welbers & O. Gaus (Hrsg.), *The Shift from Teaching to Learning. Konstruktionsbedingungen eines Ideals* (S. 314-320). Bielefeld: Bertelsmann.

Terhart, E. (2005). Die Lehre in den Zeiten der Modularisierung. *Zeitschrift für Pädagogik, 51, 50. Beiheft*, 87-102.

Tiemann, M., Schade, H.-J., Helmrich, R., Hall, A., Braun, U. & Bott, P. (2008). *Berufsfeld-Defintionen des BIBB. 2. Fassung.* Bonn: Bundesinstitut für Berufsbildung. [WWW-Dokument, entnommen am 20. Oktober 2010]. URL http://www.bibb.de/dokumente/pdf/a22_BIBB-Berufsfelder_010508.pdf.

Tigelaar, D. E. H., Dolmans, D. H. J. M., Wolfhagen, I. H. A. P. & van der Vleuten C. P. M. (2004). The Development and Validation of a Framework for Teaching Competencies in Higher Education. *Higher education, 48*, 253-268.

Tippelt, R. (2007). Vom projektorientierten zum problembasierten und situierten Lernen – Neues von der Hochschuldidaktik? In K. Reiber & R. Richter (Hrsg.), *Entwicklungslinien der Hochschuldidaktik. Ein Blick zurück nach vorn: Beiträge zur Tübinger Tagung vom 29.11. bis 01.12.2006* (S. 137-155). Berlin: Logos.

Tremp, P. (2009). Hochschuldidaktische Forschungen – Orientierende Referenzpunkte für didaktische Professionalität und Studienreform. In R. Schneider, B. Szczyrba, U. Welbers & J. Wildt (Hrsg.), *Wandel der Lehr- und Lernkulturen* (S. 206-219). Bielefeld: Bertelsmann.

Trigwell, K. & Prosser, M. (1997). Relations between Perceptions of the Teaching Environment and Approaches to Teaching. *British Journal of Educational Psychology, 67*, 25-35.

Trigwell, K., Prosser, M. & Waterhouse, F. (1999). Relations between Teachers' Approaches to Teaching and Students' Approaches to Learning. *Higher Education, 37*, 57-70.

Tynjälä, P. (1999). Towards expert knowledge? A comparison between a constructivist and a traditional learning environment in the university. *International Journal of Educational Research, 31,* 357-442.

Tynjälä, P., Välimaa, J. & Boulton-Lewis, G. (Hrsg.). (2006). *Higher education and working life. Collaborations, confrontations and challenges.* Oxford: Pergamon.

Ven, M. van de, Koltcheva, N., Raaheim, A. & Borg, C. (2008). *Educator Development: Initial Entry Training Policy and Characteristics.* Southampton: University of Southampton.

Vogel, H .P. & Verhallen, T. M. M. (1983). Qualitative Forschungsmethoden. *Interview und Analyse, 10,* 224-227.

Walter, T. (2006). *Der Bologna-Prozess. Ein Wendepunkt europäischer Hochschulpolitik?* Dissertation. Wiesbaden: VS Verlag.

Webler, W.-D. (1993). Professionalität an Hochschulen. Zur Qualifizierung des wissenschaftlichen Nachwuchses für seine künftigen Aufgaben in Lehre, Prüfung, Forschungsmanagement und Selbstverwaltung. *Das Hochschulwesen, 41* (3), 119-144.

Webler, W.-D. (2000). Weiterbildung der Hochschullehrer als Mittel der Qualitätssicherung. *Zeitschrift für Pädagogik, 41. Beiheft,* 225-246.

Webler, W.-D. (2003). Lehrkompetenz – über eine komplexe Kombination aus Wissen, Ethik, Handlungsfähigkeit und Praxisentwicklung. In U. Welbers (Hrsg.), *Hochschuldidaktische Aus- und Weiterbildung. Grundlagen – Handlungsformen – Kooperationen* (S. 53-82). Bielefeld: Bertelsmann.

Webler, W.-D. (2004). Professionelle Ausbildung zum Hochschullehrer. Modularisierter Auf- und Ausbau von Forschungs- und Lehrkompetenz sowie des Wissenschaftsmanagements in einem Curriculum. *Das Hochschulwesen, 52* (2), 66-74.

Wechsler, W. (1978). *Delphi-Methode: Gestaltung und Potential für betriebliche Prognoseprozesse.* München: Florentz.

Weinbrenner, P. (1994). Die Wiedergewinnung der Zukunft als universale Bildungsaufgabe - Zukunftswerkstatt und Szenariotechnik im Methodenvergleich. In A. Fischer & G. Hartmann, (Hrsg.), *Ökologisches Lernen - Projekte stellen sich vor. Hattinger Materialien zur beruflichen Umweltbildung 11.* (S. 75-114). Hattingen: Akademie für Jugend und Beruf.

Weinert, F. E. (1999). *Concepts of Competence.* Paris: OECD.

Weinert, F. E. (2001). Concept of Competence: A Conceptual Clarification. In D. S. Rychen & L. H. Salganik (Hrsg.), *Defining and Selecting Key Competencies* (S. 45-65). Seattle: Hogrefe & Huber.

Welbers, U. (2007). Modularisierung und Outcome-Orientierung. In HRK (Hrsg.), *Bologna-Reader II. Neue Texte und Hilfestellungen zur Umsetzung der Ziele des Bologna-Prozesses an deutschen Hochschulen* (S. 165-176). Bonn: HRK.

Welbers, U. & Gaus, O. (2005). *The shift from teaching to learning: Konstruktionsbedingungen eines Ideals.* Bielefeld: Bertelsmann.

Wex, P. (2005). *Bachelor und Master. Die Grundlagen des neuen Studiensystems in Deutschland. Ein Handbuch.* Berlin: Duncker & Humblot.

White, R. H. (1959). Motivation Reconsidered: the Concept of Competence. *Psychological Review, 66*, 297-333.

Wildt, J. (2004a). „The Shift from Teaching to Learning" – Thesen zum Wandel der Lernkultur in modularisierten Studienstrukturen. In H. Ehlert & U. Welbers (Hrsg.), *Qualitätssicherung und Studienreform. Strategie- und Programmentwicklung für Fachbereiche und Hochschulen im Rahmen von Zielvereinbarungen am Beispiel der Heinrich-Heine-Universität Düsseldorf* (S. 168-178). Düsseldorf: Grupello.

Wildt, J. (2004b). Welche Schlüsselkompetenzen braucht ein Hochschullehrer? – Einige Anmerkungen aus hochschuldidaktischer Sicht. In Stifterverband für die Deutsche Wissenschaft (Hrsg.), *Schlüsselkompetenzen und Beschäftigungsfähigkeit. Konzepte für die Vermittlung überfachlicher Qualifikationen an Hochschulen* (S. 22-24). Essen: Stifterverband für die Deutsche Wissenschaft e.V.

Wildt, J. (2005). Trends und Entwicklungsoptionen der Hochschuldidaktik in Deutschland. In S. Brendel, K. Kaiser & G. Macke (Hrsg.), *Hochschuldidaktische Qualifizierung. Strategien und Konzepte im internationalen Vergleich* (S. 87-104). Bielefeld: Bertelsmann.

Wildt, J. (2007a). Anschlussfähigkeit und professionelle Identität der Hochschuldidaktik – ein Blick zurück nach vorn auf den Weg vom Lehren und Lernen in der Hochschulbildung (Thesen). In K. Reiber & R. Richter (Hrsg.), *Entwicklungslinien der Hochschuldidaktik. Ein Blick zurück nach vorn: Beiträge zur Tübinger Tagung vom 29.11. bis 01.12.2006* (S. 187-201). Berlin: Logos.

Wildt, J. (2007b). Praxisbezug revisited – Zur hochschuldidaktischen Rekonstruktion von Theorie-Praxis-Verhältnissen in Studium und Lehre. In K. Reiber & R. Richter (Hrsg.), *Entwicklungslinien der Hochschuldidaktik. Ein Blick zurück nach vorn: Beiträge zur Tübinger Tagung vom 29.11. bis 01.12.2006* (S. 59-71). Berlin: Logos.

Wildt, J. (2010). *Kompetenzorientiertes Prüfen*. Präsentation, Berlin, 23.03.2010 [WWW-Dokument, entnommen am 17. Mai 2010]. URL http://www.evfh-berlin.de/evfh-berlin/html/download/allg/evaluation/Kompetenzorientiertes_Pruefen.pdf].

Wildt, J. & Dany, S. (2006). Academic Staff Development – Eine Perspektive für die Entwicklung der Hochschuldidaktik? *Zeitschrift für Hochschulentwicklung, 1*, 1-7.

Wildt, J. & Gaus, O. (2001). Überlegungen zu einem gestuften System hochschuldidaktischer Weiterbildungsstudien. In U. Welbers (Hrsg.), *Studienreform mit Bachelor und Master. Gestufte Studiengänge im Blick des Lehrens und Lernens an Hochschulen* (S. 159-195). Neuwied: Luchterhand.

Winteler, A. (2002). Lehrqualität = Lernqualität? (Teil 2). Über Konzepte des Lehrens und die Qualität des Lernens. *Das Hochschulwesen, 3*, 82-89.

Wissenschaftsrat (1966). *Empfehlungen zur Neuordnung des Studiums an den wissenschaftlichen Hochschulen*. Bonn: Wissenschaftsrat.

Wissenschaftsrat (1993). 10 Thesen zur Hochschulpolitik. In *Stellungnahmen und Empfehlungen des Wissenschaftsrates 1993* (S. 7-46). Köln: Wissenschaftsrat.

Witte, J. (2006). Die deutsche Umsetzung des Bologna-Prozesses. *Aus Politik und Zeitgeschichte, 48*, 21-27.

Witte, J., Schreiterer, U., Hüning, L., Otto, E. & Müller-Böling, D. (2003). *Die Umstel-

lung auf Bachelor- und Masterstudiengänge als Herausforderung für die deutschen Hochschulen: Handlungsfelder und Aufgaben – CHE-Positionspapier II. [WWW-Dokument, entnommen am 18. November 2009]. URL http://www.che.de/downloads/Positionspapier2BMS.pdf.

Worthen, B. R. & Sanders, J. R. (1987). *Educational Evaluation: Alternative Approaches and Practical Guidelines.* New York: Longman.

Würtenberger, T. (2003). Forschung nur noch in der „Freizeit"? Eine Studie zur Arbeitsbelastung der Professoren. *Forschung & Lehre, 9,* 478-480.

Zervakis, P. A. (2010). Umsetzung der Bologna-Reformen an den deutschen Hochschulen: Erfolge und Weiterentwicklung. In K. Himpele, A. Keller & S. Staack (Hrsg.), *Endstation Bologna? Zehn Jahre europäischer Hochschulraum* (S. 65-68). Bielefeld: Bertelsmann.

Tabellenverzeichnis

Tabelle 1:	Die Entwicklung der Mitgliedsstaaten im Bologna-Prozess...	18
Tabelle 2:	Merkmalsgewichtung der Studierenden und Lehrenden (nach Benz, 2005, S. 182 und 192).....................	48
Tabelle 3:	Kompetenzen guter Hochschullehrer nach Reichmann (2008, S. 9)..	49
Tabelle 4:	Die Rücklaufquote der Experten in den vier Delphi-Runden..	70
Tabelle 5:	Die 57 Kompetenzen und die Anzahl der jeweils zugrundeliegenden Teilnehmernennungen................	78
Tabelle 6:	Die am häufigsten ausgewählten Kompetenzen im Bereich Lehre..	81
Tabelle 7:	Die am häufigsten ausgewählten Kompetenzen im Bereich Prüfung..	81
Tabelle 8:	Die am häufigsten ausgewählten Kompetenzen im Bereich Akademische Selbstverwaltung........................	82
Tabelle 9:	3x3-Matrix der Szenarien in der dritten Delphi-Runde......	85
Tabelle 10:	Beschreibungen der wichtigsten Kompetenzen über Lehre, Prüfung und Akademische Selbstverwaltung hinweg........	89
Tabelle 11:	Die Kompetenzen im Bereich Lehre beurteilt nach dem Weiterbildungsbedarf................................	102
Tabelle 12:	Die Kompetenzen im Bereich Prüfung beurteilt nach dem Weiterbildungsbedarf................................	102
Tabelle 13:	Die Kompetenzen im Bereich Akademische Selbstverwaltung beurteilt nach dem Weiterbildungsbedarf..	103
Tabelle 14:	Im Kompetenzmodell nicht berücksichtigte Kompetenzen..	127
Tabelle 15:	Die wichtigsten Kompetenzen im Bereich Lehre und die zugrundeliegenden Aussagen in Runde 1................	128
Tabelle 16:	Die wichtigsten Kompetenzen im Bereich Prüfung und die zugrundeliegenden Aussagen in Runde 1................	128
Tabelle 17:	Die wichtigsten Kompetenzen im Bereich Akademische Selbstverwaltung und die zugrundeliegenden Aussagen in Runde 1..	129

Abbildungsverzeichnis

Abbildung 1: Lehrkompetenzmodell nach Webler (2003, S. 74ff.). 46
Abbildung 2: Lehrkompetenzmodell nach Stahr (2009, S. 80). 47
Abbildung 3: Das Kompetenzentwicklungsmodell von Dreyfus und
Dreyfus (1986) nach Rauner (2002, S. 6). 53
Abbildung 4: Ablaufmodell von Delphi-Befragungen. 63
Abbildung 5: Von den Experten absolvierte Studiengänge. 71
Abbildung 6: Tätigkeitskombinationen der Experten. 72
Abbildung 7: Trainingsbereiche der Experten. 73
Abbildung 8: Ablaufplan der vier Erhebungsrunden der Delphi-Studie. . 74
Abbildung 9: Die wichtigsten Kompetenzen im Bereich Lehre. 87
Abbildung 10: Die wichtigsten Kompetenzen im Bereich Prüfung. 87
Abbildung 11: Die wichtigsten Kompetenzen im Bereich Akademische
Selbstverwaltung.. 88
Abbildung 12: Das hochschuldidaktische Kompetenzmodell. 108

Anhang

In der ersten Delphi-Runde waren die Experten aufgefordert, einerseits Kompetenzen zu benennen, die künftig in der Hochschullehre gefordert sein werden. Andererseits sollten sie Beispiele anführen, wie sich diese Kompetenzen konkret in der Lehrpraxis äußern. Die hier im Anhang aufgeführte Tabelle stellt eine Auswahl der Originalbeschreibungen dar.

Nr.	Kompetenzbegriff	Definition/Beschreibung
1.	Aufgeschlossenheit	▪ Lehrperson kann auf Studierende und Kollegen zugehen, zeigt Interesse und Bereitschaft zur Offenheit und hört ihnen aufmerksam zu. ▪ Fähigkeit, studentische Interessen wahrzunehmen und sich darauf einlassen zu können.
2.	Authentizität	▪ Lehrperson soll von ihrem Fach überzeugt sein und dieses durch glaubwürdiges Auftreten und Handeln vermitteln. ▪ Lehrperson soll eine gefestigte Persönlichkeit und eine authentische Sozial- und Selbstkompetenz haben und diese auch vermitteln.
3.	Begeisterungsfähigkeit	▪ Lehrperson soll Freude, Engagement und Begeisterung für ihr eigenes Fachgebiet haben und zeigen, um somit Studierende zu motivieren.
4.	Beratungskompetenz	▪ Lehrperson hat das Wissen über Theorien und Ansätze zu unterschiedlichen Beratungsformen (z. B. Einzel- und Gruppenberatung), erkennt einen vorhandenen Beratungsbedarf und kann Beratungsgespräche planen, gestalten und durchführen. ▪ Bereitschaft, den Studierenden für Studieninhalte, studienorganisatorische Fragen und persönliche Schwierigkeiten als Ratgeber zur Seite zu stehen. ▪ Lehrperson kann ihre eigenen Grenzen in Beratungsgesprächen einschätzen.

Nr.	Kompetenzbegriff	Definition/Beschreibung
5.	(Didaktische) Methodenkenntnis	- Lehrperson sollte Grundkenntnisse in der Allgemeinen Didaktik sowie in der Fachdidaktik haben. - Über ein Repertoire verschiedener Lehr-Lernmethoden und deren Implikationen verfügen. - Wissen um neue Lehr-Lern-Konzepte ("From Teaching to Learning") und deren gezielten Einsatz. - Auswahl und Umsetzung einer förderlichen Lerndramaturgie.
6.	Distanzfähigkeit	- Fähigkeit zur professionellen Selbstdistanz, d. h. sich selbst zugunsten des Studienprozesses und der Studenten als Experte zurücknehmen können bzw. seine eigenen Interessen in den Hintergrund stellen können.
7.	Diversity-Management	- Lehrperson kann die Verschiedenheit der Studierenden (z. B. religiöser Hintergrund, Status) erkennen, sich diese bewusst machen und konstruktiv damit umgehen. - Fähigkeiten und Fertigkeiten im Umgang mit Geschlechtern unterschiedlicher Herkunft und Kultur. - Lehrperson kennt die eigenen Vorurteile, reflektiert sie kritisch und ist in der Lage, diese nicht auf die eigene Lehre zu übertragen. - Sensibilität bei der Planung von Lehrveranstaltungen und in der Reaktion gegenüber verschiedenen Gruppen.
8.	Durchhaltevermögen	- Lehrperson ist psychisch belastbar, hat eine hohe Frustrationstoleranz und kann Unsicherheiten aushalten. - Fähigkeit, Widerstände, Ablehnungen und unberechtigte Kritik nicht persönlich zu nehmen oder zu nah an sich heran zu lassen, sondern als Gelegenheit zur Diskussion zu sehen.
9.	Eigenmotivation	- Sich selbst für seine eigene Lehre motivieren können und geeignete Bedingungen dafür schaffen wollen. - Bereitschaft, sich selbst als Modell eines lehrenden Wissenschaftlers zu verhalten und diesen darzustellen.

Nr.	Kompetenzbegriff	Definition/Beschreibung
10.	Eigenständigkeit fördern	▪ Unterstützung von selbstgesteuertem, selbstorganisiertem Lernen und Förderung der Selbständigkeit und des Selbststudiums der Studierenden. ▪ Studierende zu selbstgesteuerten und eigenverantwortlichen Lernprozessen anregen (z. B. eine höchstmögliche Eigenständigkeit im Lösen einer Aufgabe verlangen bzw. ermöglichen).
11.	Empathie	▪ Fähigkeit, sich in eine andere Person hineinzuversetzen (Einfühlungsvermögen) und auf die Person eingehen zu können ▪ Lehrperson sollte sich z. B. in einer Beratungssituation auf Studierende einstellen können.
12.	Ethische Grundhaltung	▪ Eigene Werte und moralische Maßstäbe kennen, definieren und unter Beachtung der Menschenwürde und der Chancengleichheit danach handeln. ▪ Orientierung an menschen- und umweltgerechten Werten, Regeln und Normen. ▪ Wertschätzung und Respekt gegenüber anderen und Würdigung ihrer Leistungen und Fortschritte (im Rahmen von Lehr- und Lernleistungen).
13.	Evaluationskompetenz	▪ Bereitschaft zur Evaluation der eigenen Lehre, vorhandener Studienangebote und Curricula. ▪ Evaluationsinstrumente, -formen und Rahmenbedingungen der Evaluation kennen. ▪ Bewertungskriterien für Evaluationen erarbeiten, Evaluationsinstrumente situationsspezifisch erstellen, einsetzen, auswerten und die Ergebnisse kritisch betrachten können. ▪ Dokumentation und Rückmeldung der Evaluationsergebnisse sowie Integration der erzielten Ergebnisse in die eigene Lehrpraxis. ▪ Entwicklung von Qualitätskriterien und -maßstäben für die eigene Lehre.
14.	Fachdisziplinen	▪ Überblick haben über die eigene Fachdisziplin und angrenzende Fachgebiete, Fachkulturen und Fachgesellschaften an der Hochschule.

Nr.	Kompetenzbegriff	Definition/Beschreibung
15.	Fachwissen	▪ Lehrperson sollte umfassende Kenntnisse über die Fachinhalte sowie ein aktuelles, differenziertes und forschungsorientiertes Theorie- und Faktenwissen haben, den aktuellen Forschungsstand kennen sowie eine elaborierte Fachsprache aufweisen.
16.	Feedback geben	▪ Fähigkeit, prozessbegleitend zu reflektieren und den Studierenden angemessene und konstruktive Rückmeldung zu geben (summativ und formativ).
17.	Führungskompetenz	▪ Lehrperson muss die Fähigkeit zu leiten besitzen und Einzelpersonen oder Gruppen (z. B. studentische Teams) in Arbeits- und Lernkontexten prozessorientiert anleiten. ▪ Leitung von Projekten und damit verbunden die Fähigkeit, Aufgaben und Verantwortung an Mitarbeiter und Lernende gezielt zu delegieren.
18.	Gestaltungskompetenz	▪ Lehrperson muss Lehr- und Lernprozesse methodisch abwechslungsreich organisieren, initiieren, durchführen und gestalten. ▪ Fähigkeit, eine optimale Lernumgebung sowie eine angenehme Lehr- und Lernatmosphäre zu schaffen.
19.	Handlungstransparenz	▪ Lehrperson handelt für andere nachvollziehbar und kann Lernanforderungen transparent darstellen. ▪ Für Durchschaubarkeit von Rollen, Zuständigkeiten und Verantwortlichkeiten im Wissenschaftssystem sorgen.
20.	Innovationskompetenz	▪ Lehrperson ist bereit und in der Lage, die Entwicklungen (u. a. neue Curricula) in ihrem Fach aufzunehmen und weiterzuentwickeln. ▪ Fähigkeit, innovative Lehr- und Lernkonzepte zu entwickeln und in die eigene Lehre zu implementieren sowie neue Lehrmethoden anzupassen.

Nr.	Kompetenzbegriff	Definition/Beschreibung
21.	Interkulturelle Kompetenz	▪ Vorhandensein einer verstärkten Fremdsprachenkompetenz. ▪ Berücksichtigung interkultureller Aspekte, d. h. auch mit Studierenden anderer Kulturen zu kommunizieren sowie deren spezielle Verhaltensweisen zu verstehen und zu akzeptieren. ▪ Lehrperson ist bereit und in der Lage, die Internationalität in der Lehre zu fördern (z. B. Unterstützung von Lernpartnerschaften zwischen ausländischen und deutschen Studierenden). ▪ Fähigkeit, Modularisierung und Anschlussfähigkeit zu internationalen Studien herzustellen.
22.	Kommunikationsfähigkeit	▪ Kommunikationstheoretische Grundlagen beherrschen (u. a. Kommunikationsregeln, Formen der Gesprächsführung). ▪ Auswahl und Einsatz verschiedener (medialer) Kommunikationsformen (z. B. face-to-face oder via Medien). ▪ Sich sicher, klar und sachgerecht ausdrücken und mit anderen konstruktiv kommunizieren und diskutieren können. ▪ Kommunikativer Austausch mit Kollegen, z. B. über Probleme in der Lehre. ▪ Kommunikationsstörungen erkennen und thematisieren sowie Kommunikationsprozesse steuern. ▪ Austausch mit Teilnehmern anregen sowie Mitteilungsbereitschaft der Teilnehmer fördern.
23.	Kompetenzorientierung	▪ Fähigkeit und Bereitschaft zu einer kompetenzorientierten Lehre. ▪ Unterstützung der Studierenden im Erwerb von Kompetenzen. ▪ Vermittlung und Förderung überfachlicher Schlüsselqualifikationen und Kompetenzen mit Blick auf die Anwendung in beruflichen Kontexten.
24.	Konflikt- und Problemlösekompetenz	▪ Lehrperson muss Konflikte und Probleme erkennen, bearbeiten und lösen sowie mit schwierigen Situationen in Lehre und Beratung konstruktiv umgehen können.

Nr.	Kompetenzbegriff	Definition/Beschreibung
25.	Kontextualisierung	▪ Schnittstellen zu verwandten (Fach-) Disziplinen erkennen und Kontextbezüge zum eigenen Fach herstellen können. ▪ Historischen Kontext der eigenen Lehre darstellen.
26.	Kooperationsfähigkeit	▪ Fähigkeiten und Fertigkeiten im Umgang mit Studierenden für eine beidseitig gewinnbringende und zielorientierte Lehre. ▪ Konstruktive und kollegiale Zusammenarbeit mit Studierenden (z. B. in Forschungsprojekte einbinden) und Kollegen (z. B. wissenschaftlicher Austausch, gemeinsame Planungen zur Verbesserung der Lehre). ▪ Im Team arbeiten und auch Schwierigkeiten im Team bewältigen können (Teamfähigkeit). ▪ Lehrperson sollte in der Lage sein, interdisziplinäre, fächerübergreifende, internationale Kooperationen zu initiieren und aufrecht zu erhalten um somit auch neue Kooperationspartner zu gewinnen und einzubinden.
27.	Kreativität	▪ Kreativitätstechniken, z. B. beim Lösen von Problemen, entwickeln und bereit sein, diese in der Lehre einzusetzen ▪ Lehrperson kann mit Veränderungen kreativ und gewinnbringend umgehen.
28.	Kritikfähigkeit	▪ Lehrperson muss in der Lage sein, Anregungen, konstruktives Feedback und Kritik anzunehmen, sich damit auseinander zu setzen und bereit sein, daraus gegebenenfalls Veränderungen abzuleiten.
29.	Lehrinhalte auswählen	▪ Fähigkeit, Inhalte nach Ihrer fachlichen Relevanz oder Wirklichkeitsnähe auswählen zu können, angemessen aufzubereiten und zu kombinieren.
30.	Lerncoaching	▪ Lernprozesse und Selbststudienphasen von Studierenden aktiv fördern, unterstützen und begleiten und diese gemeinsam kommunizieren und reflektieren (Lehre wird zur Lernbegleitung) ▪ Lehrperson ist bereit, Lernhilfen gezielt anzubieten.

Nr.	Kompetenzbegriff	Definition/Beschreibung
31.	Lernpsychologische Kenntnisse	▪ Kenntnisse der einschlägigen Lehr-, Lern- und Motivationstheorien. ▪ Wissen um Lehr-Lernprozesse, diese wahrnehmen und einschätzen können. ▪ Unterschiedliche Lernstrategien und -typen kennen. ▪ Lehrperson hat eine Vorstellung davon, wie Lernen funktioniert.
32.	Medienkompetenz	▪ Kenntnisse über Arten von Medien, deren didaktisches Potential, Nutzungsvoraussetzungen und Einsatzmöglichkeiten. ▪ Fähigkeit zu einer angemessenen Auswahl und zu einem sicheren Umgang mit Medien im alltäglichen Einsatz. ▪ Vermehrter Einsatz interaktiver multimedialer Medien (z. B. Video-Konferenzen, Foren, Lernplattformen). ▪ Die Möglichkeiten der neuen Medien gezielt nutzen, um Lehre zeitgemäß zu gestalten (z. B. eLearning zur Förderung der Selbständigkeit der Studierenden).
33.	Metakompetenz	▪ Lehrperson ist sich über die eigenen Kompetenzen bewusst und kann zwischen fachlichen und überfachlichen Kompetenzen differenzieren.
34.	Methodeneinsatz	▪ Auswahl und vielfältiger Einsatz geeigneter Lehrmethoden zur Erreichung der festgelegten Lernziele. ▪ Lehrmethoden situationsspezifisch, zielorientiert, lernförderlich und flexibel einsetzen (angepasste Mischung aus Input und aktivierenden Phasen). ▪ Initiierung, Realisierung und Anleitung aktiver Methoden (u. a. Kooperatives, Problemorientiertes, Selbstgesteuertes Lernen).
35.	Moderationskompetenz	▪ Lehrperson sollte Moderationstechniken kennen und beherrschen sowie Diskussionen und Gruppenprozesse in Lehrveranstaltungen konstruktiv und zielorientiert moderieren und anleiten können.

Nr.	Kompetenzbegriff	Definition/Beschreibung
36.	Motivierung der Lernenden	▪ Studierende zum aktiven Denken und Handeln motivieren. ▪ Studierende motivieren können, sich auf eine für sie vielleicht erstmalige und oft auch neue Lehrerfahrung einzulassen. ▪ Bereits zu Studienbeginn Studierende in interessante Studienprojekte mit einbinden.
37.	Networking	▪ Netzwerke (fach- und gegebenenfalls länderübergreifend) initiieren und aufbauen bzw. Netzwerken beitreten (Scientific Community). ▪ In Netzwerken interdisziplinär zusammenarbeiten. ▪ Öffentlichkeitsarbeit: Sowohl an der Universität in Kommissionen, im Senat etc. mitarbeiten als auch (inter-)national auf Tagungen und Kongressen präsent sein, Vorträge halten und Workshops leiten, um Anschluss an wissenschaftliche Professionalität zu ermöglichen.
38.	Persönlichkeitsentwicklung unterstützen	▪ Individuelle Betreuung von Studierenden, um deren Persönlichkeitsentwicklung zu unterstützen und zu fördern (insbesondere im Bezug auf die universitäre Laufbahn).
39.	Perspektivenwechsel	▪ Fähigkeit, das Lehren und Lernen von Studierenden aus zu denken. ▪ Bereitschaft, verschiedene Perspektiven einzunehmen mit dem Ziel, die eigene Lehre durch den Einbezug mehrerer Blickwinkel zu verbessern.
40.	Planungskompetenz	▪ Studienprogramme und Lehrveranstaltungen lernförderlich, zielgerichtet, teilnehmer-, sach- und zeitangemessen planen, konzipieren und strukturieren können.
41.	Präsentationskompetenz	▪ Fähigkeit, Lerninhalte anregend, informativ und verständlich darzustellen. ▪ Selbstsicheres und überzeugendes Auftreten vor Studierenden. ▪ Einsatz geeigneter Präsentationstechniken (z.B. Visualisierung durch geeignete Medien). ▪ Verfügen über rhetorische Fähigkeiten (u. a. verbale und nonverbale Ausdrucksmittel situationsangemessen beachten).

Nr.	Kompetenzbegriff	Definition/Beschreibung
42.	Praxisrelevanz	▪ Lehrperson erkennt die gesellschaftliche Relevanz der Lehre, stellt eine Verbindung zwischen den (fachlichen) Theorien und den Anwendungsfeldern des Faches her und kann den Anwendungsbezug konkret vermitteln. ▪ Fähigkeit zu einer stärkeren Orientierung an der Beschäftigungsfähigkeit von Studierenden („Employability") durch handlungsrelevantes, berufsorientiertes und transferbezogenes Lehren.
43.	Projektmanagement	▪ Projekte zielorientiert managen und koordinieren (Zeitmanagement, Finanzierung, personelle Ressourcen, Inhalte und Meilensteine).
44.	Prüfungskompetenz	▪ Entwicklung und Einsatz von Prüf- und Testverfahren, Prüfungsinstrumenten (z.B. Klausur, mündliche Prüfung) bzw. Bewertungsrastern. ▪ Modulgerechte und dem Wissensstand der Studierenden gerechte Auswahl der Prüfungsinhalte und -methoden anhand der in der Lehrveranstaltung klar formulierten Lern- und Prüfungsziele. ▪ Vor- und Nachteile der verschiedenen Prüfungsmethoden kennen. ▪ Fähigkeit zur Gestaltung einer fairen Prüfungssituation. ▪ Objektive Behandlung und Bewertung eines jeden Studierenden und dessen Lernleistung. ▪ Wissen über rechtliche Rahmenbedingungen von Prüfungssituationen.
45.	Rahmenbedingungen	▪ Kenntnisse über Aufbau und Struktur von Studiengängen. ▪ Kenntnisse über den aktuellen Entwicklungsstand der Bildungspolitik sowie über den Bologna-Prozess und den damit verbundenen Anforderungen. ▪ Institutionelle Rahmenbedingungen analysieren können (Hochschul-, Bildungssystem). ▪ Ressourcen für Verbesserungen akquirieren (zeitlich, räumlich, personell, materiell). ▪ Die eigenen Gestaltungsspielräume kennen und nutzen.

Nr.	Kompetenzbegriff	Definition/Beschreibung
46.	Rollenbewusstsein	- Bewusstsein über die eigenen Rollen und die damit verbundenen Funktionen und Zuständigkeiten. - Fähigkeit, situationsspezifische Rollen (z. B. Moderator, Vermittler, Prüfer, etc.) einzunehmen.
47.	Selbstmanagement	- Fähigkeit, sich als Lehrperson in Forschung, Lehre und Wissenschaftssystem selbst zu organisieren (Zeit- und Selbstmanagement). - Prioritäten setzen, um die verschiedenen Arbeitsbereiche miteinander vereinen zu können.
48.	Selbstreflexion	- Lehrperson sollte sich selbst und ihr Handeln regelmäßig reflektieren, sich über die Wirkung des eigenen Verhaltens bewusst sein und ihre eigene Kompetenz kontinuierlich hinterfragen. - Fähigkeit zur Analyse der eigenen Stärken und Schwächen sowie Bewusstsein der eigenen Grenzen.
49.	Strukturentwicklung	- (Fächerübergreifende) Konzeption und Organisation von Studiengangssequenzen und Modulen. - Curriculumsentwicklung (unter den Bedingungen von Bologna) vorantreiben. - Fähigkeit zur fortlaufenden Dokumentation der Studienreform nach außen.
50.	Teamentwicklungsprozesse gestalten	- Fähigkeit, gruppendynamische Prozesse aufzubauen, zu fördern und zu steuern. - Fähigkeit, soziale Prozesse und evtl. Störungen wahrzunehmen, zu beurteilen und entsprechend gestalten zu können.
51.	Teilnehmerorientierung	- Einstellen auf unterschiedliche Teilnehmer und Teilnehmergruppen, deren spezifische Lernvoraussetzungen, -bedürfnisse und -verhalten. - Fähigkeit, Lerndefizite aber auch -fortschritte zu erkennen und den Lernstoff bzw. die Lehre entsprechend anzupassen (u. a. didaktische Reduktion).
52.	Verantwortungsbewusstsein	- Lehrperson zeigt Verantwortungsbewusstsein im Bezug auf die Gestaltung der eigenen Lehre und auf deren Inhalt.

Nr.	Kompetenzbegriff	Definition/Beschreibung
53.	Vermittlungs-kompetenz	• Lehrperson muss in der Lage sein, die Relevanz des Stoffes für Studium, Beruf, Forschung und Gesellschaft aufzuzeigen und die Fachinhalte verständlich, situations- und adressatengerecht zu erklären und zu vermitteln.
54.	Weiterentwicklung	• Lehrperson ist bereit und in der Lage, Indikatoren zur Qualität der Lehre zur Verbesserung ihrer eigenen Lehrqualität zu nutzen. • Kontinuierliche Weiterentwicklung der eigenen Lehr- und Lernziele sowie zunehmende Professionalisierung der eigenen Lehrtätigkeit. • Bereitschaft, sich persönlich weiterzuentwickeln und sich beruflich zielgerichtet weiterzubilden.
55.	Wissenschaftliches Arbeiten	• Fachspezifische Forschungsmethoden kennen und anwenden können. • Sich mit dem aktuellen Forschungsstand beschäftigen, ihn kritisch hinterfragen und diskutieren sowie Kritik an der Wissenschaft üben. • Forschungsergebnisse erzeugen, wissenschaftliche Texte, Forschungsanträge etc. verfassen sowie wissenschaftlicher Artikel puplizieren.
56.	Zielgruppenanalyse	• Lehrperson muss in der Lage sein, Zielgruppen in Bezug auf deren Lernvoraussetzungen und Bedürfnisse zu analysieren.
57.	Zielorientierung	• Lehrperson muss in der Lage sein, fachliche Ziele der eigenen Veranstaltung zu formulieren und Lernziele für die Studierenden verständlich zu definieren. • Fähigkeit zur zielgerichteten Veranstaltungsplanung.

Handbücher Erziehungswissenschaft

Rudolf Tippelt / Bernhard Schmidt (Hrsg.)
Handbuch Bildungsforschung
3., durchges. Aufl. 2010. 1058 S. Geb.
EUR 79,95
ISBN 978-3-531-17138-8
Das Handbuch repräsentiert Stand und Entwicklung der Bildungsforschung – ein national wie international stark wachsender Forschungsbereich. Unter Berücksichtigung des interdisziplinären Charakters wird ein systematischer Überblick über die wesentlichen Perspektiven, theoretischen Zugänge und Forschungsergebnisse gegeben.

Rudolf Tippelt / Aiga von Hippel (Hrsg.)
Handbuch Erwachsenenbildung/ Weiterbildung
4., durchges. Aufl. 2010. 1105 S. Geb.
EUR 79,95
ISBN 978-3-531-17158-6
Als Grundlagenwerk zu Geschichte, Theorien, Forschungsmethoden und Institutionen vermittelt das Handbuch einen systematischen Überblick über den vielfältigen Themenbereich. Die zahlreichen Zielgruppen der Erwachsenenbildung und Weiterbildung wie auch die verschiedenen Methoden des Lehrens und Lernens werden zugleich einführend und umfassend dargestellt.

Herbert Altrichter / Katharina Maag Merki (Hrsg.)
Handbuch Neue Steuerung im Schulsystem
2010. 467 S. (Educational Governance Bd. 7) Br. EUR 39,95
ISBN 978-3-531-16312-3

Heiner Barz (Hrsg.)
Handbuch Bildungsfinanzierung
2010. 540 S. Br. EUR 49,95
ISBN 978-3-531-16185-3

Werner Helsper / Jeanette Böhme (Hrsg.)
Handbuch der Schulforschung
2., durchges. u. erw. Aufl. 2008. 1037 S. Geb. EUR 79,90
ISBN 978-3-531-15254-7

Heinz-Hermann Krüger / Cathleen Grunert (Hrsg.)
Handbuch Kindheits- und Jugendforschung
2009. 1049 S. Geb. EUR 79,90
ISBN 978-3-531-15838-9

Erhältlich im Buchhandel oder beim Verlag.
Änderungen vorbehalten. Stand: Juli 2010.

www.vs-verlag.de

Abraham-Lincoln-Straße 46
65189 Wiesbaden
Tel. 0611.7878 - 722
Fax 0611.7878 - 400

MIX
Papier aus verantwortungsvollen Quellen
Paper from responsible sources
FSC® C105338

If you have any concerns about our products,
you can contact us on
ProductSafety@springernature.com
In case Publisher is established outside the EU,
the EU authorized representative is:
**Springer Nature Customer Service Center GmbH
Europaplatz 3, 69115 Heidelberg, Germany**

Printed by Libri Plureos GmbH
in Hamburg, Germany